D1718241

当 代 语 言 学 理 论 丛 书
Contemporary Linguistic Theory Series
丛书主编 黄正德 许德宝
Chief Editors James Huang De Bao Xu

句法理论概要

Introduction to Syntax

宋国明　著
Kou-Ming Sung

中国社会科学出版社

图书在版编目（CIP）数据

句法理论概要 / 宋国明著. —北京：中国社会科学出
版社，1997.6（2008.8 重印）

（当代语言学理论丛书/黄正德，许德宝主编）

ISBN 978－7－5004－2077－4

Ⅰ.句…　Ⅱ.宋…　Ⅲ.句法－研究　Ⅳ.

中国版本图书馆 CIP 数据核字（2008）第 00000 号

责任编辑　任　明
责任校对　安　然
封面设计　王　华
技术编辑　王炳图

出版发行　中国社会科学出版社
社　　址　北京鼓楼西大街甲 158 号　　邮　编　100720
电　　话　010－84029450（邮购）
网　　址　http://www.csspw.cn
经　　销　新华书店
印　　刷　北京奥隆印刷厂　　　　　　装　订　广增装订厂
版　　次　1997 年 6 月第 1 版　　　　印　次　2008 年 8 月第 2 次印刷
开　　本　850×1168　1/32
印　　张　14　　　　　　　　　　　　插　页　2
字　　数　350 千字
定　　价　30.00 元

再版序言

中国社会科学出版社根据读者的要求，决定再版《丛书》。再版首先是包括增加《丛书》的书目，从第一版的八种增加到现在的十二种；其次是修订增补第一版各书的内容，根据不同学科的进展，增加新的章节；最后是借再版的机会改正第一版中的印刷错误。

《丛书》再版，首先得感谢读者，没有读者的热情支持和鼓励，再版《丛书》是不可能的。其次是感谢编委，也就是《丛书》的作者们。没有《丛书》作者们的辛勤劳动和丰硕的研究成果赢得读者的欢迎，再版《丛书》更是不可能的。另外，特邀编委的热情支持和帮助、责任编辑以及中国社会科学出版社的鼎力相助也是《丛书》得以成功的原因之一。在此一并致以衷心的谢意。

较之第一版，再版增加了《罗曼语句法经典》、《音系与句法的交叉研究》、《音段音系学》和《关联交际与认知》四种书。如在第一版前言中所指出，《丛书》前八种书主要覆盖美国语言学系研究生（博士、硕士）的八门必修课。再版时增加的四种书属于选修课或专题研究的范围。有的编委的工作单位有了变化，再版时作了相应的改变。特邀编委有的已经退休，再版时还按以前的工作单位列出。

　　《丛书》再版，错误、疏漏仍在所难免，敬请专家学者批评指正。

　　最后，希望《丛书》的再版能在国内外语言学理论的研究、教学，以及介绍和交流等方面再次起到积极的作用。

《当代语言学理论丛书》主编

黄正德　许德宝

序　　言

　　语言学自乔姆斯基以来，对认知科学、心理学、医学、电子计算机以及人工智能等学科都产生了巨大的影响，成为人文科学的带头学科。只要在国外走一走，就会发现几乎所有的大学都设有语言学系或语言学专业。语言学理论不但对语言学系的学生至关重要，而且也是心理系、教育系、社会学系、认知学理论乃至计算机系的学生必修的基础理论课。乔姆斯基的语言学理论为什么对人文科学和社会科学的影响如此之大？他的什么变革使本来默默无闻的语言学（理论）一跃而成为认知科学、心理学、电子计算机以及人工智能等学科的奠基理论？这不是一句话能说清楚的。要回答这个问题，得从现代语言学的立足点说起，系统介绍现代语言学的基本理论和研究方法、研究对象、研究范围以及研究结果等。不说清楚这些问题，现代语言学在人文科学中的带头作用和对社会科学的巨大影响也就无法说清楚。有系统有深度地介绍现代语言学理论，这就是我们这套丛书的编写目的。

　　要系统介绍现代语言学，各种理论的来龙去脉都得交代清楚，某种理论的发生、发展、不同阶段以及各个流派之间的关系都要说清楚。不能只把一种理论搬来，不管它的过去和与其他理论的联系，那样会让人不知所云。在系统介绍的同时，也要把各种理论的最新研究成果写进去，并评价其优劣不同以及对现代语言学研究的贡献等，做到有深度。有系统、有深度，这是我们介绍的第一个原则。介绍的起点一般是以乔姆斯基与哈利的《英语语音系统》（1968）为始，介绍的终点就是今天，介绍时以八九十年代发展起来的语言学理论为主，所以这套书叫做《当代语言学理论丛书》。

要介绍现代语言学并不容易。新加坡、中国台湾、香港地区的学者有很好的经验。他们介绍的特点就是把现代语言学理论与汉语的研究结合起来。这样理解起来方便得多，效果也就比较好。单纯介绍，不谈在汉语中的应用，结果理论还是死的东西。我们这套丛书也本着这一点，在选材和编写上都强调在汉语中的应用，尽量用汉语说明。汉语与某种理论不相关的时候，才用其他语言中的例子。这是我们介绍的第二个原则。

我们的第三个原则是以介绍美国语言学理论为主。美国是现代语言学研究的中心，也是生成语言学的发源地。要介绍现代语言学就离不开这个发源地。所以从选材上来讲，我们以美国语言学系研究生（博士和硕士）的必修课为标准，包括语言学史、句法学、音系学、语义学、心理语言学、社会语言学、历史语言学、语言获得理论、计算机语言学与人工智能等。有些新兴学科和边缘学科就放在主要学科中介绍。比如神经语言学归入了心理语言学，音系与句法的交叉研究归入了音系学，语义和句法的交叉研究归入了语义学等。

应该指出，有些学者一直在致力于现代语言学的介绍工作，比如黑龙江大学、上海复旦大学、天津师范大学的学者等。我们希望这套丛书能与他们的研究结合起来，起到使国内外语言学研究接轨的作用。

《当代语言学理论丛书》的编写开始于 1993 年，由著名句法学家黄正德教授全面负责，许德宝协助做主编工作。编委大都是在美国读的语言学博士而且有教授语言学经验的学者，一般是在讲义的基础上增删整理成书。但即使是如此，也都得付出很多的劳动。我们也请了在美国教授多年的语言学家、汉学家和有在国内外介绍现代语言学经验的学者作为顾问，帮助我们把这一套丛

书出好。在此向他们谨致谢意。我们还得感谢中国社会科学出版
社对这套丛书的大力支持，特别是责任编辑及其他有关同志的辛
苦工作，不然这套丛书也不能和读者见面，在此也一并致以
谢意。

《当代语言学理论丛书》编委会
1996 年 7 月于纽约

《当代语言学理论丛书》
Contemporary Linguistic Theory Series

主　编
Chief Editors

编辑委员会
Editorial Board

Duanmu San（Ph. D. in Linguistics，MIT；University of Michigan）

冯建明（北京师范大学汉语史硕士、北京师范大学对外汉语教育
学院教授）

Jianming Feng（M. A. in History of Chinese Language，Beijing Normal University）

胡明亮（美国佛罗里达大学语言学博士、山西大学英语系教授）

Mingliang Hu（Ph. D. in Linguistics，University of Florida；Shanxi University）

蒋严（英国伦敦大学语言学博士、香港理工学院中文及双语学系
教授）

Yan Jiang（Ph. D. in Linguistics，University of London；Polytechnic of Hong Kong）

靳洪刚（美国伊利诺大学教育心理学博士、纽约州汉弥尔顿文理
学院东亚系教授）

Hong Gang Jin（Ph. D. in Educational Psychology，University of Illinois at Champaign-Urbana；Hamilton College，New York）

李亚飞（美国麻省理工学院语言学博士、威斯康星大学语言学系
教授）

Yafei Li（Ph. D. in Linguistics，MIT；University of Wisconsin，Madison）

林燕慧（美国得克萨斯大学语言学博士、密西根州立大学中文及
语言学系教授）

Yen-hwei Lin（Ph. D. in Linguistics，University of Texas at Austin；Michigan State University）

陆丙甫（美国南加州大学东亚语言博士、南昌大学中文系教授）

Bingfu Lu（Ph. D. in East Asian Languages，University of Southern California；Nan-chang University）

潘海华（美国得克萨斯大学语言学博士、香港城市大学中文、翻
译及语言学系教授）

Haihua Pan（Ph. D. in Linguistics，University of Texas at Austin；City University of Hong Kong）

石定栩（美国南加州大学语言学博士、香港理工大学中文及双语学系教授）

Dingxu Shi（Ph. D. in Linguistics，University of Southern California；Polytechnic of Hong Kong）

侍建国（美国俄亥俄州立大学中国语言学博士、香港教育学院中文系教授）

Jianguo Shi（Ph. D. in Chinese Linguistics，Ohio State University；Hong Kong Institute of Education）

宋国明（美国洛杉矶加州大学罗曼语言学博士、威斯康星劳伦斯大学东亚系教授）

Kuo-ming Sung（Ph. D. in Romance Linguistics，University of California at Los Angeles，Lawrence University，Wisconsin）

陶红印（美国圣巴巴拉加州大学语言学博士、美国洛杉矶加州大学东亚系教授）

Hongyin Tao（Ph. D. in Linguistics，University of California at Santa Barbara；University of California at Los Angeles）

王野翊（美国卡内基·梅隆大学计算科学院计算语言学博士、华盛顿州微软研究院研究员）

Ye-Yi Wang（Ph. D. in Computer Science，Carnegie Mellon University；Microsoft Research Institute，Washington）

翁富良（美国卡内基·梅隆大学计算科学院计算语言学硕士、加州罗伯特技术研究中心研究员）

Fuliang Weng（M. A. in Computer Science，Carnegie Mellon University；Robert Bosch Corporation，California）

吴建慧（美国伊利诺大学语言学博士、台湾国立暨南大学英文系教授）

Mary Wu（Ph. D. in Linguistics，University of Illinois at Champaign-Urbana；Taiwan National Chi Nan University）

谢天蔚（美国匹茨堡大学外语教育学博士、长堤加州州立大学东亚系教授）

Tianwei Xie（Ph. D. in Foreign Language Education，University of Pittsburgh；California State University，Long Beach）

徐大明（加拿大渥太华大学语言学博士、南京大学中文系教授）

Daming Xu（Ph. D. in Linguistics，University of Ottawa；Nanjing University）

许德宝（美国伊利诺大学语言学博士、纽约汉弥尔顿文理学院东亚系教授）

De Bao Xu（Ph. D. in Linguistics，University of Illinois at Champaign-Urbana；Hamilton College，New York）

张乔（英国爱丁堡大学语言学博士、新西兰奥克兰大学东亚系教授）

Qiao Zhang（Ph. D. in Linguistics，University of Edinburgh；University of Auckland，New Zealand）

特邀编辑委员会
Guest Editorial Board

目　　录

前　言

本书编写的目的在于重点介绍当代研究句法学的主要理论之一：管辖约束理论（Government and Binding Theory，以下简称管约论）。管约论由乔姆斯基（Noam Chomsky）于 1981 年正式于《管辖约束理论讲稿》（*Lectures on Government and Binding*）一书中提出，其一贯思想体系虽然可以追溯到 20 世纪 50 年代的生成语法（Generative Grammar）与转换语法（Transformational Grammar），然而其实质内容屡经演变早已提升到一个完全不同的层次了。本书既然称为概论，在某些研究课题上不得不因篇幅所限只介绍骨干主体而舍弃枝叶细节；六七十年代许多重要的理论而今已被新理论取代者，本书亦一概略而不提。

中国学生受传统教学方式影响，往往勤于背诵记忆而拙于思考分析。针对此一缺点，本书编写的方式着力于引导读者自行分析语言材料，从无到有，依序建立一套有系统的语法模式。理论句法有许多专门术语需要严格定义，而这些定义又往往用高度技术性的词句写成，原文本已生涩难懂，逐字强译更会造成读者理解上的困难，有鉴于此，本书在文字上力求浅显易懂，以减少读者学习时无谓的负担。若干译名笔者只能求其达意，便于读者理解，至于是否与原文字字相符，那是次要的事了。

自然，国内学者研究汉语句法结构未必需要遵循管约论的思想体系。然而笔者以为认识管约论将对汉语研究者在处理旧问题及发掘新问题上会有莫大帮助。尤其在比较汉语与其他语言的异同上，管约论无疑是一项极为方便有利的研究工具。近年来东亚各国语言学家纷纷致力于应用管约论来处理其母语的种种句法问题，这正说明了管约论的影响。

　　本书也涵盖了自 1981 年至今十数年间应用及修改管约论的最新研究成果。有关汉语部分笔者尽可能做较深入的讨论。例如，疑问词组移位一章讨论汉语疑问句的语义解释与移位的关系；约束理论一章讨论汉语对"约束"这个概念的理解与英语如何不同；词首移位一章讨论汉语之中动词及无受格动词的句法性质等。为了强调管约论的普遍性，书中许多语言资料取自汉英以外的语言，如德语、威尔斯语、法语、葡萄牙语、西班牙语、意大利语等。读者自不须熟谙这些语言，只要按字面翻译来理解其结构再作理论上的分析即可。

　　笔者在此要特别感谢在加州大学求学期间的导师史坡提教授（Dominique Sportiche）的教诲。本书若能达到以讲课方式深入浅出，启发读者作独立思考的目标，完全是得益于史先生的教学风格。同时，笔者也要感谢黄正德、李艳惠、凯尔强森（Kyle Johnson）诸位教授多年的指导与鼓励。最后，本书得以付梓出版更要感谢许德宝教授的督促与支持。书中谬误失正之处一切概由笔者负责，并恳请读者诸君指正批评。

第一章 语言学与语言学理论

第一节 人脑与语言

语言学研究的对象是语言的本质。根据生成语法（Generative Grammar）学者的传统观念，人脑中存在某一特定部位，专门掌管一个人表达思想、与他人沟通及行使其他语言功能，我们可以称之为语言机制（language faculty）。语言机制是人脑众多生理机制之一，与视觉、听觉等机制相仿，语言学的研究对象即是语言机制的内容与功能。说的具体一点，语言学家研究的虽然是声音词句语义等外在的语言材料，其终极目标，仍在于通过对这些表象的剖析，由外而内，来理解语言机制的实质内容。

我们举中国人张三为例。张三对汉语的了解显然要超过闻言而知义的程度，下面的例子清楚地说明了张三对汉语的音韵（phonology）、词素（morphology）、句法（syntax）以及语义（semantics）等结构都有敏锐而且正确的直觉，也就是语感（intuition）。请考虑例（1）：

(1) a. 打球、打酒

　　b. 打渔、打猎

问例（1）的两组词哪一组顺口押韵，张三能立刻判断（1a）的两个词押韵但（1b）不押韵。这反映了他对汉语的音节构成单位有直觉的认识，他知道打油的油和打酒的酒两个字含有相同的成分（亦即韵母〔iu〕），而渔与猎二字则无。张三对汉语音节构造的了解还不只于此，下例说明了张三对音素（phoneme）与音素间的接触限制（phonotactic constraint）也有敏锐的语感：

 （2）a.〔niú〕,〔qiú〕,〔liú〕

   b.〔piú〕,〔giú〕,〔fiú〕

问张三例（2）中哪一组的音节不可能是汉语，他能不假思索地回答（2b）是不可能的。这个实验说明了张三也有声母的概念，而且知道哪些声母与韵母〔iu〕不得组成一个音节。

 张三对于汉语词素构成的系统也有深刻的了解。下例各词皆由三个三声的词素构成：

 （3）a. 炒米粉、李小姐

   b. 洗脸水、总统府

 以上各词组都必须应用三声变调的规则改变声调。问张三哪一组可以念成〔323〕，他的直觉应该是相当清楚的，〔3a〕可以念成〔323〕，但〔3b〕却必须是〔223〕。这个结果说明了张三对词的构成分析正确。（3a）可以用（4）的结构表示，（3b）的结构则如（5）所示：

 （4）   （5）

以上几个粗浅的实验说明了一件重要的事实，那就是一个人对其母语的了解往往不是自书本中习得：张三不需要知道声母、韵母、音节结构、音素接触、词素结构等专门术语，也能毫不费力地对例（1）—（3）作出正确的判断。极少非语言学家能画出（4）的分枝结构来解释（3a）与（3b）的声调差异，但所有以汉语为母语的人都知道哪一个词该怎么念。换言之，张三虽然对汉语有通盘深刻的了解（否则他如何能对以上例子作出迅速正确的判断?），但这个了解常是下意识的，存在于脑中的语言机制。

 本书专门研究一个人的语言机制中掌管句子的词序（word order）问题的部分，包括他如何习得其母语的词组结构、造句规则，以及他对句义的诠释及分析的能力。这些讨论属于句法学（syntax）的研究范畴。

我们再请张三做实验，这回测验他对句子中词序的判断能力，问他下列几组句子的词序何者正确。

（6）a. 我买了许多白衬衫。
　　 b. 张三跟朋友在公园玩儿。
　　 c. 我昨天买了一本书。
　　 d. 我看了你送给我的书。

（7）a. 我买了许多衬衫白。
　　 b. 张三朋友跟公园在玩儿。
　　 c. 一本书买了我昨天。
　　 d. 我看了书的你送给我。

（8）a. 衬衫了许多我买白。
　　 b. 公园朋友跟玩儿在张三。
　　 c. 本书昨天我了买一。
　　 d. 给看你了我送我书的。

张三当然能立即判断出只有（6）中的句子才是正确的，（7）与（8）的句子在词序上都有毛病。张三之所以能立刻判断出（6）是正确的正是因为他对汉语句法有一种下意识的（亦即存于语言机制）的了解。我们现在把注意力放在例（7）与例（8）两组的句子，似乎（7）中各句还不算错得太离谱，至少（7a）中修饰衬衫的形容词"白"还紧跟着它所修饰的字，（7b）的介词"跟"和"在"还是紧紧与其补语"朋友"、"公园"相连，（7c）中宾语"一本书"和动词"买了"都没被拆开，（7d）中的"你送给我"也能维持原貌。实际上，例（7）各句在汉语中虽然不合语法但在其他语言中却可能存在：（7a）是法语的正常词序，（7b）在日语中完全合语法，（7c）与（7d）则分别是德语与英语中正确的词序。

例（8）各句与例（7）相比较之下就显得很离谱了，句中所有的词可以说都被拆得支离破碎，虽然字数与（6）、（7）完全相同，但是任何语言都不能允许（8）的词序。

（6）、（7）、（8）的对比涉及一个重要的概念，那就是不同的语言尽管对词序有不同的要求，但它们似乎也同时遵循着某种共同的原则，这个原则告诉我们句中某些词必须聚在一起不得分离，我们可以称之为词组（phrase）。词组为一句法单位（constituent，或译为成分）是语言中普遍存在的一项原则。我们也可以把这原则想象成是所有人类语言共有的"普遍语法"（Universal Grammar）中的一小部分，根据这项词组原则，（8）中各句不管在任何语言中都不可能存在，因为（8）违反了普遍语法。

那么（6）与（7）的对比呢？汉语和其他语言在不违反普遍语法的前提下可以各自对词序有不同的规定。举汉语的（6b）与日语的（7b）为例，汉语说"跟朋友"和"在公园"，介词出现在其宾语之前；日语则说"朋友跟"和"公园在"，介词出现在其宾语之后。我们可以想象汉语和日语的介词组构造其实相似，只是在对于介词出现位置的规定上有所不同，这种研究句法学的方式称为原则及参数语法（Principles and Parameters approach），本书将用极大篇幅来讨论究竟有哪些原则是人类语言共同遵循的，某一原则又有哪些不同的参数使得各种语言在表象上如此不同。

反身代名词"自己"在不同语言中的用法很能说明原则及参数语法的研究思维方式。举英语和汉语为例：

（9）　a. 张三喜欢自己。

　　　b. John likes himself.

（10）a. * 自己喜欢张三。

　　　b.　Himself likes John.

在（9）、（10）两组例句中，我们发现了英语的反身代名词

himself 和汉语的反身代名词"自己"有一个共同特性，那就是 himself 和"自己"在句中必须指 John 和张三，而且 John 和张三必须出现在反身代名词之前；（10）中两句因为次序相反了所以不合语法。我们可以假设这也是普遍语法的一条原则，这条原则规定反身代名词必须与句中另一个名词相呼应，而且这个名词必须在句中先出现。我们再看看下例：

（11）a. 张三讨厌李四经常批评自己。

　　　 b. John thinks that Bill likes himself.

汉语的（11a）有两种解释，一是张三讨厌李四常批评张三自己，一是张三讨厌李四常批评李四他自己。这两种解释都很自然。但英语的（11b）则只能有一种解释，那就是 John 认为 Bill 喜欢 Bill 自己，反身代名词 himself 不可能指 John。

处理这个问题有两种方式，一个是否定普遍语法中有这么一条关于反身代名词的共同规定，而为汉语英语各自树立规则，只把相同的部分视为巧合。如果我们多看看其他语言便能很快明白几乎世界上所有的语言都遵循由（9）、（10）得出的结论：反身代名词必须与句中先出现的某名词相呼应。显然（9）、（10）所显示的共通性应该视为普遍语法的一部分，不宜以"巧合"二字轻易交待。

第二个处理方式则是承认由（9）、（10）归纳出来的结论属于普遍语法，但汉语对于能与反身代名词呼应的名词的要求与英语不同，汉语允许这个名词出现在距离"自己"较远的位置，而英语则只允许距离反身代名词 himself 最近的名词与其呼应。在不违反普遍语法的原则下，英语与汉语各有自己特殊的规定，这就是不同的参数（parameter）。当然，此处关于反身代名词的分析极为粗略，请读者详见第七章较完整的讨论。

我们现在再回头看看张三对汉语的所谓"通盘了解"与普遍语法的关系。张三对汉语的知识包括方才举例提到的语音（或音韵)、词素、句法以及未举例的语义等等,可以统称为张三的语法(grammar),这个词必须作广义的理解,代表张三对汉语的所有知识,而不是专指他在书本上学到造句作文的知识。无疑地,一个语言的语法是个极为庞大繁复的东西,张三何以能在儿童时期(比如说10岁上下)便能获得汉语语法并熟练运用? 是不是张三记性顶好能记得他所有听过的句子并在适当场合下搬出来使用? 语言学家认为,这是不大可能的。理由有二:第一,任何一个说汉语的人,不分聪明才智,都能对任何一个句子作出正确的理解与判断。记性极坏的人说的汉语与记性好的人一般无二(这里指的是日常说的话而不是引经据典的文章)。第二,如果原封不动使用记来的句子是一个人学习母语的方式,那么这个人能说的句子数量与句型必定有限。事实上,我们每天说话的时候都不断造出许多新的句子,这个人类语言的一大特色充分说明了学习语言不只是使用记忆中的句子。

　　语言学家建议一个人在习得母语(first language acquisition)的过程中必然要经过分析语言资料与归纳语法规则这两个步骤。张三从小听大人说话时便不自觉地在做这两样工作,由句子的构成及诠释来归纳出汉语的语法规则,同时也由这些规则来分析一些新词的语法性质。一开始,两者同步进行;当所有的规则都归纳出来后,便只剩下认识新词(及其语法性质)了。因此,我们可以说张三的语法知识包括了两个部分:一是规则,一是词汇(lexicon)。所有说汉语的人脑中的规则是大致一样的,但词汇量的多寡则可能有极大的差异。

　　我们刚刚解释了张三如何习得汉语的语法,却还没说明张三的语法与普遍语法的关系。我们仔细想想,张三以中人之资能在短时期内归纳出汉语的语法,能与他人做正常对话,这毋宁是件相当惊人的成就。我们若拿小孩说话的能力与他们扣扣子、系鞋带、烧开水,甚至给自己洗澡的能力来比较,便不得不承认小孩使用语言的纯熟程度远超过他们处理简单日常事物的能力，连加减法都还算不好的孩子如何能精确地分析语言并归纳出规则，创造新句？这是个极复杂的问题，从（生成）语言学家的角度来看，张三脑中的语言机制在他出生的时候不可能是一片空白的，因为让张三在几年内光靠自己分析归纳语法来填满这片空白可说是一件不可思议的奇迹。一个较为合理的假设是人脑的语言机制原来便有一套原则，这套与生俱来的原则就是我们早先提过的普遍语法。假如我们接受这个假设，那张三习得汉语的过程便不再是浩大艰巨的工程了。因为张三脑中既已有了普遍语法的存在，他只需要收集有限的语言资料便能决定汉语在普遍语法各项原则中的参数值；这个过程好比回答一份问卷，数年之间张三根据他听到的汉语资料答完问卷，便习得了汉语语法的规则，剩下的便只是增加他的词汇了。同理，只接受英语语料（language data）的孩子在答完同一份问卷的时候，所习得的便是英语语法。

第二节　语言学家研究的对象及方法

上节提到人脑与生俱来便有一套普遍语法存在于语言机制，就如同人脑中别的部位亦分别存有掌管视觉、嗅觉、听觉等功能的生理组织，我们可称这些独立运作的生理机制为语言中枢、视觉中枢等等。语言学家研究的对象便是语言中枢的内容；这与研究其他生理中枢最大不同之处就是语言中枢是人类特有的，在研究视觉的功能上我们尽可挑选猫狗猩猩做各项实验，但在研究语言中枢上，基于人道立场我们是不能做同样的实验的。

语言学家所能做的便是假设出一套理论（或模式）来模拟语言中枢的内容，这个假设出来的理论愈能解释人类语言的共同现象，便越接近普遍语法。语言学家通过详细分析，建立各项原则来解释（许多人类语言的）语料。当然在这一连串假设与求证的过程中，我们常会犯一些错误，但这也正是任何科学研究的本质。近几十年的语言学研究过程便是一段不断更新修改各种假设的历史，有些原则被更普遍的更高原则取代了，也有些假设原先被拒绝了，后来重新被接纳。愈来愈完整的语言资料帮助我们决定哪些假设才是正确的，同时也帮助我们精确地修改各项原则的细节。

这里所说的假设即是普遍语法的一部分，按照定义，便必须适用于人类所有的语言。上节所提的原则参数语法就是在这样的观念下应运而生的。近年来亚非二洲诸语系的研究成果使原则参数语法内容更为精确，与早先只以英语及其他几个印欧语的少量语料为研究基础的生成转换语法（Generative & Transformational Grammar）再不可相提并论了。

如果说语言学的研究是科学的研究，我们便不得不在此对语言材料的收集做一番解释。首先，我们要考虑哪些语料能真正反映人脑语言中枢的内容。一个人说出来的话，往往还受到说话当时情况的影响，或迟疑或口误甚或句子讲了一半已经忘了前面的结构等，这样的语料是不应该收集的。就像物理化学的实验一样，杂质或任何干扰因素都必须在分析前过滤掉，有意义的分析要在理想状况下才能进行。语料的理想化至少包含了两个层次：以说汉语为母语的人为例，没有任何两个人对所有的语料的感觉是完全一致丝毫不差的，严格来说每一个人都有他自己的方言。我们在要求这些人对一个汉语的句子做直觉判断的时候，往往会得到不同的反应，我们要确定影响这些反应的因素是不是纯然来自语言中枢。笔者曾问过一个中国同学在"张三知道李四喜欢自己"这个句子里，"自己"能不能指张三。该同学的判断让人啼笑皆非，他说："不可以。因为男的怎么能喜欢男的？"碰到这种情况，我们可以修改语料的语义部分但维持其句法特性，来过滤非语言的因素。问这位同学"张三知道李四讨厌自己"看看"自己"能不能指张三，他的判断可能会与先前不一样。实际上，这样的例子并不少见，有些语料被判为不合语法的原因完全与句子结构无关。

以上是将语料理想化来帮助说话者作出不受其他因素干扰的正确判断。有时，一个人不喜欢某种句子是基于说话风格的不同，例如汉语的"所"可以出现在关系子句里动词前的位置，用来代替直接宾语：

（12）a. 二次世界大战期间被纳粹德军所屠杀的犹太人为数超过六百万。

　　　b. 今天你所做的菜太咸。昨天你所穿的衬衫脏了。

（12a）与（12b）中的结构是相同的，两句的主语分别由一个关系子句修饰。一般的感觉是（12a）中的"所"在句中极为自然，但（12b）中的"所"则显得有些勉强，有些说汉语的人则甚至认为（12b）因为"所"字的出现而成为病句。所以我们在要求说话者做直觉判断的时候，也要注意某一句型是否要求较口语或较正式的不同风格。现代汉语中的"所"是古汉语的遗留，较常用于书面语或极少数惯用的口语中（例如所说的话、所做的事等）。（12b）中"所"的出现让句子感觉别扭是风格上的不协调而不是句法上的错误。

语义与风格的问题还算容易解决，一般说汉语的人对（12a）和（12b）的判断是相当一致的。我们再考虑下列这些例句：

（13）a. 你知不知道张三今天会来？

　　　b. 张三常不常来看你？

　　　c. 你有没有吃过张三做的菜？

（13）中的三个问句对某些说汉语的人来说是合语法的，对某些人来说则不合语法，（13）的问句形式要改成（14）：

（14）a. 你知道不知道张三今天会来？

　　　b. 张三常来看你吗？

　　　c. 你吃过张三做的菜没有（或吗）？

这里没有语义或风格的问题，我们在处理这样两种不同的直觉判断的时候，要知道（13）与（14）可能代表了两种不同的方言，不能硬将其中一种"理想化"。

　　除却这些干扰因素以后，剩下的语料便是每个人在日常生活中常用的一些较基本的句子，这些句子的对错一般来说不造成判断上的困难或矛盾。但是，这样单纯的语料是否能够帮助我们分析汉语语法以及普遍语法呢？答案应该是肯定的，因为这些语料正是小孩发展母语语法阶段中吸收并分析的语料。按照我们所假设的普遍语法与生俱来一说，这些有限的单纯语料足够帮助一个小孩完成"回答问卷"的工作，建立一个完整的母语语法了。

　　以上关于语言学家如何收集理想化的语言材料的叙述解释了为什么本书若干章节只专注于某一两个句子即作出长篇分析。语言学的研究往往用演绎的方式来作出种种假设，然后再利用种种测试来决定这些假设的正确性，读者可以在本书许多章节中亲身体验一下这种研究方法。

第三节　本书编写的安排与目标

　　本书共分十二章，除了第一章概括性的介绍理论语言学的内容及研究方式，末尾一章总述句法理论的整体模式之外，其余共分十章，分别介绍管辖约束理论（Government and Binding Theory）的各项次理论。

　　由于管约论所属的各项次理论彼此之间关系密切相辅相成，很难周全地规划出一个完满的次序来做介绍。本书编写的安排大致与笔者授课时的次序相符，这个次序能引导读者从无到有，根据各章所提供的有限资料，依需要而有系统地建立一套语法模式。其间整个过程大致反映了近二十年来句法学的研究成果以及一些尚未获得圆满解释的难题。本书在文字上力求浅白，尽量采用课堂讲稿的口语方式书写。在方法上笔者极力避免灌输性地直接告诉读者某一理论或原则的内容；相反地，读者会发现每一章节的开头往往只是一些语言材料，等待我们去分析解释；只有在经过一步一步详细分析讨论，考虑所有的困难与问题之后，我们才归纳出一条周全的原则。换句话说，读者在阅读各章时等于亲身体验了句法学家研究句法的过程。这种"自己动手做"的学习方法，一方面让读者更能深刻地理解各种原则与理论的内容及其功能；另一方面也让读者在体验句法研究的过程之余，培养出科学思考与分析的能力。

　　第二章到第十一章的末尾均附有深入思考训练一节，其中包含若干题组。这些题组反映了本书所强调的"思考理解重于背诵记忆"的编写方针。除了极少数的一般练习之外，绝大部分的题组都是比较富于挑战性的难题；有些题组的资料还往往显示了本书所介绍的各项理论尚有改进的需要。设计这些题组的目的不在于给学生当作家庭作业，而是在于鼓励读者在完全理解该章论证过程之后再做更进一步的研究。书中对这些题组不附解答，希望有兴趣的读者彼此讨论或研习更高层次的句法理论。笔者刻意收集了一般汉语读者不太熟悉的语言材料出题，其目的有三：第一，训练读者专注于利用语法理论来做分析，不受其他非理论的经验或知识的干扰；第二，让读者了解本书所介绍的管约论体系并不只适用英语汉语，其实任何语言均可用这套理论作有效的分析，由此读者可坚定其对"普遍语法"理论之信念；第三，鼓励汉语言学者不必将研究范围局限于汉语或汉英语之比较，拿汉语与其他语言作对比研究也许能为了解汉语本身及了解普遍语法注入一番新的活力。

　　管约论以英语起家，本书在推展理论时也以英语为主体，但在适当时机加入汉语或其他语言一并讨论。例如第六章的可隐代词，虽在英语付之阙如但在汉语中却相当重要；第七章的汉语与约束理论的关系，第九章的汉语中动句与无受格动词，以及第十章的汉语疑问词移位等也都意在介绍管约论应用于汉语研究之一斑。书中某些对汉语的分析尚未成定论，希望读者能采取批判怀疑的态度从理论角度来看这些汉语问题。

书中例句皆附汉语翻译以便于读者理解，不合语法的病句有时也按字面译出，以助读者注意其结构与合法句子的差异。非汉英语的例句则除了汉语翻译之外尽量附上英语翻译，这是因为大部分印欧语言的主要子句、关系子句、附属子句等相关位置，以及带领（补语）子句的连词 that 与疑问词出现的位置均与英语相似，汉语翻译不容易反映这些例句的结构。

最后，关于专用术语的翻译问题。书中绝大部分译名得益于前辈学者汤廷池、徐烈炯两位教授的中文著作；有少数译名与汤译徐译不符者并非正误的问题，也不存在精确与否的问题。例如物理学名词 gravity 一词或译为地心引力或译为重力，前者彰显内容而后者忠于原文，不存在孰是孰非的争议。对于略懂物理的汉语读者来说两种译名无甚差别，对于第一次接触这个概念的中国人来说，则地心引力一词可能比较易懂易记。基于这一层考虑，笔者对少数原文较难懂的专用术语采用"地心引力"式的翻译途径。例如 Subjacency Conidition 一词说明一个词组移位时距离不得太长（跨过两个界限节），是对词组移位距离的一种限制条件，书中译作"移位距离限制"，与原文无关，旨在帮助读者理解该条件的内容；该名词徐译"领属条件"、汤译"承接条件"，皆为忠于原文的精准翻译，读者可依个人习惯参考使用。

本书介绍的各项管约论原则等于是一套句法研究的基本工具，读者不妨把这些原则当作一套特殊词汇，熟记这套词汇的定义及其代表的概念；对于日后阅读原文著述以及作更深入的研究学习都将有莫大的帮助。

第二章　词组结构

第一节　词组的概念

所有的句子都包含了一个个单词，这些单词在传统语法中可以依功能分成下列几类：（以英语为例）

（1）名词（Noun＝N）

man	men
child	children
dollar	dollars
book	books
animal	animals
photograph	photographs
store	stores

动词（Verb＝V）

give	gave
take	took
walk	walked
talk	talked
steal	stole
eat	ate
say	said

形容词（Adjective＝Adj）

fat	smart
innocent	short
counterfeit	expensive
tall	red
限定词（Determiner＝Det）	介词（Preposition＝P）
a	to
the	from
some	with
this	in
that	on
every	over
no	

现在让我们大胆假设例（1）中的各单词是句子的基本组成单位，那么由例（2）中的句子就可归纳出一条规则：句子依序由"限定词—形容词—名词—动词"构成，在本书中我们用英文缩写"Det－Adj－N－V"来代表。请看例（2）：

(2) a. The fat man talked. 那个肥胖的男人说话了。

b. The tall animal ate. 那头高大的动物吃了东西。

c. The innocent child laughed. 那个天真的小孩笑了。

例（2）各句都由"Det－Adj－N－V"组成，而且也都合乎语法，所以这条规则能够提供正确的描述。这样以单词为组成单位的语法，我们姑且称之为单词句法（Word Class Grammar）。单词句法的规则可以无限制地延长来描述较为复杂的句型。

(3) a. The fat man gave the counterfeit dollar to the innocent child. 那个胖子把伪钞给了那个天真的孩子。

b. The tall animal ate. 那头高大的动物吃了东西。

c. No fat man walked to the expensive store. 没有胖子走到那家昂贵的商店。

例（3）中各句除了（3b）是例（2）中的旧识以外，其他两句都变得更长了，使得原来的规则不再够用，因此我们必须再归纳出新的规则来分别描述（3a）和（3c）。

(4) a. Det－Adj－N－V－Det－Adj－N－P－Det－Adj－N

　　b. Det－Adj－N－V

　　c. Det－Adj－N－V－P－D－Adj－N

（4a）中的 P 代表介词（Preposition）。（4a）可以成功地描述（3a）、（4c）可以描述（3c）。注意，单词句法描述句型的方式乃是以词类（N、V、D、Adj、Det 等）来取代句中的每一个单词。换言之，若是一个英文句子里有二十个单词，那么描述这个句子的规则就必然有二十个代表词类的符号。以此类推，英文句子的长短与构造变化万千，那我们就需要写出无数条规则来描述英文句法了。现在请看例（5）。

(5) a. Mary left. 玛丽离开了。

　　b. John believed that Mary left. 约翰相信玛丽离开了。

　　c. Bill said that John believed that Mary left. 比尔说约翰相信玛丽离开了。

　　d. Fred believed that Bill said that John believed that Mary left. 弗来得相信比尔说约翰相信玛丽离开了。

　　e. Sue claimed that Fred believed that Bill said that Johnbelieved that Mary left. 苏宣称弗来得相信比尔说约翰相信玛丽离开了。

　　f. Sally denied that Sue claimed that Fred believed thatBill said that John believed that Mary left. 莎莉否认苏宣称弗来得相信比尔说约翰相信玛丽离开了。

我们注意到例（5）各句从（5a）到（5f）越变越长。假设我们对单词句法仍然信心十足，而且有无穷的精力来写规则，我们还是可以写出如下一套繁复的规则。注意：（5b）到（5f）中出现了一个新的词类，那就是子句连词（Complementizer，一译补语连词）that，我们用英文简写 COMP 来代替。

(6) a. N—V

b. N—V—COMP—N—V

c. N—V—COMP—N—V—COMP—N—V

d. N—V—COMP—N—V—COMP—N—V—COMP—N—V

e. N—V—COMP—N—V—COMP—N—V—COMP—N—V—COMP—N—V

f. N—V—COMP—N—V—COMP—N—V—COMP—N—V—COMP—N—V—COMP—N—V

用不了多久，我们就注意到一件有趣的现象：规则里有一串单词"N—V"或"COMP—N—V"以同样的顺序不断地重复出现。很自然地，我们会想如果能用另一个符号来代替这一串词，而不用一再重复抄写，那不是较为方便吗？我们可以暂时称"N—V"这一串词为句子 S（意指 Sentence），称"COMP—N—V"这一串词为大句子 S'（念作 S—bar）。

(7) a. S＝N—V

b. S'＝COMP—N—V

当我们提到 S 的时候我们就知道这个符号指的是"N—V"这一串单词；提到大句子 S' 的时候就知道 S' 指的是"COMP—N—V"这一串单词。这个简化规则的构想已经相当不错了，可以省去许多无谓的重复抄写；但是当我们回头再看看（6f）这样冗长的句子，就可以感觉到用 S 和 S' 来简化规则仍然不尽理想。我们再看看下列这些例子。

(8) a. The fat man and the innocent child walked to the expensive store. 那个胖子和那个天真的小孩走到那家昂贵的商店。

b. The fat man and the innocent child and the tall animal walked to the expensive store. 那个胖子和那个天真的小孩和那头高大的动物走到那家昂贵的商店。

c. The fat man and the short man and the innocent child and the tall animal walked to the expensive store. 那个胖子和那个矮子和那个天真的孩子和那头高大的动物走到那家昂贵的商店。

例（8）各句都包含了一个连接词（conjunction）and，用来连接不同的名词。按照单词句法，我们需要再列出另一个新的词类：连接词；加上方才提到的连词补语 that，我们得增加以下两个新的词类：

（9）子句连词（complementizer）：that

连接词（conjunction）：　（用英文简写 Conj 来代替）and, or

现在，例（8）中的各句可以用下列单词句法的规则来描述：

（10）a. Det－Adj－N－Conj－Det－Adj－N－V－P－Det－Adj－N

b. Det－Adj－N－Conj－Det－Adj－N－Conj－Det－Adj－N－V－P－Det－Adj－N

c. Det－Adj－N－Conj－Det－Adj－N－Conj－Det－Adj－N－Conj－Det－Adj－N－V－P－Det－Adj－N

这跟方才大句子 S'（＝COMP－N－V）重复出现的情况极为类似，只不过这回重复的一串词是"Det－Adj－N－Conj－Det－Adj－N"。我们可以依照 S 与 S' 的办法，再创造另一个符号来替换这一串词，姑且称之为名词组（Noun Phrase），用英文简写 NP 来代替。我们可以归纳出下列这两条名词组新规则：

（11）a. NP＝Det－Adj－N

　　　 b. NP＝NP　and NP

有了（11），（10）中的几条繁琐不堪的规则就可以有效地简化成（12）：

（12）NP V P NP

依照单词句法，我们需要写出（10）中三条不同的规则来描述例（8）中各句。但是有了（11）这条使用名词组 NP 这个新符号的规则之后，单是（12）一条简单的规则便可有效地描述例（8）中的三个句子了。这个"名词组"的新概念是句法分析上一步极为重要的进展。拿（11b）跟（12）合并使用，就能涵盖下列句型：

（13）a. NP－Conj－NP－V－P－NP（＝8a）

　　　 b. NP Conj NP Conj NP VP NP（＝8b）

　　　 c. NP Conj NP Conj NP Conj NP V P NP（＝8c）

现在我们再使用（11a）这条规则就可以把名词组这个符号还原成"Det Adj N"（亦即（10）中的三条规则）。实际上，（11）与（12）不只能造出例（8）中的三个句子，它们还可以制造无数的新句子。如果我们用"规则有限而句子无穷"来作为人类语言的一大特色，那（11）与（12）之能造出无数新句正表示了我们用词组代替单词来写句法规则的方向是正确的。

但是，我们离目标还有一大段距离。请看例（14）：

（14）a. The fat man walked out the red door and down the wide street. 那个胖子走出红门到大街上。

　　　 b. The fat man walked out the red door and down the wide street and up the narrow alley. 那个胖子走出红门，到大街上，进小巷里。

　　　 c. The fat man walked out the red door and down the wide street and up the narrow alley and to the ex-

pensive store. 那个胖子走出红门，到大街上，进
小巷里，到昂贵的商店。

很显然（11）跟（12）对（14）来说已经不够用了，因为我们现
在又发现了介词也可以不断重复出现。这次重复出现的成串单词
成了"P Det－Adj－N"，也就是"P NP"。（14）可以用下列繁
复的规则来描述：

（15）a. NP V P NP Conj P NP

　　 b. NP V P NP Conj P NP Conj P NP

　　 c. NP V P NP Conj P NP Conj P NP Conj P NP

在这儿我们面对一个熟悉的现象，那就是同样的一串词利用
连接词 and 来连接而不断重复：这回是"P NP and P NP"。我
们可以故技重施，把（11）改写成（16），轻易解决这个问题：

（16）a. PP＝P NP

　　 b. PP＝PP Conj PP

这里我们用了一个新的符号 PP，意思是介词组（Preposi-
tion Phrase），来代替"P NP"这一串词。方才在（12）这条规
则里曾出现了"P NP"这个组合：

（12）NP V P NP

现在我们可以更进一步，根据（16a），把（12）简化成（17）：

（17）NP V PP

与（12）相比，（17）显得更精简了，尤其重要的是（17）
不但能造出例（14）各句，同时也能造出例（8）各句。实际上，
它甚至能造出无穷无尽比例（8）和例（14）更长的句子。在此
我们可以很清楚地看到另一步进展。然而，下面例（18）中的句
子又造成问题：

（18）a. The fat man gave a red book to the short man and
　　　　 sent a big picture to the innocent child. 那个胖子
　　　　 给那个矮子一本红书，给那个天真的孩子寄了一张

相片。

b. The fat man gave a red book to the short man and
sent a big picture to the innocent child and took a
short animal from the tall man. 那个胖子给那个矮
子一本红书，给那个天真的孩子寄了一张相片，从
那个高个儿那儿带走了一只小动物。

c. The fat man gave a red book to the short man and
sent a big picture to the innocent child and took a
short animal from the tall man and a counterfeit
dollar from the smart man. 那个胖子给那个矮子
一本红书，给那个天真的孩子寄了一张相片，从那
个高个儿那带走了一只小动物，从那个聪明的人那
儿拿走伪钞。

若只用现有的词组符号 NP 和 PP 来描述例（18）各句；我
们不免又要写出三条繁琐的规则：

(19) a. NP V NP PP Conj V NP PP

b. NP V NP PP Conj V NP PP Conj V NP PP

c. NP V NP PP Conj V NP PP Conj V NP PP Conj V
NP PP

这回重复出现在连接词左右的是"V NP PP"。至此，我们
应该已经能不假思索地找出新规则了：那就是我们需要另一个新
的符号来代替"V NP PP"这串词（和词组）。我们可以称之为
动词组（Verb Phrase），用英文缩写 VP 来代替。新规则如下：

(20) a. VP＝V NP PP

b. VP＝VP and VP

有了（20），我们只需要写出一条简单如（21）的规则就可以有
效地造出例（19）中各句了：

(21) NP VP

第二节　　词组结构语法

我们在上一节一步一步地摸索中得到了一个宝贵的经验：我们知道在单词句法理论中，有多少句子就需要写出多少规则；但是当我们改变策略，利用词组这样抽象的符号来替换一串串单词时，却能写出精简有效的规则。用这种概念与方式来归纳句法规则称为词组结构语法（Phrase Structure Grammar），像（11）、（16）、（20）这样含有等号的规则称为替换规则（equivalence rule），替换规则能把词组再还原成一个个单词。词组结构语法的最大优点就是规则简单，同时也能利用仅仅几条有限的规则造出无穷的句型。它的另一个特点就是允许一些替换规则循环不息反复运用。当一条规则的结果能回头再应用到这同一条规则，我们就称之为循环规则（recursive rule），例如（20b）就是一条循环规则。

现在我们举例说明循环规则的运用。我们可以用（21）NP VP 开始造句：

（22）NP VP

应用（20b）VP＝VP and VP 我们得到下列这一串新符号：

（23）NP VP Conj VP

（23）中又包含了两个 VP 符号，两者都可以再次应用（20b），造出更多的 VP 来。用（20b）来替换（23）中的第一个 VP，我们得到（24）：

（24）NP VP Conj VP Conj VP

现在（24）包含了三个 VP，每个 VP 又都可以再应用（20b）造出更多新的 VP，这是一个典型的应用循环规则的例子。有些循环规则较为复杂，但基本的道理与（22）、（23）、（24）所显示的并无不同。

　　总结上述的长篇讨论，我们至此所发展出的词组的概念与词组结构的规则，正是近三四十年句法学家的研究基础，这套语法不仅在语言学研究上极为有用，在电脑程式方面也应用甚广，值得读者花时间思考理解。

　　用比较专门一点的术语来说，词组结构语法包含了四个部分：（一）一套称作非终端词汇（non-terminal vocabulary）的符号，像 NP、VP、PP 等词组符号即属此类；（二）一个专门用来开始造句的非终端符号，这个稍微特别一点的符号称为开端符号（start symbol），我们提过的句子 S 就是一个开端符号；（三）我们还另外需要一套终端词汇（terminal vocabulary），也就是像 fat，man，walk 这些字；这些字都存在于一个语言的词汇（lexicon）里；（四）最重要的，我们还需要一些造句规则（production rules），从开端符号开始造出合乎语法的句子。

　　在举出实例说明之前，我们先把上一节讨论过的一些替换规则罗列如下：

(11) a.　NP＝Det Adj N

　　　b.　NP＝NP Conj NP

(16) a.　PP＝P NP

　　　b.　PP＝PP Conj PP

(20) a.　VP＝V NP PP

　　　b.　VP＝VP Conj VP

(21)　NP VP

其次，我们再整理列出目前为止我们所讨论过的非终端词汇：

(25)　非终端词汇

　　　名词组（NP）、限定词（Det）、形容词（Adj）、名词（N）、连接词（Conj）、句子（S）、子句连词（COMP）、介词组（PP）、介词（P）、动词组（VP）、动词（V）。

我们知道代表句子的符号 S 是开端符号：

（26）开端符号

　　　句子（S）

再其次，我们列出一个语言里所有的字作为终端词汇，注意在每一个字的后面，都有一个符号标明该字的词性（grammatical category，或 word class），一译词类：

（27）终端词汇

man, N	men, N
child, N	children, N
dollar, N	dollars, N
book, N	books, N
animal, N	animals, N
photograph, N	photographs, N
store, N	stores, N
give, V	gave, V
take, V	took, V
walk, V	walked, V
talk, V	talked, V
steal, V	stole, V
eat, V	ate, V
say, V	said, V
fat, Adj	smart, Adj
innocent, Adj	short, Adj
counterfeit, Adj	expensive, Adj
tall, Adj	red, Adj
a, Det	to, P
the, Det	from, P
some, Det	with, P
this, Det	in, P

that, Det	on, P
every, Det	over, P
no, Det	
and, Conj	or, Conj
that, COMP	

最后，我们列出一套造句规则来。一般的造句规则都由 (28) 的形式写出：

(28) A→B

箭头左边的符号 A 代表任何一个非终端符号，箭头右边的 B 则代表一串非终端符号。(28) 这条规则读作"A 可以改写成 B"，或者是"A 可以由 B 来替换"。现在我们只需稍加变动就能把上一节所归纳出的替换规则都改写成造句规则。（也就是把等号换成箭头即成）

(29) 造句规则

S→NP VP

NP→Det Adj N

NP→NP Conj NP

PP→P NP

PP→PP Conj PP

VP→V NP PP

VP→VP Conj VP

(25) 到 (29) 这几个部分可以视为英语句法的缩影，下一节我们就以实际动手练习的方式来体会一下这些句法成分的相互关系以及造句的程序。

第三节　造句规则的应用

(29) 中的规则是个好的开始，但仍有许多地方可以再改进，这点我们稍后再谈。我们现在先看看（29）的各项造句规则是如何应用的。第一步应先从开端符号 S 着手，先写下 S：

S

然后再根据（29）中的造句规则 S→NP VP，把开端符号 S 改写成 NP VP（也就是用新的符号 NP，VP 来替换 S）。

在这里我们需要特别注意的是 NP 与 VP 的顺序，因为造句规则明确规定了 NP 出现在 VP 前面。现在我们有了两个新的非终端词汇：NP 和 VP。（29）中有两条能够改写 NP 的造句规则：

NP→Det Adj N

NP→NP Conj NP

由于第二条规则是循环规则，会造出新的 NP，我们最终还是要用第一条规则，所以我们在这儿偷点儿懒，直接应用第一条规则来改写 NP：（NP→Det Adj N）

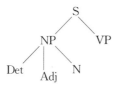

现在 Det，Adj，N 这些非终端符号不能够再应用造句规则改写了（因为它们不出现在箭头的左侧）。我们可以开始应用与 VP 有关的造句规则来改写 VP，这样的规则也有两条：

VP→V NP PP

VP→VP Conj VP

为了节省篇幅起见，我们还是避开循环规则，选择第一条规则 VP→V NP PP。结果如下：

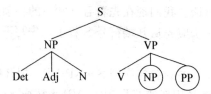

V 已经不能再用造句规则改写了，但是 NP 和 PP 还是可以的。
我们先把 NP 改写成 Det Adj N：

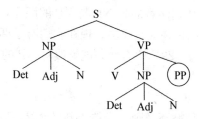

现在只剩下 PP 还能改写了，与 PP 有关的造句规则有二：

　　PP→P NP

　　PP→PP Conj PP

我们再度选择较简单的第一条，将 PP 改写成 P 和 NP，然后再
立刻把新出现的 NP 改写成 Det Adj N。结果如下：

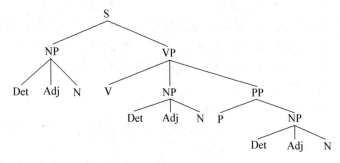

至此我们已经没有任何符号能再改写的了，因为所有的

Det、Adj、N、V、P 等符号都不出现在任何造句规则箭头的左侧。下一步我们要做的是拿一些词性符合这些非终端符号的字来取代这些符号，这个步骤叫做填词（lexical insertion，一译词项插入）。从（27）所列的终端词汇里，我们选择一些名词（像 man、child、dollar、book 等）来取代 N 这个符号，或用限定词之一的 the 来代替 Det 即可。因为这个句子里一共有三个 Det，我们可以用三次 the：

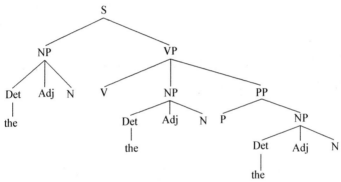

动词我们可以随意挑一个，gave 在词汇里列为动词，我们姑且挑它来取代 V 这个符号：

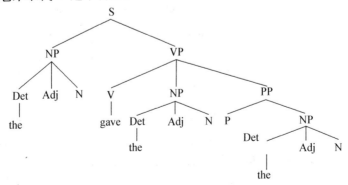

介词我们依样画葫芦挑 to 来取代 P。

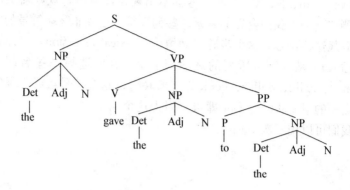

现在我们给形容词加点变化，选 fat、counterfeit 和 innocent 分别取代图中的三个 Adj 符号。

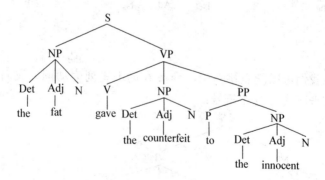

最后，我们再选 man、dollar 和 child 来取代三个 N，而得到下列完整的句子：The fat man gave the counterfeit dollar to the innocent child。（那个胖子把伪钞给了那个天真的孩子）

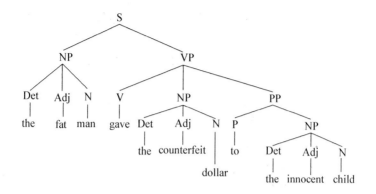

上面这个图在句法学上称作词组记号（phrase marker，一译词组标志或简写成 P-marker），句法学家一般多用"结构树"（structuraltree）或单用"树"（tree，或称树状结构）一字来称呼这样的图。句法树能够清楚地显示下面这一个句子的结构：

The fat man gave the counterfeit dollar to the innocentchild.
那个胖子把伪钞给了那个天真的孩子。

笔者之所以不厌其烦地从 S 开始一步一步慢慢画出上句的结构树，主要目的是希望读者能尽快熟悉画树的步骤。从现在开始到本书最后一章，我们都会需要用树来讨论句法学的各项理论。

我们目前所整理出的造句规则，虽然为数有限，但是因为其中几条可以无限循环，所以已然可以造出无数的句子。然而我们很快就会发现这些句子只不过是重复利用连接词 and 来连接一大堆具有相同词性的字而加长的，许多合乎语法的句子不能由现有的几条规则造出。譬如下例：

（30）Fat men gave some dollars to children. 一些胖子给了孩子们一些钱。

我们的造句规则硬性规定 NP 必须改写成 Det Adj NP 或是 NP

Conj NP。可是例（30）中的几个名词组却不符合这个规定。

（31）fat men＝Adj N（缺 Det）肥胖的男人（复数）

　　　　some dollars＝Det N（缺 Adj）几块钱

　　　　children＝N（缺 Det，Adj）孩子（复数）

那么，我们是不是要加入下列这些造句规则来描述（31）呢？

（32）a. NP→Adj N

　　　b. NP→Det N

　　　c. NP→N

　　　d. NP→Dep Adj N

　　　e. NP→NP Conj NP

　　注意，除去（32e）连接词这条规则，其他四条（32a，b，c，d）都具有一个共同点：只有 N 这个符号每次都出现，其他 Det，Adj 似乎都可有可无；换言之，在改写名词组的时候，唯一必须出现的就是名词。我们可以把这四条规则合并成一条：

　　（33）NP→（Det）（Adj）N

写在括号里的符号表示它可有可无，这样一来，规则简化了，又能同时造出例（31）中的各种名词组。（33）是个可喜的进步，但是，下列的句子又造成新的问题：

（34）a. The fat man gave the dollar to the child. 那个胖子把那一块钱给了那个孩子。

　　　b. The short fat man gave the dollar to the child. 那个矮胖子把那块线给了那个孩子。

　　　c. The smart short fat man gave the dollar to the child. 那个聪明的矮胖子把那块钱给了那个孩子。

　　例（34）中的句子显示了一个名词的前面可以同时出现数个形容词，但这并不表示我们需要写出下列这些规则才成：

（35）a. NP→（Det）Adj N

　　　b. NP→（Det）Adj Adj N

  c. NP→(Det) Adj Adj Adi N

  d. NP→(Det) Adj Adj Adj … N

我们可以用一个新的记号来描述这样的现象：

（36）NP→（Det）Adj* N

形容词 Adj 后面的星号，叫做变数星号（Kleene star 一译星号运符，或称 asterisk operator），用来表示这个地方可以出现任何次数的形容词（包括零次，也就是根本不出现）。（36）这条规则能造出各种合乎语法的名词组。现在，与名词组有关的造句规则仅仅需要两条就够用了：

（37）NP→（Det）Adj* N

  NP→NP Conj NP

（37）中的两条规则甚至可以再合并成一条：

（38）NP→$\begin{Bmatrix} \text{(Det) Adj}^* \text{N} \\ \text{NP Conj NP} \end{Bmatrix}$

这样的记法叫做大括号（curly braces），意思是箭头左边的符号 NP 可以任意选择大括号里的一条规则。

  在结束这一节之前，我们再看看另一个会用到大括号的情况。

（39）a. The man gave the dollar to the child. 那个人把那块钱给了那个孩子。

   b. The fat man said that the man gave the dollar to the child. 那个胖子说那个人把那块钱给了那个孩子。

  例（39）是我们讨论过的句子。（39b）包含了子句连词 that，紧跟在动词后边，其后再接另一个句子 S。（40）中的造句规则可以描述（39b）。

（40）a. S'→COMP S

   b. VP→V S'

  记得 S' 这个符号代表大句子，（40a）这条规则表示大句子 S' 可以改写成子句连词 that 加上句子 S；（40b）表示动词组 VP

可以改写成动词加大句子。现在我们整理一下所有与 VP 有关的造句规则：

（41）a.　VP→V NP PP

　　　　b.　VP→V S'

　　　　c.　VP→VP Conj VP

（41a）与（41b）也可以用大括号记法合并到一起：

（42）VP→V $\begin{Bmatrix} NP & PP \\ S' & \end{Bmatrix}$

（42）表示动词组 VP 可以改写成动词加名词组加介词组或改写成动词加大句子，前者造出（39a），后者造出（39b）。

最后，我们重新整理一下这一节讨论过的所有造句规则：

（43）a.　S→NP　VP

　　　　b.　NP→ $\begin{Bmatrix} (Det) & Adj^* & N \\ NP & Conj & NP \end{Bmatrix}$

　　　　c.　PP→ $\begin{Bmatrix} P & PP \\ PP & Conj & PP \end{Bmatrix}$

　　　　d.　VP→ $\begin{Bmatrix} V \begin{Bmatrix} NP & PP \\ S' & \end{Bmatrix} \\ VP & Conj & VP \end{Bmatrix}$

　　　　e.　S'→COMP S

第四节　深入思考训练

一、假设英语有下列四条造句规则：（Deg 代表程度副词）

（1）a.　S→NP-Aux-VP

　　　　b.　VP→V-NP

　　　　c.　NP→Det-（AdjP）-N

　　　　d.　AP→（Deg）-A

而且英语的词汇在各种词类当中只有下列几个字：

(2) Det：a, that, the, this

　　N：apple, robber, girl, policeman, sparrow

　　V：buy, arrest

　　Aux：can, may, will

　　Deg：fairly, rather, very

　　Adj：handsome, nice, pretty, ripe, tall, tasty

〔问题〕

1. 只用（1）和（2）造出三种不同的句型出来并画出结构树。

2. 我们把（1）中的造句规则（1b）改写如下：

　　VP→V（NP）

　　现在用新规则造句，造出两个不合语法的句子。

3. 解释新规则与旧规则的不同。

二、下列两个英语句子极为相似，但在句法结构上大不相同：

(1) a. The boy brought in the chair. 这个男孩带进来一把椅子。

　　 b. The boy sat in the chair. 这个男孩坐在椅子上。

假设我们只有下列两种结构，请问（1a）与（1b）各属于何种结构？请说明你选择某一结构的理由。

(2) a.

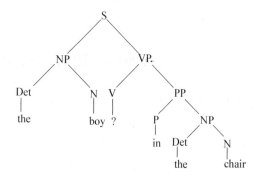

b.

下列各句好坏参半，请决定哪些合语法，哪些不合，并说明理由。

(3) a. In the chair, sat a tall, dark, handsome stranger.

　　b. In the chair, brought a tall, bark, handsome stranger.

(4) a. He sat in the chair and in the hammock.

　　b. He brought in the chair and in the hammock.

(5) a. He sat quietly in the chair.

　　b. He brought quietly in the chair.

(6) a. He sometimes sits in the chair. but I never sit there.

　　b. He sometimes brings in the chair, but I never bring there.

三、下列各句都有两种诠释，这种情形我们称为结构上的歧义 (structural ambiguity)，请画出每一个句子的两种可能结构，有些词组符号的名称我们尚未讨论，可以用 X 代替。

(1) John saw the professor in the library.

(2) The policeman arrested the man with a gun.

(3) John ran down my garden path.

（4）You could not attend the meeting.

注意这些句子在汉语中都有两种词序不同的说法，我们可以利用汉语的直觉来帮助我们决定结构。（run down 一词可以当作毁坏讲）

四、我们为英语建立的词组语法可以适用于其他语言。考虑下列日语资料并建立一套能够造出所有句子（1—18）的造句规则。利用英语的翻译来决定每一个词的意义与词性，某些名词后带有-ga，-o 等音节，日语传统语法称之为格助词，我们在此可以不必考虑。（Sportiche 提供资料）

（1）John-ga kita "John came." 约翰来了。

（2）Bill-ga shinda "Bill died." 比尔死了。

（3）Mary-ga yonda "Mary read." 玛丽念了（书）。

（4）Mary-ga hon-o yonda "Mary read the book." 玛丽念了书。

（5）Bill-ga Mary-o mita "Bill saw Mary." 比尔看到玛丽。

（6）Mary-ga Bill-o mita "Mary saw Bill." 玛丽看到比尔。

（7）Hon-ga akai desu "The book is red." 书是红的。

（8）Bill-ga sensei desu "Bill is a teacher." 比尔是老师。

（9）John-ga ookii desu "John is big." 约翰很高大。

（10）Sono hon-ga ookii desu "That book is big." 那本书很厚。

（11）Sono akai hon-ga ookii desu "That red book is big." 那本红色的书很厚。

（12）Bill-ga sono akai hon-o mita "Bill saw that red book." 比尔看到那本红色的书。

（13）Bill-ga hon-o utta "Bill sold the book." 比尔卖了书。

（14）Bill-ga John-ni hon-o utta "Bill sold the book to

　　　　John."比尔把书卖给了约翰。

（15）Bill-ga John-ni sono akai hon-o utta "Bill sold that red book to John."比尔把那本红色的书卖给了约翰。

（16）Bill-ga sensei-ni hon-o ageta "Bill gave the book to the teacher."比尔把那本书给了老师。

（17）Bill-ga kare-no sensei-ni sono akai hon-o ageta "Bill gave that rea book to his teacher."比尔把那本红色的书给了他的老师。

（18）Bill-ga kare-no sensei-ni kare-no hon-o ageta "Bill gave his book to his teacher."比尔把他的书给了他的老师。

〔问题〕

　　1. 列出日语的造句规则。

　　2. 画出（15）和（18）两句的结构。

　　五、词组结构语法可以告诉我们哪些词在句中成一单位，哪些词不能成一单位，例如 S→NP VP 这条规则告诉我们在 John likes Bill 句中"likes Bil"是一个单位（可用 VP 这个符号表示）而 John likes 这两个词不是（没有一个符号代表这两个词）。

　　用"单位"这个概念来考虑英语助动词系统：

　　（1）John may have been writing a letter.

　　　　　约翰可能已经正在写信了（而且写了一会儿了）。

　　（1）句可能有下列三种结构，请决定哪一种结构最能正确地代表句中各种"单位"。（提示：利用问句、简答、连接词结构来测试）

（2）

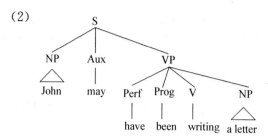

（3）

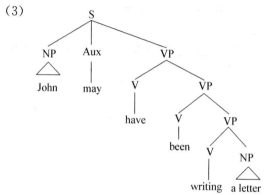

（4）

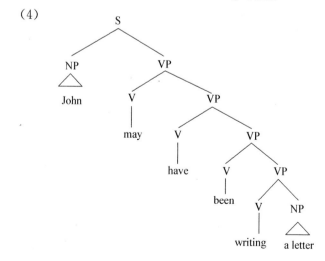

英语中有一种现象称为动词组删除（VP deletion），考虑下列句子并说明这些句子如何能帮助我们决定助动词系统的正确结构。

(5) Mary thinks John may have been writing a letter, and so he may have been.

(6) Mary thinks John may have been writing a letter, and so he may have.

(7) Mary thinks John may have been writing a letter, and so he may.

玛丽认为约翰也许已经正在写信了，事实上可能果真如此。

第三章　中节理论

第一节　结构树

我们在前一章详细讨论了词组结构语法及其运用。但是，我们为什么选择这么一套语法系统呢？我们知道词组结构语法优于单词句法，但是否只是因为我们用了一些箭头、词组符号、大括号这些巧妙的记法才使得句法规则看起来精简呢？答案是否定的。我们在前一章为许多英文句归纳出来的词组与造句规则实际上的确反映了一个以英语为母语的说话者（我们姑且称这个人为汤姆）的英语语法知识。词组结构语法至少达到了两个目的：（一）它能造出英文所有合乎语法的句子，而且防止不合语法的句子。（二）它能反映汤姆在说英语时所运用的造句规则（即使汤姆在运用这些规则时很可能毫不自觉）。我们认为这样的模式最能捕捉人类语言的特性。

本节将介绍一个以词组结构语法为基础而发展出来的句法理论：中节理论（X-bar Theory）。我们的目标是找出一个更具普遍性的模式，不单能反映出汤姆说英语时运用的知识，也要能反映出所有人类语言的共通点。换言之，这个新的模式要能很自然地也应用在中国人张三、法国人皮耶身上，正确反映出他们对汉语和法语（自觉或不自觉）的知识。

我们先复习一下到目前为止我们所讨论过的造句规则：

（1）造句规则：

$$S \rightarrow NP \quad VP$$

$$NP \rightarrow \begin{cases} (Det) \quad AP^* \quad N \\ NP \quad Conj \quad NP \end{cases}$$

$$PP \rightarrow \begin{cases} P \quad NP \\ PP \quad Conj \quad PP \end{cases}$$

$$VP \rightarrow \begin{cases} V \quad NP \quad PP \\ VP \quad S' \\ VP \quad Conj \quad VP \end{cases}$$

$$AP \rightarrow \begin{cases} Deg^* \quad A \\ AP \quad Conj \quad AP \end{cases}$$

$$S' \rightarrow COMP \quad S$$

我们可以由这些规则造出许多合乎英语语法的句子，并用结构树的形式写出来。这些树提供了相当重要的讯息，因为树的结构也正确地反映了句子在我们脑中的结构。何以见得呢？我们在讲一个句子的时候，即使是从未接触过语法的人都知道哪几个字词组成一个小单位，哪几个字词不能成一个单位。举一个英文句子为例：

The tall man kicked the ball. （那个高个儿踢球）

若问哪两个相邻的字成一小单元，即使略懂英语的人也能直觉地指出 tall 和 man 可凑成一单位；the 和 ball 可以凑成一个小单位。至少，直觉告诉我们 tall 和 man 的关系要比 man 和 kicked 或 kicked 和 the 的关系要近一点；tall 和 ball，tall 和 kicked，或 man 和 ball 的关系就更远了。这个直觉可以用方括号（brackets）的记法表示出来：

（2）the〔tall man〕kicked the ball.

再问到〔tall man〕与限定词 the 和动词 kicked 的关系孰近孰远的时候，我们又很清楚地感觉到〔tall man〕与限定词 the 接近。同时，我们也觉得第二个 the 和 ball 的关系就像第一个

the 和〔tallman〕的关系一样近。这个直觉可以记成（3）：

（3）〔the〔tall man〕〕kicked〔the ball〕

现在，我们又觉得动词 kicked 似乎与〔the ball〕另有一个较近的关系，也就是 kicked the ball 听起来比 the tall man kicked 更像是一个单位。这种感觉也可以用方括号记下来：

（4）〔the〔tall man〕〕〔kicked〔the ball〕〕

若问这个句子最大的单位是什么，那当然就是句子本身了：

（5）〔〔the〔tall man〕〕〔kicked〔the ball〕〕〕

以上从（2）到（5）的这些直觉，也就是我们对于句子的构造的感觉，可以清楚地由结构树表达出来：

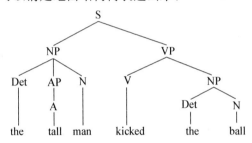

（6）我们对于词跟词之间的关系除了距离远近之外，还有这样的认识：tall 和 man 的关系是 tall 来形容或修饰 man 这个名词，但 kicked 和 the ball 的关系就不同了，我们知道动词 kicked 不是用来形容 the ball 的，它们的关系是动词与其补语（complement）的关系。树能够具体地把这两种不同的关系画出来。词组结构语法的造句规则明确地规范了词组和词组之间的关系，而且能用结构树来体现这些关系。

结构树还有一个重要的优点，那就是句子中词与词的相对关系能够根据其在树中的位置来严格定义。下面就是一些与结构树有关的基本常用术语。

(7) a. **节**（node）：结构树中每一个非终端符号出现的位置
都是一个节，例如 S、NP、VP、PP、N、V、P、
Det 等。

b. **枝**（branch）：连接节与节的线称为枝，若是一个节
分出左右两枝，我们称之为双叉分枝（binary-
branching）；像 S 节分成 NP 和 VP，就是双叉分
枝。一个节分出左中右三枝则称为三叉分枝（ter-
nary-branching），如例（6）中 NP 节分成 Det、
Adj 和 N 这样的结构。句法分析中绝大多数的树状
结构属于双叉分枝。若一个节分出两枝或三枝，我
们称这个节为分枝的节（branching node）。

c. **叶**（leaf）：结构树里最底端的这些字（亦即终端词
汇）称为叶。

d. **根**（root）：结构树里最上端的符号（亦即开端符
号）称为根。最常见的就是 S。

e. **支配**（dominate）：支配指的是一个节相对于另一个
节的关系。甲节经下分枝到乙节，乙节再往下分枝
到丙节，则甲节支配乙节也支配丙节；乙节受甲节
支配且支配丙节；丙节则同时受甲节与乙节支配。

f. **最近支配**（immediately-dominate，一译立即支配）：
最近支配是支配的一种。若甲节支配乙节而两节间
没有其他节支配乙节，我们称甲节最近支配乙节。

上图中，甲节虽然也支配丙节但因为两节中间另有
乙节支配丙节，所以甲节并不能最近支配丙节，丙
节受乙节最近支配。

g. **母节**（mother node）：甲节最近支配乙节，我们称
甲节为乙节的母节。

h. **姊妹节**（sister node）：母节相同的节互为姊妹节。

i. **单位**（constituent）：同一母节所支配的所有节成一
单位。

以上的定义在表达词与词相对关系上非常有用，读者应该尽
快熟悉，我们再回头看例（6）：（重复如下）

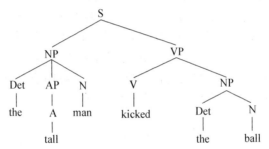

由于我们习惯由上往下画图，所以句法树也成了根在上而叶
在下，但各节的彼此关系是不变的。句子由 S 开始所以 S 是根，
我们也可以说不受任何一个节支配的节就是这个结构树的根。S
双叉分枝成名词组 NP 和动词组 VP，所以这两个节互为姊妹节，
因为它们有共同的母节 S。NP 三叉分枝为限定词 Det，形容词
组 AdjP 与名词 N，所以三者互为姊妹节。现在我们看看动词组
VP，VP 分枝成 V 和 NP，所以 V 和 NP 为姊妹节。支配的关系
最为重要也最容易混淆。S 支配哪些节？由于树中所有的节都是
从 S 往下分枝得来的，所以 S 支配所有的节。若问 S 最近支配哪
些节则只有 NP 和 VP。图左的 NP〔the tall man〕支配动词 V
吗？答案是不支配，因为 NP 往下分枝只能支配 Det、AdjP 和

N，它要往上走回 S 才能再走到 VP，然后 V，但是只要一往上走就不再有支配的关系了。

　　热身运动做完了，我们现在可以看看如何用这些词与词的关系来定义某一个词在句子中的功能。我们最熟悉的概念莫过于主语（subject）与宾语（object）了，我们可以定义：一个受 S 最近支配的名词组就是句子的主语，一个与动词互为姊妹节的名词组就是该动词的宾语。根据这样的定义，我们可以轻易区分例（6）中的两个名词组 the tall man 和 the ball 在句中的功能：因为 S 最近支配 the tall man 这个名词组，所以它是句子的主语；the ball 是动词 kicked 的姊妹节，所以它是宾语。

　　结构树完全是根据词组结构语法中的规则画出来的，也就是说，我们写的造句规则有多精确，我们画的树就应该有多精确。从另一个层次来看，如果我们画的树能够忠实地反映我们的直觉，那造出这些树的规则也就愈接近存在于我们脑中的规则，这套语法模式也就愈成功。

第二节　词组有首与词首的性质

　　例（6）的树的确能忠实反映我们对这个句子的构造的直觉，这带给我们不少信心。但是我们知道仅是手头现有的几条规则实在不足以达到我们写语法规则的目的：造出所有合乎语法的句子与淘汰所有不合语法的句子。我们目前所设的规则在这两方面都还差得太远。

　　首先，有许多合乎语法的句子这些规则造不出来，譬如说英语的是非问句（yes-no question）或由疑问词造出来的疑问词问句（WH-question）以及需要用助动词（auxiliary）的句子等，都让我们现有的规则束手无策。

　　其次，这些规则又无法有效地淘汰一些不合语法的句子，如下例：

> (8)　＊ The fat man talked the little boy.　　＊ 这个胖子说话了
> 　　　这个小男孩。

句子前的星号表示该句不合语法。例（8）显然是由 S→NP
VP，NP→Det Adj N 和 VP→V NP 这三条造句规则造出来的。
最后填词的时候，我们依词性挑出一些字来替换 Det、Adj、N、
V 等符号，我们选了 talked 这个字因为词汇里标明了它是个动
词；一切过程都是合法的，但造出来的句子不合语法。这个问题
我们稍后详谈。

我们还面临了第三个问题，那就是造句规则本身的问题。我
们在前一章讨论造句规则时只说任何一个造句规则都具有 A→B
的形式，A 代表一个非终端符号，B 代表一串终端或非终端符
号。那么下列的造句规则应该是可能的了。

> (9) a.　PP→NP S
> 　　b.　VP→NP
> 　　c.　S→Det VP
> 　　d.　NP→A

我们看到这些规则的第一个反应一定是"荒唐"！动词组怎
能变成名词组，名词组怎能改写成形容词呢？但是例（9）中每
个荒唐的规则都是按照词组结构语法的形式写出来的，照理说应
该是可能的。现在问题显然是出在词组结构的理论了，因为它竟
然允许像例（9）这样的造句规则在人类语言中存在。拿（9b）
来说，动词组可以改写成名词组，如果你是讲这个语言的小孩
儿，当你听到句子里有几个名词组的时候，怎么能知道其中哪一
个（或哪几个）算作动词组呢？这样的语言将造成语言习得上极
度的困难；实际上，世界上也绝没有这样的语言。

我们现在要对症下药，让词组结构的理论有效地限制一些不
妥当的造句规则。显然，我们认为名词组 the fat man 之所以为

名词组是因为它指的是 man；动词组 kicked the ball 之所以为动词组是因为它有一个动词 kicked，这个重要的直觉可以写成（10）：

（10）名词组必含有名词

　　　动词组必含有动词

　　　介词组必含有介词

如果我们现在把（10）加入词组结构语法的理论当中作为造句规则的一个限制，那么例（9）中那些荒谬的规则就无从产生了。我们还要仔细想一想，除了造成语言习得上的困难之外，（9）中的那些规则到底谬在何处？我们在用介词词组这个符号的同时就暗示了介词在这个词组里扮演了一个极重要的角色，其重要的程度远超过同词组里其他的词。因为介词组的句法特性完全是由介词来决定的，所以我们称介词是介词组的词首（head，一译中心语，主要语）。注意在词素学里常把 prefix 译作词首或前缀（或前加成分），本书中词首指的是词组之首（head of a phrase）。例（9）中的各规则都造成了一个词组没有词首的情况，故而荒谬。

虽然我们希望能把词首的概念加入理论，在规则中明确指出何者为词组之首，但在（10）的叙述中并没有提到词首，我们似乎应该把（10）进一步改善成（11）：

（11）介词组以介词为首

　　　名词组以名词为首

　　　动词组以动词为首

在正式进入中节理论之前让我们先看看一些法语里名词组的现象来说明我们的理论为什么需要词首这个新概念。

法语的词素系统比英语复杂一些，例如法语的名词都分阴性或阳性，这个区分往往不是语义上的需要，而是词素系统硬性规定的。

(12) 阳性　　　　　　　　　　　　阴性

　　homme　　"man"　　男人　　femme　　"woman"　　女人

　　vin　　　　"wine"　　酒　　　descente "descent"　　降落

　　roi　　　　"king"　　国王　　reine　　"queen"　　皇后

　　tabac　　"tobacco" 烟　　　chaise　"chair"　　　椅子

限定词 Det 在法语里也分阴阳性，当然，也包括了单复数：

(13) 限定词

　　　　　　　　单数　　　　　　复数

　　阳性　　　le, un　　　　　les, -

　　阴性　　　la, une　　　　 les, -

现在，我们看看下列资料：（限定词—名词）

(14) 阳性

　　un homme, * une homme 男人

　　un vin, * une vin 酒

　　an roi, * une roi 国王

　　阴性

　　une femme, * un femme 女人

　　une descente, * un descent 降落

　　une reine, * un reine 皇后

　　(14) 中包含了阳性和阴性的名词组，我们注意到限定词的阴阳性必须与名词一致（agree，一译呼应），名词 homme（男人）是阳性，所以限定词必须是阳性的 un，不能是阴性的 une。由于名词的阴阳性是不能改变的，所以我们不能说是名词来配合限定词。由区分名词组中限定词 un 与名词 homme 的主从角色，我们比较容易归纳出一个描写"一致"（agreement）的规则了。

　　我们再看看形容词，法语里形容词的阴阳性和单复数也必须与它所修饰的名词相一致，请看下例：

　　(15) a.　un roi puissant

"a powerful king"（有权势的国王，单数）

b. les rois puissants

"the powerful kings"（有权势的国王，复数）

c. une reine puissante

"a powerful pueen"（有权势的皇后，单数）

d. les reines puisssantes

"the powerful queens"（有权势的皇后，复数）

很显然，形容词和限定词的阴阳性与单复数都要由名词来决定，因此我们可以说名词组以名词为首，词首决定该词组的一些性质（包括阴阳性和单复数），词组中其他成分（如形容词和限定词）的性质与名词一致。

在冰岛语中我们也注意到了类似的现象：形容词的阴阳性，单复数和格（Case）必须与其修饰的名词一致：

(16) 阳性：godur madur "a good man" 好男人，单数

godir menn   "good men" 好男人，复数

阴性：god kona   "a good woman" 好女人，单数

godra kvenna "of good women" 好女人，复数

中性：gott barn   "a good child" 好孩子，单数

godum bornum "to good children" 好孩子，复数

冰岛语也显示了词首这个概念的重要性。英语中没有法语或冰岛语这样明显的阴阳性之分，但是在别的方面词首这个概念同样能够应用在英语的句法。请看下列：

(17) a. John suddenly killed the little insect.

约翰突然打死了那只虫。

b. John suddely killed the last three minutes.

约翰突然杀了最后三分钟。（??）

第一个句子很正常，但第二个句子就很怪了，除非我们联想到英文一个惯用语 kill time（打发时间、消磨时间）。要是把两

句中的 killed 都理解成"杀",那第二个句子就完全不知所云了。原因很简单,因为"杀"这个字必须选择一个有生命的宾语,无生命的宾语怎么杀呢?这个简单的原因包含了两个必须用到词首观念的地方。我们先把树画出来:

（18）

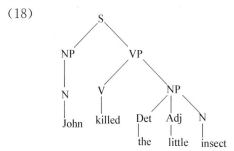

第一,句中动词组 VP 包含了动词 killed 和宾语 NP the little insect。因为动词是"杀",所以宾语一定要有生命,也可以说动词的语义可以决定它的宾语要具有哪些特性。换言之,动词组里的宾语是由动词选择的,而这个动词正是动词组之首。第二,名词组 the little insect 是有生命的,是哪一个词让我们理解这个名词组是有生命的呢?答案很明显,不是限定词 the 也不是形容词 little,是名词 insect 决定了整个词组的性质,而名词 insect 也正是名词组之首。所以,即使英语没有阴阳性一致的现象,在许多地方仍用得上词首这个观念。

1963 年语言学家格林伯格氏（Joseph Greenberg）写了一篇关于词序的论文,作者收集了数以百计的各种语言的资料,经过比较统计之后归纳出一些普遍的现象（Universals）,这些现象与我们现在讨论的词首观念有很密切的关系。以下是格林伯格氏文中的第二条普遍现象:

（19）a. 在一个语言里若介词组里的词序是介词在前名词在后,则该语言的名词组的词序是名词在前所有格（genitive,一译属格、领位）在后。（有少许例外）

　　b.　在一个语言里若介词组的词序是介词在后名词在
　　　　前，则该语言的名词组的词序是名词在后所有格在
　　　　前。（有少许例外）

　　法语属于（19a）的情况。法语的介词是前置词（preposition，
本书通称介词），永远置于名词之前，法语的名词组的词序果然
是名词在前，所有格在后。例如：le livre de Jean（John's book，
约翰的书），不可以说* Jean livre。日语的介词则是后置词
（postposition），永远置于名词之后，符合（19b）的描述。果
然，在日语的名词组里，所有格出现于名词之前，例如，Taroo-
no hon（太郎的书），绝不可先说书，后说太郎。

　　格林伯格还描述了另一个有关于主语、动词、宾语三者相关
位置的普遍现象：（例如 SOV 代表主语—宾语—动词）

　　（20）绝大多数以 SOV 为正常词序的语言都用后置词（也
　　　　　就是名词在前介词在后）

　　（20）的这番描述，可以用我们的词组语法来重新诠释一下：

　　（21）若 VP→NP V，则极可能

　　　　　PP→NP P

　　SOV 的语言指的是动词出现在宾语后，也就是 VP→NP
V，但为什么这种语言的介词组也要把名词摆在前面呢？这个
问题应该使我们联想到词首在词组中出现的位置。格林伯格文
中所列的许多普遍现象（这里我们只略窥其二）似乎都直接与
词首在词组中出现的位置有关。介词出现在名词组之前或名词
组之后、动词出现在宾语之前或之后，名词出现在形容词之前
或之后等问题，不都是来自同一个问题吗？许多语言学家注意
到这么一个现象：若在一个语言里动词组的词序是动词在前宾
语在后，则该语言其他词组的词序也有同样的倾向：名词组中
名词在前、形容词或关系子句（relative clause）在后；介词组
中介词在前名词组在后等等。若一个语言里动词组的词序是动

词在后宾语在前，那么该语言其他词组的词序也都跟着倒过来：这个现象跟格林伯格氏的观察如出一辙，也就是说人类语言有一个普遍的倾向，那就是不分词组的种类，一个语言常选择词首在前或词首在后，但不喜欢两种词序都选，当然，这样的倾向不可能纯然出于巧合。实际上，它代表了人类语言的两个共同特性：第一，词首在词组中扮演了一个主要的角色（因此也有人把词首译作主要语或中心语），我们在学习语言（包括母语）的时候常用到动词在前或在后、介词在前或在后这样的概念，也就是说虽然词组里包含了一些不同词性的词，我们却立即能辨认出哪个词最重要，而且毫不犹豫地以这个词为基准来描述词序。第二，在同一个语言的不同词组里，词首出现的位置几乎是相同的。例如在日语里，名词组中名词在后，介词组中介词在后、动词组中动词在后等等。

第三节　词组结构语法之不足

词组结构语法能够把词首跟同一词组内的其他成分区分出来，突显它的独特地位吗？能够用同一个规则来规范词首在不同词组中出现的位置吗？很不幸两者的答案都是否定的。我们现有的语法在处理这个问题上显得很笨拙。以名词组为例：

(22)

NP
Det　AdjP　N
the　big　trout (那条大鳟鱼)

母节 NP 分枝成 Det、AdjP 和 N，这分出来的三个节彼此关系相同（互为姊妹节），到底谁是词组之首呢？图上看不出来。也就是说名词 trout 在该名词组里无法突显其词首的地位。那

（22）中三叉分枝的结构是不是正确呢？我们可以再利用直觉来测验一下，the、big 和 trout 这三个字是不是可以再分成比词组更小的单位呢？好像 big trout 两个字可以凑在一起，但 the big 两个字距离就远一些了。根据我们前一章分析词组的办法，我们应该把这三个字的远近关系用括号记成〔the〔big trout〕〕才行，但（22）忽略了这个重要的直觉。

英语里有一个类似代名词的字"one"提供了支持上述直觉的有力证据。所谓代名词就是一个字可以用来代替一连串字，避免说话时重复。例如下列各句中的 one：

（23）a. Mary painted a picture but I didn't paint one. 玛丽画了一幅画儿但我没画。

　　　b. Mary ate a pizza and I also ate one. 玛丽吃了一块比萨饼我也吃了一块。

　　　c. Mary read an article but I didn't read one. 玛丽念了一篇文章但我没念。

在（23a）中，one 取代了名词组 a picture；在（23b）中取代了另一个名词组 a pizza；在（23c）中取代了 an article。我们可以用（24）来描述 one 的用法。

（24）one 的含义等于句子中已提过的某个名词组。

在例（23）各句，one 取代了整个名词组。现在，我们再看看下面这些例子：

（25）a. Mary read this article and I read that one. 玛丽念了这篇文章，我看了那篇。

　　　b. Mary saw a dirty old man and I saw a smelly one. 玛丽看到一个肮脏的老头儿，我碰到一个发臭的。

　　　c. Mary bought a big expensive green couch but I bought a small one. 玛丽买了一套又大又贵的绿色沙发，我买了一套小的。

先看（25b）和（25c）。　（25b）的意思是我看到了一个
smelly old man 而不是 smelly man。one 代替的是 old man 而不
光是名词 man。（25c）的意思是我买了个 small expensive green
couch，而不只是一个 small couch；one 代替了 expehsive green
couch。现在回头看看（25a），this 和 that 都是限定词 Det，我
们固然可以说（25a）中的 one 代替了名词 article，但说 one 代
替了名词组里除了限定词以外的所有成分也未尝不可。

（25）各句显示了一个共同点，那就是 one 可以取代名词组
里的一小部分。我们把（25b）和（25c）的两个名词组画出来：

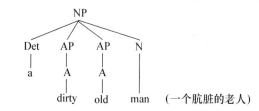

（一个肮脏的老人）

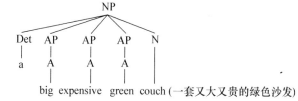

big expensive green couch（一套又大又贵的绿色沙发）

one 取代上图中的 old man 和 expensive green couch，而不是整
个名词组。因此，我们要修改一下（24）关于"one"的描述：

　　（26）one 的含意等于句子中已提过的某名词组或该名词组
　　　　中的一部分。

关键问题是 old 和 man 在图上并不成一个单位，这表示了我
们目前的语法还不完善。记得我们在本章开始时分析 The man
kicked the ball 时，用了（27a）的结构，而不用（27b）：

（27）a.

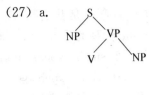

＊b.

当时我们举出的理由是 kicked the ball 成一单位或"感觉上距离较近"，才决定舍（27b）而就（27a）。现在我们分析名词组 the old man 也有同样的感觉，再加上 one 能取代 old man 这个事实，我们应该仿照（27a）把名词组的内部结构改成（28a），舍弃不正确的（28b）：

（28）a.

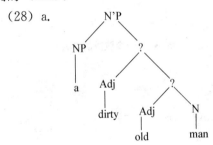

＊b.

　　根据（28a），old man 成了一个单位了，因为同属于一个母节而且没有其他姊妹节。但是新的问题产生了：支配 old man 这个单位的母节叫做什么呢？它比名词组 NP 要小但又比名词 N 大一些，我们无以名之只好暂时打个问号。

第四节　中节理论

许多句法学家都了解上一节所讨论的问题，知道 old man 这个不大不小的单位在句法研究上有其存在的理由与价值。有人提出了一个极好的建议：那就是本章的标题"中节理论"（X-bar Theory，一译 X 标杠理论）。中节理论把词组结构语法的造句规则简化成下列形式：

（29）**中节理论**

　　　a. XP→…X'…

　　　b. X'→…X…

X 代表任意一个词类，可以是名词、动词、介词等。（29a）的意思是一个词组 XP 要先改写成 X'（念作 X-bar 也记作 $\overline{X}$），然后 X' 才能再继续改写成词组之首 X。虚线代表了词组中的其他成分可以出现在 X' 或 X 的左边或右边。X' 这个节是介于词组 XP 与词首 X 中间的单位：

我们可以把 X' 视为 X 的一个延伸，根据（8a）的定义 X' 也是一个节，我们可以称 X' 为 X 中节，例如 N' 为名词中节，V' 为动词中节等。中节理论解决了我们刚才提出来的几个难题：第一，中节理论允许词组与词首之间有中间单位的存在，解释了 one 取代名词组里一小部分的现象。第二，中节理论不分词性（或：适用于所有词性），这解释了一个语言中不同词组为什么常呈现相同的词序（词首在前或在后）。第三，因为中节理论不规定词序，所以它可用来分析英语、日语、汉语、法语等表面上词序很不相同的语言。第四，中节理论允许在词组与词首之间存在任意数量的中间单位（第一中节、第二中节、第三中节等等）。这一点我们在下一段再作补充说明。第五，最重要的就是中节理论规定 XP 词组必含词首 X，而且明确地突显了 X 的词首地位。

　　关于第四点，我们需要再讨论一下。我们在（29）中看到的规则只能改写出一个中节，其实这只是一般常见的词组结构，中节理论大可衍生出许多中节来：

（30）$X^n \rightarrow \ldots X^{n-1} \ldots$

$\qquad X^{n-} \rightarrow \ldots X^{n-2} \ldots$

$\qquad \ldots$

$\qquad X' \rightarrow \ldots X \ldots$

　　我们不必拘泥于（30）所用的符号。举英文实例来看，一个名词组的造句规则可以用中节理论改写如下：

（31）$NP \rightarrow \ (Det) \ N'$

$\qquad N' \rightarrow \begin{Bmatrix} AP \ N' \\ N \end{Bmatrix}$

　　注意，$N' \rightarrow AP \ N'$ 这条子规则是可以循环应用的，能轻易造出像 a dirty old man 或 a big expensive green couch 这些名词组。其结构如下：

（32）a.

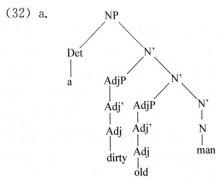

b.

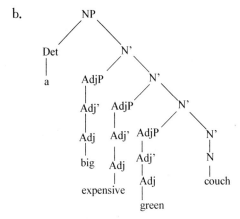

（32）中的结构很清楚地显示了英语 one 的用法，我们现在可以把略为不自然的（26）改写成（33）：

（33）one 取代名词组或名词中节。

现在再回头看看（25a），重复如下：

（25a）Mary read this article and I read that one.

这个句子第一次出现的时候，我们尚未介绍中节理论，所以当时无法决定到底 one 取代的是名词中节（也就是除去限定词 this 以外的所有成分）还是只取代名词词首 article。现在我们可以以中节理论作基础来研究一下。请看下例：

（34）a student of linguistics with smelly feet. 脚臭的语言
　　　学学生。

从语义上来解释，介词组 of linguistics 是名词 student 的补语，另一个介词片语 with smelly feet 不是 student 的补语，它修饰 student of linguistics。这可以从（35）的结构中明显地看出来：

（35）

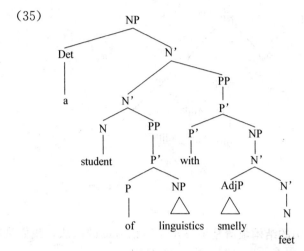

（35）图中的三角符号表示该词组的内部详细结构省略不画，
是一种简写的记号。）现在我们根据（33）这条规则，拿 one 来
取代整个名词组：

（36）Mary met a student of linguistics with smelly feet andI
　　　met one too.

旧的词组结构语法和中节理论都允许 one 取代名词组，所以
（36）没有问题，one 指的是拥有一双臭脚的语言学学生。我们
刚学的中节理论承认"student of linguistics"是一个名词中节，
我们试试用 one 来取代这个中节：

（37）Mary met a student of linguistics with smelly feet and
　　　I met one with bad breath.

因为 one 只取代名词中节"student of linguistics"，所以
（37）的意思是玛丽碰到了一个脚臭的语言学学生，而我碰到了
一个口臭的语言学学生，此君是否脚臭我们不得而知，因为 one
并不取代整个名词组。注意，（37）句是支持中节理论的重要证
据，没有中节这个单位，就得不到（37）句正确的含义。

二、下列句中的介词片语 of soccer 和 with talent 与名词 player 的关系似乎不同，请用中节理论所规定的结构画出(1)—(6)的结构树。（不合语法的句子也画）（摘自 Ouhalla，1994）

(1)　the player of soccer with talent. 具有天赋的足球球员。

(2)　* the player with talent of soccer.

(3)　the player of soccer and basketball. 又踢足球又打篮球的球员。

(4)　the player with talent and with a future. 有天赋有前途的球员。

(5)　* the player of soccer and with talent.

(6)　the player of soccer with talent and a future. 有天赋有前途的足球员。

我们可以说 of soccer 这个单位不是介词片语吗？上例中哪些句子提供证据支持这个假设？哪些句子提供反证？

三、如果我们只拿主语（S）、宾语（O）和动词（V）来描述一个语言的词序，逻辑上应该有六种类型（SOV，SVO，VSO，VOS，OSV，OVS），但中节理论只允许四种，请问是哪四种？（以结构树表示之）

四、本章提到格林伯格归纳了许多人类语言中的普遍现象，请分析下列波斯语的资料。（Sportiche 提供资料）

(1)　(man)boland hast-am　　"I am tall" 我很高。

(2)　mard nan-rā xord.
　　"The man ate the bread" 那个人把面包吃了。

(3)　(man)ān mard-rā mi-šenās-am.
　　"I know the man" 我认识那个人。

(4) ān mard ma-rā mi-šenās-ad.

"That man knows me" 那个人认识我。

(5) ān mard nān-e xānom-rā xord.

"That man ate the woman's bread" 那个男人把那个女人的面包吃了。

(6) (āyā)ān xānom nān-i-rā ke xarid xord?

"Did that woman eat the bread she bought?"
那个女人把她买的面包吃掉了吗？

(7) (man)ān se ketab-e qermez-rā xarid-am.

"I bought those three red books"
我买了那三本红色的书。

(8) (man)barāye mard ketāb xarid-am.

"I bought books for the man"
我给那个男人买了书。

(9) xānom ān se ketāb-rā xarid.

"The woman bought those three books"
那个女人买了那三本书。

〔问题〕

1. 写出符合中节理论的波斯语造句规则。

2. 请说明波斯语中哪些词序符合格林伯格所观察的普遍现象。

五、我们讨论过的造句规则里有一条 S'→COMP S，可以描述下列这样的复杂句：

(1) He thinks that Mary snores.　他认为玛丽打呼。

that 称为子句连词，整个句子 that Mary snores 是动词 think 的补语，所以按照中节理论来说，(1) 具有下列结构：

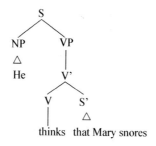

现在考虑下列句子：

（2）He wonders whether she snores. 他想知道玛丽打不打呼。

（1）、（2）两句构造极相似，我们先假定 whether 也是子句连词，出现在句子开头的位置。下面（3）、（4）两个结构只有一个是正确的。

（3）

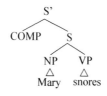

（4）

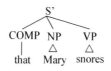

〔问题〕

1. 根据 S'→COMP S 的记法，只有（3）是正确的，请解释。

2. （1）、（2）两句提供的有限资料并不能支持（3）这个结构，我们要举出哪些句子作为例证来支持（3），反驳（4)?

六、用中节结构画出下列名词组的树状结构，并举出有效的测试来证明你的结构是正确的。

(1) the specialist in linguistics frcrn Beijing. 北京来的语言学专家。

(2) the woman from Paris in a trouser-suit. 穿着裤装的巴黎来的女人。

(3) the book by Chomsky on syntax. 乔姆斯基写的句法书。

(4) the presentation of their medals to the athletes. 给运动选手奖牌的颁发（仪式）。

七、用中节理论画中下列英语句子的结构树。（请勿用三角符号△简写）

Mary's description of John's brother would indicate that Einstein's proposal about the theory of relativity could have confirmed our suspicions.

英语助动词系统的结构在第二章思考题（五）中讨论过，正确结构应该是（4），请用（4）的结构处理本题有关助动词的部分。

最后，我们再来单看 student 这个字。如图（35）所示，
student 这个字是词首，不算是名词中节。如果 one 也能取代词
首的话，下列这个句子应该合乎语法：

(38)　＊？ Mary met a student of linguistics with smelly feet
　　　　and I met one of mathematics with bad breath.
　　　　玛丽碰到一个脚臭的语言学学生，我碰到一个口臭
　　　　的数学系学生。

（句子前的＊？记号表示有极少数人觉得该句勉强说得通）（38）
句一般人觉得不合语法。这表示 one 虽然可以取代名词组或名词
中节，但绝不可以只取代名词词首。这个结论可以用来回答
（25a）的问题了：在（25a）中 one 取代的是名词中节而不是名
词词首。我们可以用下图来表示：

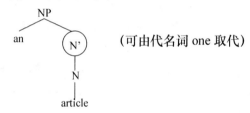

　　　　　　　　　　　（可由代名词 one 取代）

虽然 N' 和 N 这两个节都只包含了一个字"article"，但它们
在句法的结构上代表了不同的意义。如果我们在第一次看到
（25a）的时候就贸然断定 one 也可以取代名词词首，那就会错误
地认为（38）句合乎语法了。

本章关于 one 的用法及中节理论的讨论，可以说是发展句法
学理论的研究范例，如何证明一个理论不周全，如何提出论证来
支持一个新理论，都是我们在研究句法时应审慎留意的。

在结束本章以前，我们再整理一下中节理论需要用到的一些
常用术语。

名词词首（head noun，一译中心语名词）可以依中节理论

不断往上延伸（project，一译投射或实现），每一次延伸都造成一个名词中节（N' 念作 N-bar），延伸到顶就是词组了（NP），也可以说是该名词的最高延伸（maximal projection，一译最大投射，简写成 N^{max} 也就等于 NP），同样的称呼适用于动词、介词、形容词，等等。因为英语用 X 来代替任意一个词类，所以中节理论英文叫 X-bar Theory（或可直译为 X 标杠理论）。我们要了解中节理论指的是一种词组结构的理论，并不只是讨论词组中的中间单位（中节）。现在我们再看看下列结构：

（39）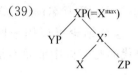

受词组 XP 最近支配的节有两个：一个是 X 中节，还有一个是 YP，YP 所占的位置称为 X 的指示语（specifier，一译标志语，简写成 spec）位置，YP 是 X 的指示语。X 是词首，有时为了清楚起见也记成 X^0。X 的姊妹节 ZP 称为 X 的补语（complement）。举名词组（40）〔a student of linguistics〕为例：

（40）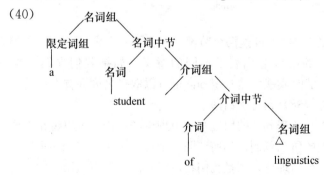

我们利用（40）来熟悉一下中节理论的术语。整个名词组的词首是名词 student，student 的指示语是限定词组 a，因为限定词组所在的位置受名词组（也就是 student 的最高延伸）的最近支配。介词组 of linguistics 是名词 student 的补语，因为两者互为姊妹节。可以说 student 是介词组的补语吗？不行，因为只有词首能有补语，而且只有词组能当作补语。X 的补语和指示语也可以简写成〔comp, X〕和〔spec, X〕。

最后，我们要解释格林伯格所观察到的那些普遍现象。本章稍早曾提过那些普遍现象都与词首在词组中出现的位置有关，在有的语言里所有的词组都是词首在补语之前，有的语言则正好相反。这两种语言都可以用中节理论简单明了地表示：

（41）a. X'→X〔comp, X〕（X 的补语出现在 X 之后）

　　　b. X'→〔comp, X〕X（X 的补语出现在 X 之前）

X 是变数，可代替任何词类。遵循（41a）的语言称为词首在前（head-initial，一译主要语在前）的语言，遵循（41b）的语言称为词首在后（head-find，一译主要语在后）的语言。我们看看英语的词序：

（42）a. book of John; book that he wrote. 约翰的书，约翰写的书。

　　　b. proud of the victory. 因胜利感到自豪。

　　　c. killed the insect. 打死那只虫。

　　　d. on the table. 在桌子上。

（42）中的四个词组各为 NP、AdjP、VP 和 PP。所有的词序都是词首在前，补语在后。我们有了中节理论就不用再写出四条类似的规则了，我们只消写出英语词首在前这六个字就行了。日语正好相反，所有的词首都出现在补语之后。我们也只要写日语词首在后即成。英语的指示语一般出现在中节的前面。所以英语的造句规则可以写成：

（43）XP→〔spec, X〕X'

　　　X'→X〔comp, X〕

拿（43）与本章开头（1）所列的造句规则做一番对比，我们可以很容易看出来中节理论的优越性。

　　总结本章的讨论。我们了解到第二章所发展的词组结构语法不够精确，它一方面允许不合语法的句子产生，一方面又造不出一些合法的句子。在本节中我们介绍了中节理论来补救这些缺陷，结果令人相当满意，它不但成功地捕捉了一个语言里各种不同词组的共通性，更跨越了单一语言的狭小范围而应用在人类所有的语言上。最重要的是它提供了一个模式能反映出人脑中语言机制的运作，让我们更容易了解普遍语法的本质。

第五节　深入思考训练

　　一、早在《庄子》一书中便有循环规则应用的记载，用现代汉语来说可以是下列无限长的一句话：

　　（1）你又不是我，你怎么知道我不知道你不知道我不知道
　　　　　……鱼的快乐？

英语也能造出下列无限长的句子：

　　（2）John said that Bill knew that Mary claimed that Jane
　　　　　believed that…that he is a fool.

　　　　　约翰说比尔知道玛丽宣称珍相信……他是个傻子。

用本章讨论过的记法写出能制造（1）和（2）的规则。

　　制造关系代名词子句也可以算是一条循环规则，但是下列的句子却被认为不合语法：

　　（3）＊The mouse the cat the man raised caught escaped.

　　　　　那个人养的猫抓到的老鼠跑了。

　　（3）句违反了造句规则吗？比较一下（2）、（3）两句的结构再比较一下（3）句与（3）句的汉语翻译所显示的结构，解释一下（3）句不受欢迎的可能因素。

二、下列句中的介词片语 of soccer 和 with talent 与名词 player 的关系似乎不同，请用中节理论所规定的结构画出(1)—(6)的结构树。(不合语法的句子也画)(摘自 Ouhalla，1994)

 (1) the player of soccer with talent. 具有天赋的足球球员。

 (2) * the player with talent of soccer.

 (3) the player of soccer and basketball. 又踢足球又打篮球的球员。

 (4) the player with talent and with a future. 有天赋有前途的球员。

 (5) * the player of soccer and with talent.

 (6) the player of soccer with talent and a future. 有天赋有前途的足球员。

我们可以说 of soccer 这个单位不是介词片语吗？上例中哪些句子提供证据支持这个假设？哪些句子提供反证？

三、如果我们只拿主语（S）、宾语（O）和动词（V）来描述一个语言的词序，逻辑上应该有六种类型（SOV，SVO，VSO，VOS，OSV，OVS），但中节理论只允许四种，请问是哪四种？（以结构树表示之）

四、本章提到格林伯格归纳了许多人类语言中的普遍现象，请分析下列波斯语的资料。（Sportiche 提供资料）

 (1) (man)boland hast-am "I am tall" 我很高。

 (2) mard nan-rā xord.

  "The man ate the bread" 那个人把面包吃了。

 (3) (man)ān mard-rā mi-šenās-am.

  "I know the man" 我认识那个人。

(4) ān mard ma-rā mi-šenās-ad.
"That man knows me" 那个人认识我。

(5) ān mard nān-e xānom-rā xord.
"That man ate the woman's bread" 那个男人把那个女人的面包吃了。

(6) (āyā)ān xānom nān-i-rā ke xarid xord?
"Did that woman eat the bread she bought?"
那个女人把她买的面包吃掉了吗?

(7) (man)ān se ketab-e qermez-rā xarid-am.
"I bought those three red books"
我买了那三本红色的书。

(8) (man)barāye mard ketāb xarid-am.
"I bought books for the man"
我给那个男人买了书。

(9) xānom ān se ketāb-rā xarid.
"The woman bought those three books"
那个女人买了那三本书。

〔问题〕
1. 写出符合中节理论的波斯语造句规则。
2. 请说明波斯语中哪些词序符合格林伯格所观察的普遍现象。

五、我们讨论过的造句规则里有一条 S'→COMP S，可以描述下列这样的复杂句:

(1) He thinks that Mary snores. 他认为玛丽打呼。

that 称为子句连词，整个句子 that Mary snores 是动词 think 的补语，所以按照中节理论来说，(1) 具有下列结构:

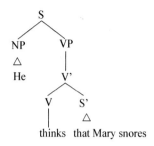

现在考虑下列句子：

  （2）He wonders whether she snores. 他想知道玛丽打不打呼。

  （1）、（2）两句构造极相似，我们先假定 whether 也是子句连词，出现在句子开头的位置。下面（3）、（4）两个结构只有一个是正确的。

  （3）

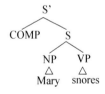

  （4）

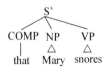

〔问题〕

  1. 根据 S'→COMP S 的记法，只有（3）是正确的，请解释。

  2.（1）、（2）两句提供的有限资料并不能支持（3）这个结构，我们要举出哪些句子作为例证来支持（3），反驳（4）？

六、用中节结构画出下列名词组的树状结构，并举出有效的测试来证明你的结构是正确的。

(1) the specialist in linguistics frcrn Beijing. 北京来的语言学专家。

(2) the woman from Paris in a trouser-suit. 穿着裤装的巴黎来的女人。

(3) the book by Chomsky on syntax. 乔姆斯基写的句法书。

(4) the presentation of their medals to the athletes. 给运动选手奖牌的颁发（仪式）。

七、用中节理论画中下列英语句子的结构树。（请勿用三角符号△简写）

Mary's description of John's brother would indicate that Einstein's proposal about the theory of relativity could have confirmed our suspicions.

英语助动词系统的结构在第二章思考题（五）中讨论过，正确结构应该是（4），请用（4）的结构处理本题有关助动词的部分。

第四章　词汇与论旨理论

第一节　次类划分与填词原则

我们在上一章讨论了词组内部的结构：（AP＝AdjP）

（1）a.

```
        NP
      / | \
   Det  AP  N
    |   |   |
   the fat man
```

b.

```
              NP
            /  
          QP
        /    \
      Q'      N'
     / \     /  \
    Q   AP  N'   N'
    |   |   |    |
   the  A'  N   man
        |
        A
        |
       fat
```

（1a）是由旧的词组结构语法产生的，（1b）是由中节理论产生的，两者唯一的不同就是中节理论更进一步地提供了词组内部的详细结构，允许了一个中间单位名词中节 N' 的存在。我们称（1a）是平头的结构（flat structure），因为 the，fat，man 三个字不分上下，互为姊妹；（1b）称为阶层的结构（hierarchical structure，或称阶层组织）。我们在上一章曾提出了几项理由来说明（1b）解释句法现象的能力远优于（1a），但是细心一点的读者可能会对第三章的（8）和（17b）两句产生质疑，我们再看看这两个句子：

(2) a. * The fat man talked the little boy. （＝（8））

   * 那个胖子说话了那个小男孩。

   b. * John suddenly killed the last three minutes. （＝

   (17b)）约翰突然杀了最后三分钟。

我们知道（2a）的错误在于动词 talked 不能直接选择一个名词组作为补语，（2b）的错误则在于动词 killed 必须选择有生命的名词组作为补语。中节理论能画出正确的阶层结构，却不能规范动词应该选择什么样的补语。这表示我们的语法理论里有一个极大的漏洞，本章的主旨即在讨论这个问题。

我们在第一次介绍词汇这个词的时候曾经给了下面这些单词：

(3) 英语词汇

名词：man, N   animal, N

     men, N   animals, N

     child, N   photograph, N

     children, N   photographs, N

     dollar, N   store, N

     dollars, N   stores, N

     book, N

     books, N

动词：give, V   eat, V

     gave, V   ate, V

     take, V   say, V

     took, V   said, V

     walk. V   hit, V

     walked, V   put, V

talk, V　　　　　　　　wait, V

talked, V

steal, V

stole, V

形容词：fat, A　　　　　literate, A

innocent, A　　　　short, A

counterfeit, A　　　simple, A

tall, A　　　　　　red, A

限定词：a, Det　　介词：to, P

the, Det　　　　　from, P

some, Det　　　　with, P

this, Det　　　　　in, P

that, Det　　　　　on, P

every, Det　　　　over, P

no, Det

连接词：and, Conj　　　or, Conj

子句连词：that, COMP

注意每一个词都有两个部分，前面是词的写法后面是它的词性。譬如说动词里的那些字后面都注明了 V。当然我们希望把动词都划分到同一组，因为所有的动词都具备了一些共同的特性，是其他词类所没有的。例如动词都因为时态（Tense）的不同而变化。例如现在式（present tense）有现在式的写法，过去式（past tense）有过去式的写法。下列是一些动词专有的特性：

（4）几乎所有的动词都必须与第三人称单数的主语一致。

John gives cookies to orphans. 约翰拿饼干给孤儿。

John takes cookies from orphans. 约翰从孤儿那儿拿走饼干。

John walks dogs for a living. 约翰以遛狗为生。

John talks to trees. 约翰对着树说话。

John steals cookies from orphans. 约翰从孤儿那儿偷走饼干。

John says threatening things to household animals. 约翰对家里的宠物说恐吓的话。

John hits pedestrians for fun. 约翰以攻击行人为乐。

John puts amusing hats on his pet cat. 约翰给他的猫戴些滑稽的帽子。

John waits for Godot. 约翰等待果陀。

（5）几乎所有的动词都有现在分词-ing 这个形式：

John is giving cookies to orphans. 约翰正拿饼干给孤儿。（其余各例参照（4））

John is taking cookies from orphans.

John is walking dogs for a living.

John is talking to trees.

John is stealing cookies from orphans.

John is saying threatening things to household animals.

John is hitting pedestrians for fun.

John is putting amusing hats on his pet cat.

John is waiting for Godot.

（6）几乎所有的动词都有过去分词（past participle）这个形式：

John has given cookies to orphans. 约翰已经拿饼干给孤儿了。（其余各例参照（4））

John has taken cookies from orphans.

John has walked dogs for a living.

John has talked to trees.

John has stolen cookies from orphans.

John has said threatening things to household animals.

John has hit pedestrians for fun.

John has put amusing hats on his pet cat.

John has waited for Godot.

（7）几乎所有的动词都有不定式（infinitival form）：

John will give cookies to orphans. 约翰将拿饼干给孤儿。（其余各例参照（4））

John will take cookies from orphans.

John will walk dogs for a living.

John will talk to trees.

John will steal cookies from orphans.

John will eat whole-grain waffles for his health.

John will say threatening things to household animals.

John will hit pedestrians for fun.

John will put amusing hats on his pet cat.

John will wait for Godot.

在（5—7）三组句子中出现了 be、have 和 will，我们称这三个词为助动词（auxiliary），也算作动词一类。因为助动词不能变化成 * willing，* willed，* willen，所以方才说"几乎所有的动词……"注意我们这里说 willing 不合法是指它当作助动词的用法（例如：* John is willing go in a minute），而不是指它当作形容词的用法。（5—7）也显示了动词的另一个特性：它们可以出现在助动词的后边。这些词素变化及句中位置的共同特性告诉我们动词的确应该属于同一词类。但是，是否把所有的动词都归为一类就行了呢？我们可以看看下列这个依中节理论画出来的结构树。

(8)

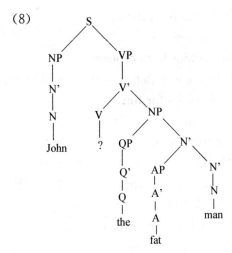

　　树中所有的非终端符号除 V 以外都填入了适当的词。照理
我们只要到词汇里任意选一个动词填入树中就行了，现在看看这
种任意填词的结果：

(9)　＊John gave the fat man.　约翰给了那个胖子。

　　　　John took the fat mail.　约翰带走了那个胖子。

　　　　John walked the fat man.　约翰走路了那个胖子。

　＊John talked the fat man.　约翰说话了那个胖子。

　　　　John stole the fat man.　约翰偷了那个胖子。

　　　　John ate the fat man.　约翰吃了那个胖子。

　＊John said the fat mail.　约翰说了那个胖子。

　　　　John hit the fat man.　约翰打了那个胖子。

　＊John put the fat mall.　约翰放置了那个胖子。

　＊John waited the fat mall.　约翰等了那个胖子。

　　例（9）中有许多句子根本不知所云。然而，根据我们目前
建立的理论来看，上列所有的句子都是中规中矩造出来的，应该
合乎语法。这显示了我们的语法还不够精密，至少我们应该把动

词再划分成两类，一类的后面可以接名词组，还有一类动词后面不能接名词组。问题是应该把这些动词分成两种截然不同的两大词类呢？还是在动词类里细分成两个次类（subcategory，一译子语类）呢？为了要说明（4—7）所显示的动词的共同特性，我们当然应该选择后者。这种再分类的办法称为**次类划分**（subcategorization，或称子语类化）。

我们再看看例（9）中合乎语法的句子：

（10）a. John ate the fat man.

　　　b. John hit the fat man.

　　　c. John took the fat man.

　　　d. John walked the fat man.

　　　e. John stole the fat man.

这些句子的共同点就是它们后面都跟了一个名词组，例（9）中其他句子里的动词则不能直接接名词组。我们在词汇里寻找动词填词的过程中因为没有这方面的资料所以只好碰运气，结果造成了（9）中好坏句参半的情况。现在我们要提供这样的资料：ate、hit、stole、took 等动词能出现在下面的结构中：

在词汇里列出每一个词的时候，我们就应该记上一笔资料：哪些词后面可以接名词组、哪些词后面不行。也就是说，词汇里每个字至少要包括三项资料：写法、词类和一项额外资料，我们称之为次类特征（subcategorization features）。例如，（10）中的动词可以在词汇里记成：

（11）ate. V, ＋〔＿＿＿ NP〕

　　　hit. V, ＋〔＿＿＿ NP〕

　　　took. V, ＋〔＿＿＿ NP〕

　　　stole. V, ＋〔＿＿＿ NP〕

＋〔＿＿＿ NP〕中横线部分表示该动词必须在这样的结构中出现，换言之，（11）中的动词都必须接一个名词组作为其补语。要想有效的运用这一项新的资料，我们就必须能强制执行次类特征的规定。一个动词的次类特征说它必须有一个名词组补语，这个补语就绝不可省；另一个动词的次类特征说它不可以有补语，它就绝不可接补语。这样一个原则可以保证我们在填词的时候，只选择合适的动词，有效地防止例（9）中不合语法的句子，我们可以称之为填词原则（Projection Principle，或直译为投射原则），叙述如下：

（12）**填词原则**：填词的时候必须符合次类特征的要求。

按照（12）的规定，若一个词首 X 的次类特征说它需要一个名词组作为补语，我们在把 X 延伸成 X 中节的时候就必须加上名词组作为补语：

（13）X, ＋〔＿＿＿ NP〕

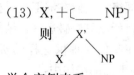

举个实例来看：

（14）＊John took.

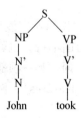

根据（11），took 这个字在词汇里记成 took, V, ＋〔＿＿＿ NP〕，（12）中的填词原则规定我们在填入 took 的时候必须要符合它次类特征的要求，也就是必须要有一个名词组作为补语。所以（14）句虽然合乎中节理论的结构却违反了填词原则，因而不合语法。

第二节 论旨角色

我们现在来研究一下其他的动词，看是不是能运用次类特征把这些动词再分成不同次类。请看下例各句：

(15) John gave cookies to orphans. （参照例（4））

John took cookies from orphans.

John talked to trees.

John stole cookies from orphans.

John said that the earth revolves.

John put amusing hats on his pet cat.

John waited for Godot.

(15) 中的四个动词 gave、took、stole、put 有相同的结构：动词后面跟着一个名词组然后再跟着一个介词组。这些动词在词汇里应该记成：

(16) gave, V, +〔____ NP PP〕

took, V, +〔____ NP PP〕

stole, V, +〔____ NP PP〕

put, V, +〔____ NP PP〕

(15) 中另外两个动词 talked、waited 后面只接一个介词组。

(17) talked, V, +〔____ PP〕

waited, V, +〔____ PP〕

最后，还剩下一个动词 said 跟别人不一样，它后面接的是一个子句连词 that 加上一个句子（记得我们称这个单位为大句子，英文记成 S'）：

(18) said, V, +〔____ S'〕

每个动词加上次类特征以后，要解释（9）中不合语法的句子就非常容易了，回忆一下例（9）中的一些句子：

(19) a.   *John gave the fat man.

 b.   *John talked the fat man.

 c.   *John said the fat man.

 d.   *John put the fat man.

 e.   *John waited the fat man.

上列的每个句子都违反了填词原则，因为这些句子都不符合各个动词次类特征的要求。讨论至此，我们得以成功地解释了(2a) *The fat man talked the little boy 为什么不合语法了；但是，(2b) 却仍然需要地一步讨论。(2b) 之不合语法似乎不是少了或多了一个词组的问题，而是语义上的问题，这跟下列各病句的情形相同：

(20)   *John gave 〔〔cookies〕〔under orphans〕〕（约翰在孤儿下面给了饼干）

   *John 〔took 〔cookies〕〔through orphans〕〕（约翰通过孤儿拿走了饼干）

   *John 〔stole 〔cookies〕〔to orphans〕〕（约翰偷饼干到孤儿）

   *John 〔put 〔amusing hats〕〔to his pet cat〕〕（约翰戴可笑的帽子到他的猫）

   *John 〔waited 〔from Godot〕〕（约翰从果陀等）

注意，(20) 各句均不违反填词原则，因为该填入介词组的地方都填了介词组，该填名词组的地方也都填了名词组，一切都符合各动词次类特征的要求。这表示了我们的语法还是不够严谨。我们除了规定动词的补语的词性之外，似乎还需要对这个补语的语义加以规范说明。介词组 under orphans 的语义是某个处所（Locative，一译方位），to orphans 指的是动作的目标或终点（Goal），from Godot 指的是来源（Source），虽然处所、目标或来源等名称都是语义上的分类而不是句法上讲的词类（因为三者均为介词组），我们还是需要在词汇里加上这样的资料，才能正确地诠释句义。我们可以这样写：

(21) under, P, +〔＿＿ NP〕, 〔+Locative〕(处所)

      to, P, +〔＿＿ NP〕, 〔+Goal〕(目标)

      from, P, +〔＿＿ NP〕, 〔+Source〕(来源)

我们在介绍中节理论的时候曾说一个词组的性质是由词首来决定的，我们可以把这句话具体地想成一个词首能把它的次类特征依次延伸经过中节而传到词组，如下图所示：

(22)

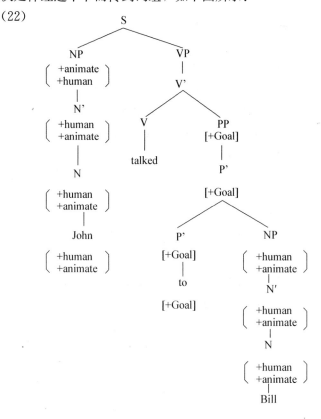

（22）表示句中的主语和宾语都是人，因为动词 talked（说话）要求如此。通常我们在画树的时候不把这些特征记下来，但我们心里要记得词首的特征是能传到词组的。譬如说 man（人）不但有生命（〔+animate〕）而且还是人（〔+human〕），所以 man 所在的名词组 the tall man（高大的男人）也具有同样的特征。若我们把这个名词组的词首换成无生命的 building（建筑），整个名词组 the tall building（高大的建筑）就跟着成为无生命的了。我们再仔细看看（22）里动词中节那一部分：

上图显示了动词 talked 选择的介词组 PP 含有目标（Goal）的意思，这就把动词与其补语之间的语义关系（semantic relation）联系上了，弥补了原来次类划分时只认词性不管语义的不足。我们再看一例：

（23）John gave the can to the fool.　约翰把罐头给了那个傻子。

John 是句中的施动者（Agent），也就是说"给"的这个动作是由 John 来做的；the can（罐头）是受动者（Patient，或受事者），the fool（傻子）是"给罐头"这事件的目标（Goal）。像"施动者"、"受动者"、"目标"，以及刚才曾到过的"处所"、"来源"等名称都叫做论旨角色（thematic-role，英文也简写成 θ-role），我们需要把跟 gave 这个动词在语义上有关的论旨角色也都写到词汇里，当作 gave 的另一些特征。

（24）gave, V, Agent, +〔＿＿ NP PP〕〔其他语义成分〕
　　　　　　　　　　　　　　　〔Patient〕〔Goal〕

（24）是一个简便的记法，提供了许多造句时必要的资料。

此处我们略为解释一下：（24）包括了 gave 这个字的写法；词性
（是个动词）、gave 动词中节的内容包括了一个名词组补语和一
个介词组补语。这里特别要注意的是我们增添了语义的资料，在
用方括号表示的次类特征栏内，我们说明名词组补语和介词组补
语跟这个动词的语义关系分别是受动者与动作的目标，施动者这
个论旨角色写在次类特征栏外，因为它是 gave 的主语而非补语
（也就是说施动者这个角色不是 gave 划分次类的特征之一，这一
点我们在第六章讨论句子的主语时再详细介绍），在最后我们还
加了一栏〔其他语义成分〕以备不时之需。

（24）还介绍了一个新的概念：论元。有多少个词组跟动词
发生语义上的关系呢？以 gave 为例，一共有施动者、受动者与
目标三个。我们称这三个词组为 gave 的论元（argument，一译
主目语），以中节为界，在中节以内的论元称为节内论元（internal
argument），在中节以外者称为节外论元（external argument），
也可简称为内论元与外论元。下图很清楚地显示了 John 是 gave
的外论元，the can 和 to the fool 都是 gave 的内论元：

（25）

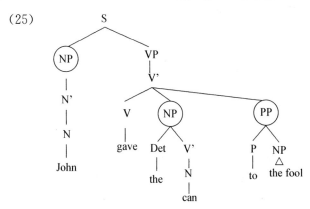

约翰把罐头给了那个傻子

（24）中所记关于 gave 的论元的资料叫做 gave 的论元结构（argument structure）。注意（25）的动词中节成三叉分枝，亦即平头的结构，我们姑且假定双宾动词允许这种结构。读者在念完本书后可以回头利用管辖约束的概念来测试直接宾语与间接宾语二者是否真如（25）所示，成对称的关系。

现在我们可以尝试把 gave、took、stole、put 这四个动词的词汇资料都写下来。

（26）gave, V, AGENT, ＋〔_____ NP PP〕

〔Patidnt〕〔Goal〕

（受动者，目标）

took, V, AGENT, ＋〔_____ NP PP〕

〔Patient〕〔Source〕

（受动者，来源）

stole, V, AGENT, ＋〔_____ NP PP〕

〔Patient〕〔Source〕

（受动者，来源）

put, V, AGENT, ＋〔_____ NP PP〕

〔Patient〕〔Locative〕

（受动者，处所）

我们先看看每个动词次类特征栏内的记载，结果发现这四个动词是完全一样的。但我们再看看它们的论元结构就很不一样了，论元结构中规定了有些动词的介词组补语应该是来源，有些应该是目标，有些则是处所。现在回头看看（20）各句为什么不合语法，原因很简单：这些句子里的介词组所带的论旨角色跟动词的论元结构不吻合。例如（20a）John gave cookies under orphans（约翰在孤儿下面给了饼干）。介词组 under orphans 的论旨角色是处所，但 gave 需要的介词组应该是目标，所以这个句子不成。其他四句也都犯了同样的毛病。

第三节　管　辖

上一节告诉我们词汇里必须有次类特征及论旨角色的资料，才不会让我们盲目地用中节理论造出许多废物。在这一节我们要详细讨论与论旨角色有关的一些技术问题，并介绍管辖约束理论中最重要的一个概念：管辖（government）。

研究词首（可以是 N、V、Adj、P）如何把它论元结构中所规定的论旨角色跟它的补语联系上的理论称为论旨理论（Theta Theory）。举例来说，动词 gave 的内论元结构中规定了它有一个"目标"的内论元，现在假如句子里正好有一个介词组。gave 如何让"目标"这个论旨角色跟句中的介词组发生联系呢？这是本节讨论的重点。

我们假想 gave 的论旨角色是三个实体，在填词的时候，gave 要把这三个论旨角色分别交给它的三个论元，而且不能混淆。主语要得到"施动者"的角色，两个内论元里名词组要拿到"受动者"的角色，介词组要得到"目标"的角色。论旨理论要处理的第一个问题就是词首如何把它的论旨角色传给它的补语（也就是内论元）。词首把论旨角色传给外论元（一般即指主语）的情况比较特殊，我们到第六章再谈。

首先，我们要看看结构树里节与节的一些关系。我们已经介绍过支配（dominate）这种关系，利用支配我们可以建立另一种节与节的关系，叫做统制（c-command 或 m-command，或译统御），统制有几种不同的定义，本书用的是最常见的一种，定义如下。

（27）统制
　　　　甲节不支配乙节，但第一个支配甲节的词组若也支配
　　　　乙节，则甲节统制乙节。
第一个支配甲节的词组也就是从甲节往上看，离它最近的那个词

组。我们看看下图就明白了：

（28）

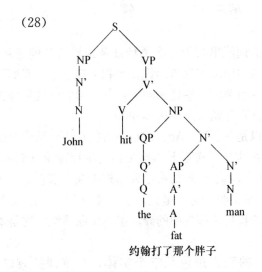

约翰打了那个胖子

Q 是量化词（quantifier）的简写，限定词 the 也是量化词的一种，我们从现在开始用 QP，Q'，Q 来代替限定词 Det 这个符号以符合中节理论。

我们现在看看在图（28）中谁统制谁。S 支配所有的节，所以 S 不能统制句中任何节，因为（27）的定义中一开始就说要想甲节统制乙节，甲节不能支配乙节。主语 John 这个 NP 呢？我们从 NP 往上看第一个词组就是 S，S 支配所有的节，按照定义，NP 统制 VP 以及 VP 以下所有的节。主语 NP 能不能统制自己呢？我们规定自己不能统制自己也不能支配自己。现在看看 VP〔hit the fat man〕：第一个支配 VP 的词组还是 S，因为 S 支配主语 NP，所以 VP 统制主语 NP。VP 统制宾语 NP 吗？不，因为 VP 本身支配宾语 NP 所以不能同时又统制宾语 NP。我们现在再看动词词首 V〔hit〕：从 V 往上看碰到的第一个词组是 VP，VP 支配宾语 NP，所以 V 统制宾语 NP；但 VP

不支配主语 NP，所以 V 不统制主语 NP。这里我们要特别注意，虽然整个 VP 统制主语，但词首 V 本身并不统制主语。最后，我们看看宾语 NP，从宾语 NP 往上看第一个支配它的词组是 VP，而 VP 又支配 V，所以宾语 NP 统制 V。因为 VP 不支配主语，所以宾语 NP 不统制主语。统制是管约论最基本也最常用的概念，读者应牢记定义，在辨认节与节相互关系时做到熟极而流利的程度。

熟悉统制这种概念以后，我们要再用它来定义另一种重要的关系，称为管辖（government），定义如下：

(29) **管辖**

甲乙两节互相统制，若甲节为词首则甲管辖乙。

要甲乙两节互相统制，它们往上看时必看到同一个词组；这是从(27)统制的定义推论来的。我们先看下面这个假想状况：

(30)
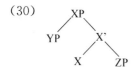

想想 YP、X 与 ZP 这三个节的相互关系。X 与 ZP 相互统制，因为彼此互不支配又有一共同的最近词组 XP。X 是词首，所以 X 管辖 ZP；ZP 不是词首，所以谈不上管辖。我们再看 YP 与 X 的关系：同样的，YP 与 X 也相互统制，因为两者互不支配又有同一最近词组 XP。因为 X 是词首，YP 是个词组，所以 X 管辖 YP，YP 谈不上管辖。最后，我们再看 YP 与 ZP 的关系；两者虽然互相统制，但因为都不是词首，所以谁也不够资格谈管辖。

我们再看下面这个实例：(=(28))

（31）

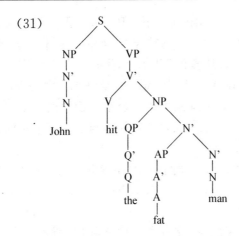

要考虑（31）中的管辖关系，我们只要看几个词首 John、man、hit、the 和 fat，因为我们现在已经知道只有词首才有资格谈管辖。John、the 和 fat 这三个词首的第一个词组（就是 NP，QP 和 AP）并不支配其他的节，所以在这样一个只有词首的词组里不可能有任何节能与词首相互统制，自然 John、the 和 fat 也就不可能管辖任何一个节了。动词 hit 的情形比较有意思，hit 上头的第一个词组是 VP，宾语 NP〔the fat man〕上头的第一个词组也是 VP，所以 V 与宾语 NP 互相统制；V 身为词首，所以管辖宾语 NP。实际上，动词与其补语的关系是最常见也是最重要的管辖关系。最后，我们再看看宾语 NP 的词首 man，man 往上走第一个词组就是宾语 NP，这个词组支配了 QP 与 AP，两者都与词首 man 相互统制，因此 man 管辖 QP the 和 AP fat；但 QP 与 AP 因为不是词首所以不能管辖 man。读者对管辖关系也必须非常熟悉。

现在我们可以利用管辖这个概念来规范论旨角色的传递。

（32）若甲管辖乙则甲能把论旨角色传给乙。

我们看看下列实例：

（33）a. John gave cookies to orphans. 约翰拿饼干给孤儿。

　　　b. John took cookies from orphans. 约翰从孤儿那儿
　　　　拿走饼干。

　　　c. John talked to trees. 约翰对树说话。

　　　d. John stole cookies from orphans. 约翰从孤儿那儿
　　　　偷走饼干。

　　　e. John said that the earth revolves. 约翰说地球
　　　　自转。

　　　f. John put hats on cats. 约翰给猫带帽子。

　　　g. John waited for Godot. 约翰等待果陀。

（33）句中的动词有下列的词汇资料：

（34）gave, V, Agent, +〔＿＿　　NP　　PP　　〕
　　　　　　　　　　　　　　　〔Patient〕〔Goal〕

　　　took, V, Agent, +〔＿＿　　NP　　PP　　〕
　　　　　　　　　　　　　　　〔Patient〕〔Source〕

　　　stole, V, Agent, +〔＿＿　　NP　　　PP　　〕
　　　　　　　　　　　　　　　〔Patient〕〔Source〕

　　　put, V, Agent, +〔＿＿　　NP　　PP　　〕
　　　　　　　　　　　　　　〔Patient〕〔Locative〕

　　　talked, V, Agent, +〔＿＿　　PP　　〕
　　　　　　　　　　　　　　　〔Goal〕

　　　waited, V, Agent, 〔＿＿　　PP　　　〕
　　　　　　　　　　　　　　〔Benefactive〕

　　　said, V, Agent, 〔＿＿　　S'〕
　　　　　　　　　　　　　〔Proposition〕

（34）中介绍了两个新的论旨角色："受惠者"（Benefactive）
和"命题"（Proposition）。"命题"通常就是一个子句所带的论
旨角色。我们希望（33）句中的动词能顺利把论旨角色传给它的

补语，又因为论旨角色的传递需要管辖关系，所以我们知道
（33）各句的动词组一定有下列的结构：（请读者逐句观察管辖关
系作为练习，尤其注意动词 V 都管辖哪些词组）

（35）

a.

```
                    VP
                    |
                    V'
                 /  |  \
               V    NP    PP
               |    |     |
             gave   N'    P'
                    |    /  \
                    N   P    NP
                    |   |    |
               cookies to   N'
                             |
                             N
                             |
                          orphans
```

b.

```
                    VP
                    |
                    V'
                 /  |  \
               V    NP    PP
               |    |     |
             took   N'    P'
                    |    /  \
                    N   P    NP
                    |   |    |
               cookies from  N'
                             |
                             N
                             |
                          orphans
```

c.

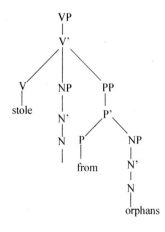

```
           VP
           |
           V'
          /  \
         V    PP
              |
     talked   P
             / \
            P   NP
            |   |
            to  N
                |
                N
                |
              trees
```

d.

```
              VP
              |
              V'
            / | \
           V  NP  PP
           |  |    |
        stole N'   P'
              |   / \
              N  P   NP
              |  |    |
             from    N'
                     |
                     N
                     |
                  orphans
```

e.

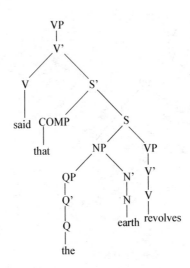

f.

VP
V'
V   NP   PP
put N'   P'
N   P   NP
hats on   N'
N
cats

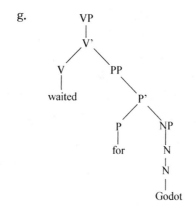

在（35）的 a、b、d、f 四个动词组结构中，动词都管辖两个补语（一为名词组一为介词组），因此能根据（32）的规范把词汇资料里注明的论旨角色顺利地在管辖关系下传给它的补语。（35）的 c、e、g 三个动词组中，动词都只管辖一个补语（分别为 PP、S'、PP），因此也能把论旨角色传给补语。

第四节　论旨关系准则

上一节中我们讨论了语义成分在句法中扮演了一个重要的角色，这些语义成分与次类特征也就是注明哪个动词接哪些补语的资料）都必须在词汇里详细列出，然后由填词原则保证让这些资料在句子中都忠实地反映出来。我们也提到了论元结构：一个动词以中节为界选择一个节外论元（通常是主语）和零个至数个节内论元。我们规定动词的论旨角色必须在管辖关系下才能传送，因此我们也介绍了统制与管辖这两个新的概念，这两个概念会在约束理论及移位理论中经常提到，所以读者应该再三练习尽量熟悉。

从本节开始，我们要重新整理一下前几节的观察，用比较有系统的讨论来改进我们的理论。我们看看动词 kill 的性质。

（36）John 〔killed the insect〕（约翰打死了这只虫）

kill 这个动词跟句中其他两个成分有语义上的关系，主语 NP
John 和宾语 NP the insect。这两个名词组因此都是 kill 的论元，
前者的论旨角色是"施动者"，后者的论旨角色是"受动者"。我
们可以将论元和论旨角色的关系简述如下：

（37）每一个动词都有一定数目的论元（例如 kill 有两个），
　　　而且每个论元都具特定的论旨角色。

kill 的两个论元的词性在词汇里标明是名词组，不能换成别的词
性（例如 S'）：

（38）＊John killed that Mary should get married. 约翰打死
　　　了玛丽应该结婚。

换言之，一个动词选择什么样的论元必须在词汇资料里标明词性
而且填词的时候要严格遵守。除了论元的词性之外，论元的语义
成分也重要，kill 的内论元必须是有生命的，这个语义成分也是
由 kill 选择的。这项资料在词汇里也必须标明，否则会在填词的
时候造出下列的病句：

（39）＊John killed the stone. 约翰打死了石头。

动词的这两项资料叫做词性选择（C-selection 或 Categorial selection）
和语义选择（S-selection 或 Semantic selection）。

　　现在我们面临了一个最大的问题，那就是如何把论旨角色正
确地传递给论元。kill 有两个论元（主语 NP 和宾语 NP'），也有
两个论旨角色（施动者和受动者），我们要建立一个原则来确保
主语得到施动者的角色，宾语得到受动者的角色。如果没有这样
的原则，动词也可把受动者的角色传给主语，把施动者传给宾语。
这样一来，（36）句 John killed the insect 可指 John 把虫打死，也
可以指虫把 John 咬死。要防止论元乱套论旨角色的情形发生，我
们就必须要再修改语法，加入一项关于论旨角色传递的原则。

　　在修改语法时，我们要先问自己一个问题：毛病出在哪里？

是动词本身的问题，还是词组结构语法的造句规则不当？是树的结构不正确，还是动词与树的关系不对呢？唯有当我们判断出问题的症结源自语法的某一部分之后，才能尝试更正或修改那一特定的部分。换言之，唯有对症下药才能作最小而又最有效的修改。

我们把关于动词 kill 的所有特性都先列出来，然后再逐一检查：

（40）（一）动词有一定数目的论元。

　　　（二）每一个论元都有其特定的论旨角色。

　　　（三）动词在词汇里要标明它的词性选择。

　　　（四）动词在词汇里要标明它的语义选择。

　　　（五）动词在词汇里要标明哪个论旨角色传递给哪个论元。

特性（一）kill 有两个论元（内外各一），这个特性不是所有的动词都有的，因为有些动词没有论元（例如：to rain），有些有一个、两个、三个不等。论元的数目既定，根据填词原理规定，kill 在句中必须有两个论元，因此结构树的形状也固定了。例如节内论元必须出现，而且出现在动词中节以内。

特性（二）显然每一个动词都有它自己特定的论旨角色，例如 give 有三个论旨角色，其中有一个是"目标"，put 也有三个论旨角色，其中有一个是"处所"，这样的资料一定要在词汇里标明。在此我们应当注意到一个现象：那就是一个动词有几个论元就有几个论旨角色，也可以反过来说动词有几个论旨角色就有几个论元。如果我们要求动词的每个论旨角色在结构树中都必须传递给一个论元，那就可以由论旨角色的数目推断该动词的论元数目了。这样一来，我们就可以把特性（一）从语法中去掉，因为特性（二）既然能推断出特性（一），我们又何必留着特性（一）这块赘肉呢？这个把论旨角色和论元的数目限制成一样的要求，我们称之为论旨关系准则（theta-criterion，或简写成 θ-criterion），内容如下：

(41) **论旨关系准则**

（一）每一个论旨角色都必须传递给一个论元。

（二）每一个论元都必须得到一个论旨角色。

论旨关系准则中的两个条件合起来就是说论旨角色和论元必须是一对一的关系，不能多对一也不能一对多。这个准则也强迫动词要把所有的论旨角色都给出去；因为论元的数目与论旨角色相同，若是动词留了一个论旨角色在自己的口袋里，那句中就必定有一个论元得不到论旨角色，整个句子也就因为违反了论旨关系准则而不合语法了。

我们再看特性（三）。似乎动词的词性选择与语义没有直接的关系。含意不同的动词可以有完全相同的词性选择，例如give、put、take、steal 等动词都选择了名词组和介词组两个补语。反过来说，含意相同的动词也不一定有相同的词性选择，例如 wait 和 await 的意思都是等待，因此两者的论旨角色也必然相同，但前者选择名词组为补语，后者选择介词组为补语，这样的资料也必须在词汇里标明（也就是我们提过的次类特征）。

特性（四）与语义有关。我们可能会认为动词的语义选择跟论旨角色是一回事。例如，kill 的语义选择注明宾语必须是有生命的，它的论旨角色是"受动者"，而受动者又几乎都是有生命的，所以语义选择既能由论旨角色处得知也就变得多余了。这样的想法其实并不完全正确。比较 kill（杀）和 assassinate（暗杀）这两个字，两者意思极为相似，而且也给补语同样的论旨角色，但 assassinate 这个字的语义选择跟 kill 不太一样，assassinate 的补语必须是人（记成〔human〕），kill 的补语只要是有生命的就可以了。所以语义选择提供的资料不能完全由论旨角色推断，我们不能把这个特性从语法中删除。

最后让我们看看特性（五）。我们已经从论旨关系准则里学到论旨角色与论元成一对一的组合，我们也提过这样的规定还不够严谨，因为两个论旨角色能形成两种配对，三个论旨角色能形成六种配对。我们常看到"施动者"这个论旨角色与主语联系在一起，那么是不是每一个论旨角色都喜欢出现在句中特别的一个位置呢？例如，我们可不可以规定"受动者"就必须出现在补语的位置？虽然有许多句子的确成这样的配对（施动者＝主语，受动者＝宾语），但是也有许多句子不是。例如 belong（属于）和 own（拥有）这两个动词，两者都有拥有者（Possessor）和被拥有物（Property）这两个论旨角色，但 own 的主语得到"拥有者"的角色，宾语得到"被拥有物"的角色，belong 则恰恰相反，主语成了"被拥有物"而宾语反成了"拥有者"。这个例子说明了两点：第一，任意的配对是不正确的，每个动词都有它自己的论旨角色与论元的配对方式。第二，配对的方式不能归纳成某普遍的规律。

总结上述，我们知道词汇必须提供每一个词足够的资料，我们在造句的时候便须严格遵守词汇里的资料。动词 give 的词汇资料如下：

(42) give, V, Agent, ＋〔＿＿＿NP   PP〕
                        │   │
                    〔Patient〕〔Goal〕

我们再复习一下（42）代表些什么。首先，在次类特征栏内标明了 give 的词性选择，give 选择了两个节内论元，一为名词组一为介词组，give 的论旨结构也注明了，一个是受动者，一个是目标，我们在论元跟论旨角色间加了条直线，代表论元与论旨角色不能任意配对，名词组论元必须得到受动者角色，介词组论元必须得到目标的角色。另一个论旨角色"施动者"写在栏外是有道理的，我们在第六章讨论主语的时候再谈。语义选择这项如果没有特别的资料，我们通常不写出来，但要记得它的存在。

　　现在我们的理论比较完整了，包括了中节理论、填词原则和论旨关系准则。三者合并能够戏剧化的减少许多不合语法的句子产生。假定 give 在词汇里有（42）这样的资料，我们就能按照理论画出动词组 give the book to Mary（把那本书给玛丽）的树来：

（43）

　　画树的时候我们毫无选择的余地，照填词原则规定，V 有两个补语，而且必须出现在句子中；而依中节理论的定义，补语必须在动词中节以内；同时论旨关系准则也要求 V 必须要把论旨角色传给两个补语，所以 V 一定要管辖它的两个补语。这些规定环环相扣才造成了我们画树时"别无选择必须如此"的情况。但这正是我们建立语法的目的：利用词汇资料及有限的几条规则来造出所有合语法的句子，并防止不合语法的句子。give the book to Mary 只有一种正确的结构，而我们的语法恰能造出这个唯一正确的树，而不允许其他结构。这说明了我们这几章里的语法研究正朝着正确的方向发展。

第五节　词汇里的必然规则

英语的助动词系统对上一节所建立的语法提出了挑战。我们在本章开头提到了英语的一些助动词 be、will、have。助动词的一大特点就是能够出现在动词组的前面。

(44) a. John will 〔VP eat meat〕

　　 b. John has 〔VP eaten the meat〕

　　 c. John is 〔VP eating the meat〕

这个特点必须在词汇里注明。假定形容词、名词、动词和介词这四大词类都可以简单地由 N（名词属性）和 V（动词属性）这两个属性来定义，我们可以说名词只具有名词属性而完全不带动词属性，用〔＋N，－V〕来代表；动词则只具动词属性而不具名词属性，用〔－N，＋V〕来代表；形容词同时具有名词属性和动词属性所以用〔＋N，＋V〕代表；介词组两者属性都不具备可以用〔－N，－V〕来代表。归纳如下：

(45) 〔＋N，－V〕＝名词（N）

　　 〔－N，＋V〕＝动词（V）

　　 〔＋N，＋V〕＝形容词（Adj 或 A）

　　 〔－N，－V〕＝介词（P）

(45) 中的四个词类只消用 N，V 两种属性（feature）就可以代表了。在本书中我们仍沿一般习惯用名、动、形容、介词等老称呼，但我们要知道属性这个概念。现在我们可以如法炮制，用 Aux 这个属性把助动词和一般动词分出来：

(46) will,〔－N，＋V，＋Aux〕,＋〔＿＿ VP〕

　　 have,〔－N，＋V，＋Aux〕,＋〔＿＿ VP〕

　　 be,〔－N，＋V，＋Aux〕,＋〔＿＿ VP〕

按照 (46) 的定义，助动词算是动词的一种特例，因为它除了－N、＋V 之外还有第三个属性：Aux。这个 Aux 代表什么呢？请看下例：

(47) a.　John will have been eating the meat.

　　　b.　＊John will be having eaten the meat.

　　　c.　＊John will eaten the meat.

　　　d.　＊John is eaten the meat.

　　　e.　＊John has eating the meat.

　　　f.　＊John will eating the meat.

很明显地，助动词对于紧跟其后的动词组有严格的要求，几个助动词之间的前后次序也有一定的规矩。这些是 Aux 属性想表达的，问题是我们如何用现有的语法来定义这些性质才能造出合语法的 (47a)，淘汰 (47b—f)。

第一步，我们先列出 (47) 这些句子的现象。助动词 be 后一定要跟着现在分词 (present participle) V-ing 的形式，助动词 have 则选择其补语要有过去分词 (past participle) 的形式，我们用 Ven 来表示。助动词 will 规定它后面的动词必为不定词 (infinitive)。拿 eat 来说，它的现在分词、过去分词及不定词的形式分别为 eating、eaten 和 eat。这些资料可以分别在每一个字的词汇资料里注明：

(48) eat,〔－N,＋V,＋Infinitive〕, Agent,〔＿＿ NP〕
　　　　　　　　　　　　　　　　　　　　　〔Patient〕

　　　eating,〔－N,＋V,＋Pres. Part.〕, Agent,＋〔＿＿ NP〕
　　　　　　　　　　　　　　　　　　　　　　　〔Patient〕

　　　eaten,〔－N,－V,＋Past. Part.〕, Agent,＋〔＿＿ NP〕
　　　　　　　　　　　　　　　　　　　　　　　〔Patient〕

现在，我们可以很轻松地利用 (48) 的资料来说明助动词的一些特性。

(49) will, 〔−N, +V, +Aux〕, +〔___ VP〕

　　　　　　　　　　　　　　　　　|

　　　　　　　　　　　　　　　　〔+infinitive〕

　　have, 〔−N, +V, +Aux〕, +〔___ VP〕

　　　　　　　　　　　　　　　　　|

　　　　　　　　　　　　　　　〔+past participle〕

　　be, 〔−N, +V, +Aux〕, +〔___ VP〕

　　　　　　　　　　　　　　　　　|

　　　　　　　　　　　　　　〔+present participle〕

我们可以把（49）中新加入的资料视为助动词对其补语词性选择的一些额外要求。will 没有现在分词或过去分词的形式，所以永远不能出现在 have 或 be 的后面，因为 have 选择一个具过去分词形式的动词而 be 选择一个具现在分词形式的动词。若是不理会这些要求，就违反了语法中的填词原则：

（50）＊John is will eat the meat. 约翰吃肉。

同理，have 当助动词用的时候没有现在分词的形式，所以不能出现在 be 的后面：

（51）＊John is have eaten the meat.

（51）也违反了填词原则，因为 be 对补语必须是现在分词的要求没有得到满足。在这里，我们体会到如何运用词汇里的资料及填词原则来解释助动词的排列顺序。

有些语气助动词（modal）如 might，can，will 等永远不能出现在不定式子句（infinitival clause 或 tenseless clause，也称作无时态子句），英语的不定式子句，通常冠有不定词记号 to：

（52）a.　John wants 〔to eat meat〕

　　　 b.　＊John wants 〔to can eat meat〕

　　　 c.　＊John wants 〔to will eat meat〕

　　　 d.　＊John wants 〔to might eat meat〕

我们可以由（52）得出一个简单的结论：语气助动词没有不定词的形式。这个结论不但解释了（52b，c，d）为什么不合语法，还解释了为什么我们不能把两个语气助动词摆在一起：

(53) ＊John might will eat meat.

(53) 句为什么不合语法？因为 will 是语气助动词，没有不定词形式，而前面的 might 要求其补语以不定词形式出现，所以（53）句违反了填词原则。

但是我们先别急着高兴，因为在（48）和（49）两组词汇资料里我们重复了许多项目，等于把 eat、eating 和 eaten 当作了三个完全不同的词，在词汇里独立存在。但实际上这三个字除了一部分（指 infinitive、past particle、present particle 三个形式）不同之外，其余部分是完全相同的。直觉上我们知道三者之间必有关联，因为它们的次类特征，论旨角色和其他语义成分是相同的，然而，在（48）中这三个字独立存在，仿佛彼此之间毫无关系，这表示我们的语法还不够周全。在现有的系统里，这三个字的相同之处成了偶然的，没有任何规则把三者联系起来。我们现在需要建立一个规则说明 eat 和它的现在分词和过去分词在词汇里的资料除了形式上不同之外，其他资料完全相同。这样把"偶然的相同"变为"必然的相同"的规则才能正确反映我们的直觉。我们称之为词汇的必然规则（lexical redundancy rule）。动词的各种不同形式可以用下列三项词汇的必然规则来描述：

(54) 几条词汇的必然规则：

　　a. 不定词

　　　X, 〔＋V, －N〕→X-Ø, 〔＋V, －N, ＋infinitive〕

　　　（X-Ø 表示动词 X 的不定词形式与字根原型相同）

　　b. 过去分词

　　　X, 〔＋V, －N〕→ X-en, 〔＋V, －N, ＋past participle〕

（过去分词的形式等于字根加上-en）

 c. 现在分词

  X, $[+V, -N] \rightarrow$ X-ing, $[+V, -N, +$present par-

  ticiple$]$

（现在分词的形式等于字根加上-ing）

（54）中的必然规则把动词三个形式之间的必然关系建立起来了。规则中描述了一些词素上的变化（譬如加-ing 或-en），以及属性上的变化（譬如加上＋infinitive 等），其他的特征或含义既是必然相同，自可略而不注了。

此处需要注意的是词汇的必然规则只负责把某些字的必然关联找出来，它并不能强迫某个字一定要应用这套规则造出新字。例如，语气助动词没有不定词，过去分词及现在分词等形式，我们不必硬造出一些不存在的字。

词汇的必然规则也能把一些语义相似但词性不同的字联系起来，例如英语的某些形容词能够接情状副词（manner adverb）词素-ly 而成为副词，如下例：

（55）形容词　　　　　　副词

  slow　　　　　　slowly（慢）

  quick　　　　　　quickly（快）

  careful　　　　　carefully（小心）

  stupid　　　　　stupidly（愚蠢）

  loud　　　　　　loudly（大声）

  noisy　　　　　　noisily（吵闹）

语义的变化也是有规则可寻的，每一个新造出来的副词 X-ly 都有"in an X manner"的含义。因此，我们不必在词汇里列出所有由形容词变化而来的副词，只消写出下列这一条必然规则就可以了。

（56）X, $[+N, +V] \rightarrow$ X-ly, $[adv]$, in an X manner

　　传统语法里常常详细记载了一个语言词汇里的必然规则，一般字典也假设使用者熟悉这些必然规则。因为其语义及词汇资料都能跟着推论出来，字典里也就不用逐条列出，如此便能大量减少词汇里的项目。虽然我们的语法里对这些规则的称呼与记载的方式与传统语法书不同但道理是一样的。

　　总结一下本章的心得，中节理论的建立使得词组与词首的关系突显出来，更由于中节的结构使我们得以区别指示语和补语的不同，把原来词组里平头的关系改进为阶层的关系：

词汇里标明了一个词首对其补语词性及论旨角色的要求：

　　(57) /X/，〔＋V，－N〕，＋〔＿＿ NP〕（次类划分：词性选
　　　　　　　　　　　　　　　　 ｜　　　择，语义选择等）
　　　　　　　　　　　　　　〔Theta〕（论旨角色）

　　根据（57）的资料，我们知道/X/这个动词只能出现在下列的结构中：（因为中节理论规定了补语 NP 的位置）

　　(58)　　　　X'
　　　　　　 ／　＼
　　　　　 X　　　NP

那么，我们是不是还需要词组结构语法中的造句规则（59）呢？

　　(59) X'→X　NP

似乎不需要。因为词汇资料说 X 有一个补语，根据填词原则，这个补语必须在句中出现，而论旨关系准则更进一步要求动词必须管辖它的补语以便把论旨角色传递给补语。在中节理论的结构树中，补语 NP 必须出现在（58）中的位置。从头至尾，我们没有用到（59）的造句规则，因此像（59）这样的造句规则可以整

个儿从语法中删除。

以上的推论有一个极大的漏洞，那就是中节理论虽然规范了补语在词组中出现的位置，但它不能强迫补语出现在动词的前面或后面，也就是说 X 的补语其实可以出现在动词的前面或后面：

（60）a.　　　　　　　　　　　b.

造句规则（例如（59））直接提供了动词与补语的线性关系，所以有它存在的理由。但是如果动词与补语的前后次序能以别的原则规范，我们就不必再对它有所眷恋了。

第六节　深入思考训练

一、用中节理论画出下列英语句子的结构树。（请画出所有中节及词首）

John's comments about the book that I lent him have clearlv shown that his understanding oi the syntactic theory may be quite different from ours.

〔问题〕

1. 列出所有受 John 管辖的节。

2. 列出所有受动词 shown 管辖的节。

3. 列出所有受 understanding 管辖的节。

4. 列出所有受介词 about 管辖的节。

5. 列出所有不受助动词 have 统制的节。

6. 列出所有不受主语 John 统制的节。

二、写出下列句中画线动词的论元数目及其所给的论旨角色。

（1）Mary <u>saw</u> Bill in the garden.　玛丽在花园看到比尔。

（2）I usually <u>cook</u> my meals slowly. 我通常慢火燉肉。

（3）Many people <u>consider</u> that John is guilty. 很多人相信约翰是有罪的。

（4）Many people <u>consider</u> John guilty. 很多人相信约翰有罪。

（5）He wants to <u>take</u> long strolls in the afternoon. 他希望下午能好好散步。

（6）My old uncle <u>takes</u> long strolls on the beach. 我那个年纪大的伯伯在海滩散步。

三、分析下列汉语单词的用法，请提供所有词汇里应该列入的资料，包括词性、次类特征、论旨角色、词性选择、语义选择等项目。举出实例说明你列入的资料：

（1）建议

（2）困扰

（3）看

（4）摆

（5）碎

（6）相信

四、考虑下列句子：（摘自 Ouhalla，1994）

（1）Beans，I don't like. 豆子我不喜欢。

（2）The car drives smoothly. 这辆车开起来很顺。

（3）The ball was kicked（by the boy）. 球被（那个男孩）踢走了。

（4）1 wonder which ball the boy kicked. 我想知道那个男孩踢的是哪个球。

上列的四个句子显然都无法由我们目前所介绍的造句规则造出来。我们需要什么新规则来造出（1）—（4）呢？

注意在这些句子里动词与其论元的相关位置改变了，这一点对于论旨关系准则造成什么问题？我们是不是应该修改论旨角色传递的规定，把"管辖"这项要求去掉？这样做有什么新的问题产生？

五、英语的名词组 the French student 有两种诠释，一个指法国学生，另一个指学习法语的学生。这个"歧义"现象是语义的还是句法的？

要回答这个问题，我们先看看下面几个例子：

(1) The destruction of Rome was complete. 罗马的毁灭很彻底。

(2) Rome's destruction was complete. 罗马的毁灭很彻底。

(3) ＊ The Rome's destruction was complete.（不可在罗马前加限定词）

(1)、(2) 两句意义相同（汉语只有一种说法：罗马的毁灭），这一点与"学习法语的学生"有两种说法很相似：

(4) The French student.（两义）

(5) the student of French.（单义）

利用 (1) — (5) 的比较，决定 French 这个形容词应该在名词中节（N'）分枝还是在名词组（NP）分枝，这两种结构能够辨别歧义吗？

再比较 (3) 与 (4)，指出任何中节理论不能解决的问题。

六、考虑下列三组英语句子，讨论每个动词的论元结构。当某组的 (a) 句与 (b) 句的论元结构不同时，我们需要在词汇里把用法不同的相同动词（例如及物与不及物的 walk）分别记成两个项目吗？

词汇的必然规则能够预测每组动词的两种用法吗？请写出该

必然规则，来描述（1）—（3）的现象。若有反例证明词汇的必然规则不能预测这类用法变化，也请列举出来。（摘自 Ouhalla 1994）

(1) a. The horse jumped (over) the fence. 马跳过围墙。

b. The rider jumped the horse over the fence. 骑士骑马跳过围墙。

(2) a. The dog walked to the park. 狗走到公园。

b. Mary walked the dog to the park. 玛丽遛狗到公园。

(3) a. The horse raced across the barn. 马跑过谷仓。（与别的马比快）

b. Bill raced the horse across the barn. 比尔骑马跑过谷仓。（与别的骑士比赛）

第五章　句子的结构与格理论

第一节　屈折词组

我们先用中节结构总结一下造句规则：Deg（Degree）代表程度副词（如 very）；Q 代表量化词（Quantifier），包括限定词（Det），Adv 代表副词。

(1)　VP→V' $\begin{Bmatrix} PP^* \\ AdvP^* \end{Bmatrix}$

　　　V'→V $\begin{Bmatrix} VP \\ (NP)\ (PP)\ (PP)\ (S') \\ AdjP \end{Bmatrix}$

　　　PP→（AdvP）P'

　　　P'→P　NP

　　　NP→ ($\begin{Bmatrix} NP \\ QP \end{Bmatrix}$) N'

　　　N'→ $\begin{Bmatrix} AdjP\ N' \\ N\ \ PP^*\ (S') \end{Bmatrix}$

　　　QP→Q'

　　　Q'→Q

　　　AdjP→Deg* Adj'

　　　Adj'→Adj PP*　（　）

　　　AdvP→Deg* Adv'

　　　Adv'→Adv

以上诸规则都合乎中节理论；此外，我们还需要另外两条规则：

(2) S→NP VP

S'→COMP S

有了以上这些规则，我们可以造出大量合乎语法的句子，例如：

(3) John has been walking. 约翰走了一阵路了。

John was walking. 约翰那时正在走路。

John walked. 约翰走了路。

John talked to the man about physics. 约翰跟那个人谈物理。

John saw the large truck. 约翰看到了一辆大卡车。

John put the book completely under the newspaper. 约翰把书整个放在报纸下面。

It seems to John that Bill can swim. 对约翰来说，比尔好像会游泳。

John said that Bill can swim. 约翰说比尔会游泳。

John became very nervous. 约翰变得很紧张。

Mary is very proud of the book. 玛丽对这本书感到很自豪。

The destruction of the city by the enemy was complete. 敌人对这个城市的摧毁极为彻底。

John believed the rumor that Bill voted for Sam. 约翰相信了比尔把票投给山姆的这个传闻。

John believes Bill's brother is smart. 约翰相信比尔的兄弟很聪明。

由于造句要看词汇资料，所以句型的多寡完全取决于一个语言词汇的内容。我们造出了例（3）中许多句子，其中每一个步骤都合乎中节理论所规范的结构，唯一的例外就是 S→NP VP 这条规则，因为中节理论规定词组必有词首，而这条规则却没有词首。何以在一套精密的语法里有这么明显的例外呢？是不是 S 虽有词首但我们看不出来？我们对于（2）中的另一条规则 S'→COMP S 可以提出同样的质疑：COMP 与 S 二者之间哪一个算是词首呢？

我们先从 S 开始讨论，如果在只有一个主语一个动词的句子里，S 当然就代表整个句子了。但通常我们会碰到较为复杂的句子，其中可能包含了好几个"一个主语一个动词"这样的单位，每一个这样的单位称为一个子句（clause）。所以严格来说用 S（＝Sentense）代表句子（sentence）是个错误，它代表的应该只是子句。一般子句以有时态（tensed）与无时态（tenseless）分成两大类：有时态的子句我们已经很熟悉了，所有例（3）中的句子都属于此类。无时态的子句最大的特征就是它的动词以不定词形式出现，所以也称为不定词子句（infinitival clause），下面例句中以中括号标明的部分便是不定词子句。

（4）a. 〔for John to go〕would be a mistake. 约翰之离去会是个错误。

　　b. I would like 〔for John to go〕. 我希望约翰离去。

　　c. John wanted 〔to go〕. 约翰希望离去。

　　d. It's easy 〔for John to say such things〕. 对约翰来说，讲这样的话很容易。

英语的不定词常冠以不定词记号 to。还有另一类无时态的子句，它的动词以动名词（gerund）的形式出现，所以也称为动名词子句（gerundival clause），动名词的形式与现在分词一样，也是 V-ing：

（5）a. 〔John's going to Chicago〕was a mistake. 约翰的芝加哥之行是个错误。

　　b. 〔eating raw meat can be dangerous〕吃生肉可能有危险。

　　c. John saw Mary 〔crossing the street〕. 约翰看见玛

丽过街。

无时态的子句，不能在句子中当作主要子句（main clause，root clause，或 matrix clause）

（6）a. * John to go. 约翰之离去。

　　　b. * for John to go.

　　　c. * to go. 离去。

同时，英语的句子要求所有的子句（或命题 proposition）都要与时态直接或间接的发生关系，举下列三句为例：

（7）a. John tried to win the race. 约翰想办法赢这场比赛。

　　　b. John is trying to win the race. 约翰正想办法赢这场比赛。

　　　c. John will try to win the race. 约翰将会想办法赢这场比赛。

此处每一个句子里都有两个子句，先是有时态的主要子句然后才是无时态的附属子句。主语 John 同时是两个子句的主语，也就是说（7a）的意思是 Jonh 想赢这场比赛而且他也尝试（或尽力）过了。不可能是 Jonh 尝试了让别人赢这场比赛。这里一个有趣的现象是在（7a）中，我们能理解这场比赛已经在过去发生了（虽然比赛这个名词出现在无时态的子句中）。同样的，我们知道在（7b）中，比赛正在进行当中，而在（7c）中，比赛尚未举行。显然，我们会对比赛发生的时间得到这三种不同的诠释完全是因为主要子句的时态（注意三句中不定词子句的形式是一模一样的）。所以我们可以假设（6）中的三个不定词子句之所以不能当主要子句，正是因为如此一来句子便没有时态来诠释动作发生的时间了。

英语的有时态子句还有另外一个特性：动词要与主语一致：第三人称单数的主语要求动词字尾加-s，如下例：

（8）a. John walks to school everyday. 约翰每天走路上学。

b. Bill sees his psychiatrist twice a week. 比尔每周看两次心理医生。

c. The fat man sells newspapers on the street. 那个胖子在街上卖报。

(9) a. * John walk to school everyday.

b. * Bill see his psychiatrist twice a week.

c. * The fat man sell newspapers on the street.

无时态的句子则不允许动词与主词的一致：

(10) a. It's fun〔for John to walk to school everyday〕约翰每天走路上学挺有意思。

b. It's crazy〔for Bill to see his psychiatrist twice a week〕比尔每周看两次心理医生简直莫名其妙。

c. It's strange〔for the fat man to sell newspapers on the street〕那个胖子在街上卖报这事儿很怪。

(11) a. * It's fun〔for John to walks to school everyday〕

b. * It's crazy〔for Bill to sees his psychiatrist twice a week〕

c. * It's strange〔for the fat man to sells newspaperson the street〕

归纳这两点不同，我们可以说一个有时态的子句包含了两项重要资料：时态（tense）和（主语与动词间的）一致（agreement，或简写成 AGR）。时态标明了动词的动作发生或尚未发生，一般来说时态有过去（past）、现在（present）和未来（future）三种，完整的主动词一致包含了人称（person）及单复数（number）的资料，共有六种不同形式的一致：第一人称的单复数、第二人称的单复数、还有第三人称单复数。我们知道英语的主语一致并不完整，但许多印欧语系的语言保持了上述六种不同的主动词一致：

（12）西班牙语

hablo"I speak" 我说　　　hablamos"we speak" 我们说

habias"you speak" 你说　　habláis"you speak" 你们说

habla"she speak" 他说　　 hablan"they speak" 他们说

时态和一致这两项资料通常都显示在动词的语尾变化上，这些语尾变化的正式名称叫屈折词（inflection，或屈折词素）。我们要知道，屈折词是一个通称，包含了时态词素（tense morpheme）和（主动词）一致词素（agreement morpheme，简写为Agr，或 AGR）。

有些语言学家建议 S 所代表的子句其实乃是以屈折词为首的词组，根据中节理论 S 就等于屈折词组（Inflection Phrase，简写为 IP）。这样一来，S 这个句法单位就不成为中节理论的例外了。我们在本书将接受这个建议，把 S→NP VP 的规则以下列的中节理论结构来表示：

（13）

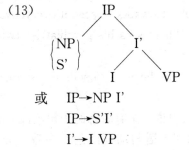

或　　IP→NP I'

　　　IP→S'I'

　　　I'→I VP

字母 I 是 Inflection 的简写，也可写成 Infl；I' 称为屈折词中节，IP 称为屈折词组，I 的补语是 VP，I 的指示语是 NP 或 S'，也就是这个子句的主语。我们要记得 I 只是一个屈折词素，包含了时态和一致两项资料，不是一个独立的词。事实上我们看不到屈折词单独存在，因为它总是出现在动词词尾上（亦即传统语法所称的动词变化）。屈折词素如何跑到动词后面是一个极为重要问题，我们稍后再作详细讨论。

根据（13）的造句规则，我们可以造出下列句子：

（14）a. John walked to the store. 约翰走到商店。（过去式）

　　　 b. John to walk to the store. 约翰走到商店。（不定式）

二者树状结构分别如下：

（14a）

```
                    IP
              /            \
            NP              I'
            |           /        \
            N'         I          VP
            |                  /       \
            N                 V'        PP
            |                 |          |
          John               V          P'
                             |        /     \
                          walked     P       NP
                                     |     /     \
                                    to   QP       N'
                                         |         |
                                         Q'        N
                                         |         |
                                         Q       store
                                         |
                                        the
```

（14b）

```
                    IP
              /            \
            NP              I'
            |           /        \
            N'         I          VP
            |          |       /       \
            N          to     V'        PP
            |                 |          |
          John               V          P'
                             |        /     \
                           walk      P       NP
                                     |     /     \
                                    to   QP       N'
                                         |         |
                                         Q'        N
                                         |         |
                                         Q       store
                                         |
                                        the
```

也许读者会怀疑像（14a）这样的结构。到底我们有何理由凭空杜撰出一个抽象的屈折词素来当作 S 的词首呢？这样做除了让所有的造句规则都符合中节理论以外有没有任何证据？这样的怀疑是完全合理的，我们现在就来看看一些支持屈折词组存在的证据。

我们先复习一下词组理论。上一章曾提到词首的一些特性能够沿着中节传到词组。例如人的语义成分是"有生命的"则名词组"那个有钱的人"也必定是有生命的，当动词"杀"作词性及语义选择的时候，一定要选择有生命的名词组，也就说动词实际上选择的是名词组之首"人"的语义成分。依中节理论的结构来看这样的选择是在管辖的关系下建立的。换句话说，若要 YP 的语义成分满足词首 X 的选择，X 必须管辖 YP。但既然 YP 的语义成分取决于词首 Y 的语义成分，我们可以想象 X 管辖 YP 也就等于管辖了 YP 的词首 Y。这个概念相当重要。

屈折词首 I 既是词首也就应该展现词首的特性：选择补语或被其他词首（通过 IP）选择。假如我们能找到一个词首，在次类画分的语义选择或词性选择栏中标明了要有时态（或无时态）的补语，我们就可以说这个词首管辖 IP，因此选择了 I 的某些特性（此处为时态）。反过来说，如果 I 不是 S 的词首，则管辖 S 的另一词首不可能通过 S 往下再管辖 I，因此也不可能选择 I 的特性：时态。我们看看下面几个例子：

(15) a. Mary said that John left. 玛丽说约翰走了。

     b. *Mary said that John to leave.

     c. Mary wanted for John to leave. 玛丽希望约翰走。

     d. *Mary wanted for John leaves.

动词 said 之后的 that 是子句连词，（15a）和（15b）之间的对比说明了子句连词 that 之后的子句必须是有时态的，无时态的子句不合语法。（15c）和（15d）中的 for 也是子句连词（此处不当介词用），两句的差异说明了 for 之后必须接无时态的子句（此处为不定词子句）。（15）的四个句子说明了子句连词和时态之间有选择关系。子句连词的补语是 S（因为 S'→COMP S），唯有在 I 是 S 的词首的情况下，子句连词才能通过其补语 IP 来管辖 I，从而选择时态。这是非常有力的证据。

我们再看看 S' 又是什么单位呢？上一段的讨论可以立即回答这个问题：假如 that 或 for 具有选择时态的能力，它们本身也必须是词首，根据中节理论，子句连词也必须延伸至中节与词组两个单位，我们可以把子句连词词组简写成 CP（代表 complementizer phrase），子句连词中节简写成 C'，子句连词本身出写成 C，现在我们可以把 S'→COMP S 这条规则修正如下：

(16) CP→〔spec,C〕,C'

C'→C IP

或

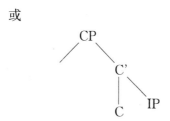

有了（16），S' 的特殊身份问题也解决了，由中节理论的特例成为常例。（15a）可以用新的符号来画出结构。（见下页）

我们现在知道以子句连词 that 或 for 所带领的从属子句是 CP。但主要子句呢？我们从本书开始就假设主要子句都从 S 开始，也就是新理论里的 IP，上图（15a）的结构也是从 IP 开始画的，问题是主要子句的 IP 是由谁选择的呢？本书稍后几章会证明主要子句的 IP 也是受子句连词 C 选择。换句话说，所有的句子都一律从

(15a)

```
                    IP
                 ╱     ╲
              NP         I'
             ╱         ╱   ╲
           N'        I      VP
           │                 │
           N                 V'
                          ╱     ╲
          Mary          V         CP
                        │        ╱  ╲
                       said    C'
                             ╱    ╲
                           C        IP
                           │       ╱  ╲
                         that NP      I'
                             ╱       ╱  ╲
                           N'       I    VP
                           │              │
                           N              V'
                                          │
                          John            V
                                          │
                                         left
```

CP 开始，CP 才是真正的开端符号。为了节省篇幅起见，若非必要我们往往将主要子句的 CP 略而不画，仅在 IP 上标出虚线。但读者必须记得主要子句的 IP 之上总有个 CP。

当然，还有别的证据可以证明子句连词 C 是词首。例如我们可以找出许多动词词首选择某个特定的子句连词作为该动词之补语的例子，但我们需要先接触一些新的概念。CP 的指示语〔spec，C〕的位置也非常重要，我们也要再等到下两章才能细谈。

第二节　格　理　论

用 IP 和 CP 来代表 S 和 S'，使得所有的造句规则都符合中节理论的结构。我们首先要处理的问题就是不定词子句的分布情况。请看下列：

（16）a. ＊〔John to go〕 would be a mistake. 约翰之离去会是个错误。

　　　b. ＊It is likely 〔John to go〕. 约翰可能会走。

　　　c. ＊It seems 〔John to have gone〕. 似乎约翰已经走了。

例（16）中的不定词子句都用中括号标明。为什么这些句子都不合语法呢？我们需要在这里介绍一个新的概念，那就是语法上的格（Case）。

英语的代名词有三种不同的格可以在写法上看出来：主格（Nominative），受格（Accusative，一译宾格），和所有格（Genitive）：

（17）主格：I, you, he, she, it, we, they

　　　受格：me, you, him, it, us, them

　　　所有格：my, your, his, her, its, our, their

具不同格的代名词出现在句中不同的位置，丝毫不得错乱：

（18）a. 　I saw John. 我看到约翰。

　　　b. 　＊Me saw John.

　　　c. 　＊My saw John.

（19）a. 　John saw me. 约翰看到我。

　　　b. 　＊John saw I.

　　　c. 　＊John saw my.

（20）a. 　my book. 我的书。

　　　b. 　＊me book.

　　　c. 　＊I book.

（21）a. 　John talked to me. 约翰跟我说话。

　　　b. 　＊John talked to I.

　　　c. 　＊John talked to my.

我们可归纳格的分布情况如下：

　（22）格的分布：

　　　（i）受动词 V 管辖的名词组自 V 处得到受格

　　　（ii）受介词 P 管辖的名词组自 P 处得到受格

　　　（iii）名词 N 的指示语自 N 处得到所有格

　　　（iv）有时态的 I 的指示语自 I 处得到主格

用中节结构画出来，就成了（23）：

（23）

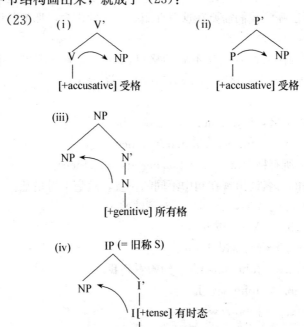

　（iv）中特别规定有时态的屈折词 I 才能给指示词主格，我们来看无时态的子句：

（24）

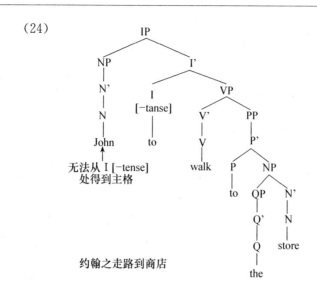

无法从 I [−tense]
处得到主格

约翰之走路到商店

（24）是个不定词子句，其屈折词 I 的属性为〔−tense〕，但因为有时态的 I 才能给指示语 NP（此处是 John）主格，所以在（24）中 John 得不到格，John 得不到格这件事跟句子不合语法是不是有关联呢？如果我们设立一个条件，规定每一个名词组都要有格，不然句子就不合语法，那我们就把两件事结成因果关系了：（24）句不合语法正因为 John 没有格。在科学上这样的假设是可以的，但是我们要再做仔细的求证。这个假设称为格的检验（Case Filter，或直译为格鉴别式，格位滤除）。

（25）**格的检验**：所有的名词组都要有格。

我们可以把人脑的语言中枢想象成一个制造句子的工厂，每一个句子在出厂以前都要经过一个品质管制部门的检查，若是品管部门在一个句子里发现了没有格的名词组，就把句子退回，不让出厂。句（24）John to go to the store 出不了厂正是因为主语

John 没有格，通不过格的检验。

　　不定词子句里的主语既然无法从屈折词处得到主语，便需要从别处得到格（不一定要主格）。英语允许两种可能，一是受动词的管辖从动词处得到受格，一是受介词管辖自介词处得到受格。我们看看下例：

　　（26）a. For John to go would be a mistake. 约翰之离去是个错误。

　　　　　b. It's crazy for Bill to eat flies. 比尔吃苍蝇真是莫名其妙。

　　　　　c. It's hard for Wally to fix my car. 想让华利修我的车不太容易。

　　例（26）中三个不定词子句的主语 John、Bill、Wally 前面都有一个介词 for。（26）既合语法就表示它们通过了格的检验，也就是说 John、Bill、Wally 这三个主语现在都有格了，但这个格绝不能是从屈折词处得来的（因为 I〔—tense〕不能给指示语主格），唯一的可能就是从不定词子句开头的 for 处得来。介词能给的格是受格，这一点可以由下例印证：

　　（27）a. For him to go would be a mistake. 他之离去是个错误。

　　　　　b. It's crazy for him to eat flies. 他吃苍蝇真是莫名其妙。

　　　　　c. It's hard for her to fix my car. 想让他修我的车子不太容易。

　　（27）句中的代名词明白显示了在 for 之后的名词组的确得到了受格，而其唯一的来源只可能是介词 for。我们把不定词子句 for John to go 画出来看看：

（28）

```
            CP
            |
            C'
          /    \
        C        IP
       for     /    \
           NP        I'
           |       /    \
           N'     I      VP
           |      to      |
           N    [-tense]  V'
          John           |
                          V
                          go
```

注意在（28）中我们把介词 for 放在子句连词 C 的位置，因为 for 在不定词子句出现的时候并没有原来介词的含义，例如，John 得不到介词 for 最常见的论旨角色"受惠者"（Beneficiary, Bene-factive）。事实上，for 在此扮演的角色等于 that 在有时态的子句中的角色。所在 for 是子句连词，而且是一个能给受格的子句连词。

我们现在碰上了一个技术上的问题：早先我们在（22）中规定格的授予必发生在管辖的状况下。可是在（28）中，C 和 IP 的指示语 NP 并不成管辖关系；C 虽然统制 NP，但是 NP（由于 IP 阻隔）并不统制 C；既然相互统制这个先决条件不成立，也就谈不上管辖了。为了解决这个问题，我们必须松动一下原来对管辖的严格定义：我们曾说 X 若管辖词组 YP，则必管辖其词首 Y，现在我们需要再扩大 X 管辖的范围到 Y 的指示语〔spec, Y〕。新的管辖定义如下：

（29）若 X 管辖 YP，则必同时管辖 Y 及其指示语。

有了（29）的定义，现在（28）的 for 不但管辖 IP，而且还管辖了 I 及 I 的指示语，也就是主语 NP John。受 C 管辖的节在下图中以圈勾示：

（30）C 管辖的节：

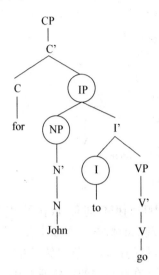

现在不定词子句中主语的格的问题迎刃而解了。for 管辖 NP John 所以能给 John 受格。（26a）这个句子可以顺利通过格的检验，堂皇出厂。

另外一种情况就是动词管辖不定词子句 IP，英语似乎是所有人类语言中唯一允许这种结构的。我们看看下例：

（31）a.　John believes〔Bill to be odd〕约翰认为比尔很怪。

　　　　b.　John wants〔Bill to win the race〕约翰希望比尔赢这场比赛。

例（31）中中括号内的不定词子句这回没有子句连词 for 带领了。但是如果我们用代名词来替换不定词子句的主语 Bill，我们发现 Bill 还是可以得到受格：

（32）a.　John believes him to be odd.　约翰认为他很怪。

　　　　b.　John wants him to win the race.　约翰希望他赢这场比赛。

（31b）的结构如（33）所示：

（33）

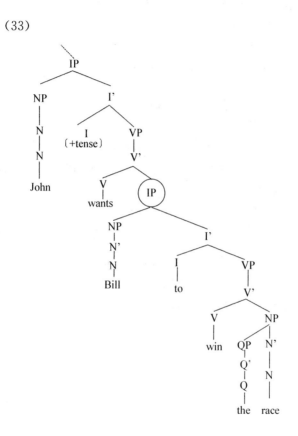

根据（29）的定义，动词 want 管辖 IP，因此也管辖 I 及 I 的指示语 NP Bill。Bill 能从 want 处得到受格。（33）中一共有三个名词组，即主要子句的主语 John，不定词子句的主语 Bill 及动词 win 的宾语 race。这个句子在通过格的检验时，每一个名词组都必须有格。我们已经讨论了 Bill 如何从动词 want 处得到受格；至于 John，主要子句的屈折词 I 是有时态的，所以 John

能够从 I 处得出主格。最标准的管辖关系就是 win 和它的补语 race，所以 race 能从 win 处得到受格，因此这个句子得以通过格的检验顺利出厂。我们提过这样的结构（也就是 V 管辖 IP）是极为罕见的例外，所以句法学上称之为例外格结构（Exceptional Case-Marking Structure，或缩写为 ECM 结构）。

第三节　格的授予

能通过管辖关系把格授予其补语的词类似乎只有动词和介词（包括化身成子句连词的 for），名词和形容词不能把格传给补语，我们看看下列的情形：

（34）a.
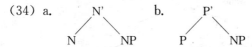

在（34a，b）中的 NP 如何能够得到格呢？既然词首 N 或 P 没有能力给补语 NP 格，我们只能再往上找。根据中节理论，（34）的上部结构应该是（35）：

（35）a.
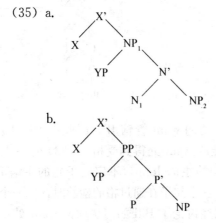

我们暂时把希望寄托在词首 X 身上。X 在（35a）中管辖了

第一个 NP_1（包括其词首 N_1 及指示语 YP），但无法再延伸其管辖范围至 NP_2。同理，在（35b）中 X 能管辖 PP 但不能管辖 NP。换言之，介词或名词的补语若是名词组，则这个补语名词组既不能从管辖它的名词或介词处得到格又不能借助于外援（35 中的 X），所以这个名词组永远也通不过格的检验。这个推论能从下诸例中得到证实：

（36）a. ＊the destruction the city（意指城市的毁灭）

　　　b. ＊a friend Bill（意指比尔的一个朋友）

　　　c. ＊the father Mary（意指玛丽的父亲）

（37）a. ＊John is〔proud Bill〕（意指约翰以比尔为荣）

　　　b. ＊Fred is〔afraid the dark〕（意指弗来得怕黑）

　　　c. ＊Mary is〔ashamed John〕（意指玛丽以约翰为耻）

以上两组例子都具有（34）的结构，所以它们之不合语法是完全可由格理论推论出来的。如果格的问题能够得到解决，这些句子便合语法了。英语提供了一个简单的途径：在介词及名词的补语前加上一个介词 of 作为该补语的管辖者，因为介词能把受格传给补语，所以格的问题能获得解决：

（38）a. the destruction of the city（与（36）比较）

　　　b. a friend of Bill

　　　c. the father of Mary

（39）a. John is〔proud of Bill〕（与（37）比较）

　　　b. Fred is〔afraid of the dark〕

　　　c. Mary is〔ashamed of John〕

果然，（36）和（37）各句在加上介词 of 之后都立刻通过格的检验成为合语法的句子了。值得注意的是此处的介词一定是 of，不能是其他介词 for，with 等。我们可以假设这个介词 of 是因为名词及形容词不能让补语得到格而临时加入的。例如说，（38b）和（39b）原来的结构是这样的：

（40）

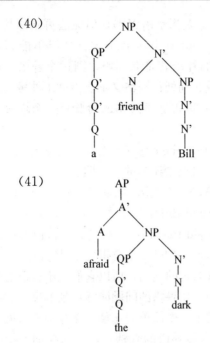

（41）

（42）

现在（40）和（41）这两个词组要借助于介词 of 来通过格的检验。我们填入 of，把（40）和（41）分别变成（42）和（43）。

（43）

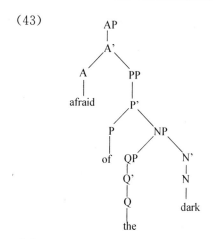

读者要问为什么要这么麻烦呢？为什么不直接说（42）和（43）就是原来的结构呢？首先，我们注意到 of 几乎没有任何含义，顶多就是一个所有格的记号，与另一个所有格 -'s 几乎完全一样：

（44）a. a friend of Bill＝Bill's friend（比尔的朋友）

　　　b. the destruction of Rome＝Rome's destruction（罗马的毁灭）

名词组补语的格固然是由 of 授予的，但语义的选择（论旨角色关系）仍完全由 of 之前的名词或形容词决定。回忆一下论旨理论，一个词首只有在管辖关系下才能选择另一词组（或词首）的语义成分。举 proud of Bill 为例，Bill 是 proud 的客体（Theme，或译对象，受事者），与 of 丝毫没有语义上的关联。基于这层考虑我们才假设先有（40）、（41），建立词汇的选择关系，满足填词原则及论旨关系准则，然后才填入介词 of 来解决格的问题，以使该句稍后能通过格的检验。

英语的词类变化也提供了支持以上论点的证据。有些动词跟名词是同源的，如下列：

（45）a. John surveyed the vally. 约翰测量了这个山谷。

　　b. John's survey of the valley. 约翰对此山谷之测量。

乍看之下，当作动词的 survey 与当作名词的 survey 似乎在词汇资料里有不同的词性选择。

　　(46) survey,〔−N, +V〕, Agent〔＿＿ NP〕

　　　　 survey,〔+N, −V〕, Agent〔＿＿ PP〕

但这种词性选择的变化是可以预测的，所有由及物动词衍生出来的名词在词性选择这一栏都是把 NP 补语变成 PP 补语，而且介词都是无意义的 of，所以我们大可不必给词汇加入这么多负担。每一个动词变成名词时都要改写次类特征栏内的资料就好比把每个名词的复数形都在词汇另列一项。最合理的做法，就是假设 of 是为了解决格的问题而稍后填入的。

　　我们甚至可以更进一步说，因为名词〔+N, −V〕和形容词〔+N, +V〕的共通点在于〔+N〕这个属性，而只有〔−N〕（包括动词和介词）可以授予格。所以在下列的情况，一个格记号（Case marker）（通常借介词 of 一用）就必须填入了：

　　(47) 格记号规则：

　　　　受名词或介词管辖的名词组之前须加格记号。

用属性来记可以表示如下：

　　(48) 格记号规则：

　　　　〔+N〕〔+N, −V〕 → 〔+N〕格记号〔+N, −V〕

　　　　且〔+N〕管辖〔+N, −V〕

这条规则不只适用于英语，在法语中相同的情况下格记号 de（等于英语的 of）也必定出现。

　　我们讨论格记号的目的，不只是在于支持格理论。刚才的讨论对我们建立的整个理论体系有极大的影响，那就是句法的结构分前后几个层次，各项理论可能应用在不同的层次。第一个层次是依照中节理论和词汇里的各项资料造出来的句子，填词原则会有效地强迫所有的论元都出现在结构中，而论旨理论

（或论旨关系准则）则将论旨角色在精确定义的结构关系下（就是管辖）跟论元建立关系。在转入第二层次的时候，格理论将要检验每一个名词组是否都有格，因此格记号规则必须在进入第二个层次以前使用，才能及时补救问题。我们目前的语法可以总结如下：

（49）　中节理论, 词汇
　　　　　　↓
　　　　　第一层结构
　　　　　　↓
　　　　　格记号规则
　　　　　　↓
　　　　　第二层结构（格理论（格的检验），论旨理论、填词原则，
　　　　　　　论旨关系准则）

　　注意我们在第二层结构仍写上论旨理论、填词原则等，因为在第一层结构填入的论元和论旨角色在第二层次仍应存在，不能无故消失，也就是说除了在有反证的情况之下，所有的原则都应该在所有的层次存在。第一个层次在句法学上称为**底层结构**（Dstructue，也称深层结构），第二个层次称为**表层结构**（S-stucture，也称浅层结构，shallow structure）。关于底层与深层结构，我们在第六章约束理论及其后的移位理论中还会再细谈。

第四节　格与论旨角色

　　在格理论中我们说有时态的屈折词能够给主语 NP 主格。依中节理论的观点，主语 NP 由于是 IP 的指示语所以成为主语，我们可以把主语这个概念扩大一些，把每一个词组的指示语均称为该词组的主语，包括名词组、形容词组及介词组；动词组的主语一般也就是子句的主语。在本书中我们假设 IP 的指示语 NP 为主语，广义的主语可以用下图显示。

（50）

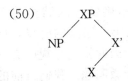

我们对于子句的主语已经很熟悉了，对于名词组的指示语当作主语也不应该陌生，例如：

（51）a.　John's winning the race.

　　　b.　the tyrant's destruction of the city.

　　　c.　Mary's portrait of her son.

（51）中的名词组 John、the tyrant 和 Mary 均出现在名词组的指示语位置，然后从词首 winning、destruction 和 portrait 处得到所有格。但是形容词和介词不能给指示语任何格，所以一般来说，我们看不到形容词组和介词组有主语。因为在下列的结构中，位于指示语位置的名词组将通不过格的检验。

（52）a.　　　　　　　　b.

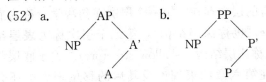

除非（52）中的 NP 能找到一个能够给它格的管辖者：

（53）a.　John considers Bill stupid.　约翰认为比尔很笨。

　　　b.　John considers broiled pig's feet very unappealing.

　　　　　约翰认为卤猪脚让人倒胃口。

在直觉上我们会把"Bill 笨"当作一个想法，而 John 有这个想法。同样的"卤猪脚倒人胃口"也是一个想法，而 John 有这个想法。用论旨理论的角度来看，stupid 这个形容词与 Bill 有语义关系，也就是 stupid 把论旨角色传给了 Bill。根据论旨关系准则，每一个论元只能有一论旨角色，所以动词 consider 不能再给 Bill 论旨角色，否则 Bill 就有两个论旨角色，违反了论旨关系准则。从中节理论来看，consider 既不能传论旨角色给 Bill，也就不能拿 Bill 当作补语；因此我们只能把 Bill 放在形容词的指示语位置，当作形容词组的主语：

（54）

```
              VP
              |
              V'
             / \
            V   AP
            |  /  \
      considers NP  A'
            |   |   |
            N'  A
            |   |
            N  stupid
            |
           Bill
```

Bill 从 stupid 那儿得不到格，但是动词 consider 管辖 AP，也因而管辖了 AP 的指示语 Bill，Bill 因而从 consider 处拿到受格，这个情形与例外格（ECM）的情况相似。像 Bill stupid 这样带有主语的形容词组称为形容词小句（small clause）。

例外格和小句这两种结构说明了一个重要的观念，那就是格和论旨角色完全是两回事。在上述两种情况下，名词组都是在动词管辖下得到受格，但该动词并不给它论旨角色。名词组在不定词子句或形容词小句的指示语位置能从不定词或形容词处得到论旨角色，却得不到格。读者需要分清格与论旨角色两者的不同。

第五节　深入思考训练

我们在本章学到子句其实就是以屈折词为首的屈折词组 IP，屈折词包含了时态、一致、甚至语气（mood）等资料，决定子句的性质。但在许多语言里屈折词附着在动词后边，在本章思考题里我们将讨论与这个现象有关的问题。

我们要利用前几章所学过的理论来分析一个属于西非库鲁语

族（Kru）的语言：瓦他语（Vata），瓦他语与许多非洲语言相同也具有声调，是象牙海岸的一种语言。（摘自 Koopman 1984）

一、请考虑下列例句：（每一个瓦他词下面有英语相对的词，其后再附整句翻译）

(1) n wa Kofi nI yue   e(Kofi 是人名，DEF 表定冠词)
   I likeKofi of children DEF
   "I like the children of Kofi"
   我喜欢寇非的孩子。

(2) n wa yue   e
   I likechildren DEF
   "I like the children"
   我喜欢那些孩子。

(3) n wa yue   mI
   I likechildren these(复数)
   "I like these children"
   我喜欢这些孩子。

(4) Aya ga-na   saka
   Aya for-NA   rice
   "rice for Aya"
   给阿丫的饭。
   （Aya 是人名，-NA 是介词 ga 的一个格记号，可以视
   为词的一部分）

(5) Kofi nI Aya ga-na   JE
   kofi of Aya for-NA   gift
   "a gift of kofi for Aya＝Kofi's gift for Aya"
   寇非给阿丫的礼物。

(6) a nyE Yue-e   saka

wegavechildren-DEF　　　rice

"We gave the children rice"

我们给这些小孩米。

(7) Aya jile lilE-E　　　　　tabl-E　　　　kU

AYa put food-DET　　　table-DET　　　on

"Aya put the food on the table"

阿丫把饭放在桌上。

〔问题〕

1. 写出 NP、PP、VP 及 IP 的词组结构造句规则。

2. 这些规则都符合中节理论吗?

3. 画出（5）和（7）句的结构树。

二、从中节理论的观点来看，英语的助动词 have、be 跟一般动词相同，可以出现在有时态或无时态的子句，语气助动词 will、could、should 等则不同，它们必须出现在有时态的子句:

例: * John wants to will go. 他想将来去。

瓦他语的助动词包括未来助词（FUF-A）、完成助词（PERF-A）和否定助词（NEG-A），与英语的语气助动词相同，亦只能出现于有时态的子句，我们可以假设这些助词就是屈折词 I。

请考虑下列各句:

(8) a　　　ka　　　yue　　　saka　　　nyE

We　　FUT-A　children　rice　　　give

"We will give the children rice"

我们将给这些孩子米。

(9) n　nI　　　Kofi ni　　　yue-e wa

I NEG-A　Kofi of　　　children-DEF like

"I don'like the children of Kofi"

我不喜欢寇非的孩子。

(10) Aya　　　na　　　lilE-E　　tablE-E KU　　jIlE
　　　Aya　　PERF-Afood-DET　table-DET　　　on put
　　　"Aya has put the food on the table"
　　　阿丫已经把饭放到桌上了。

(11) Aya na　　　tablE　　ku　　　lilE　　　JIlE
　　　Aya PERF-A　　table　　on　　　food　　put
　　　阿丫已经在桌上放了饭。

〔问题〕

1. 上一题的造句规则显然不能描述（8）—（11）的词序了，请改写一套新的词组结构规则。（仍需符合中节理论）

2. 比较两套规则中最大的不同在哪一个词组。

3. 比较（10）和（11）两句，决定动词 jIlE（to put）的论元结构以及它对论元出现的次序有何要求。

4. 画出（8）的结构树。

三、现在请考虑下列句子。

(12) n mlE saka li
　　　I　go　rice　eat
　　　"I go eat rice"
　　　我去吃饭。

(13) n　　ka　　　saka　　li　　　mlI
　　　I　　FUF-A　rice　　eat　　go
　　　"I will go eat rice"
　　　我将去吃饭。

假设（12）句中的 saka li（rice eat 吃饭）为不定词子句（infinitival clause）。

〔问题〕

1. 前两大题的规则是否又需要为新资料（12）、（13）再作修改？怎么改才能描述三个大题中所有的资料？

2. 假设词序问题是由于一些词可以在句中移动所造成的，你会建议瓦他语允许哪一种词移动？请解释理由及该词移动的终点和在哪种情况下移动。

四、在本章第三节中我们讨论了格记号填入的规则，并建议由于格理论的建立使我们必须允许句子经过不同的层次才能产生，而格的检验便是在第二个层次进行的。

〔问题〕

1. 瓦他语的例句（2）和（6）的词序并不表示它们的底层结构，请用第二大题的造句规则来写出（2）和（6）在某个词移动前的情况。

2. 英语的屈折词也包含了时态和一致等讯息，但这些讯息却出现在动词后面，能够用瓦他语的句法规则（或其中一部分）来解释英语的怪现象吗？

五、我们提到英语的例外格结构是语言中极为特殊的现象，拿法语与英语做比较：

（1）　I believe John to be intelligent.　我相信约翰很聪明。

（2）　*Je crois Jean être intelligent.　我相信约翰很聪明。

英语句（1）合法，但结构（从字面上看）完全相同的法语句（2）却不合语法，英语的 believe 和法语的 croire（相信）在其他方面又显得相同。

（3）　I believe his words.　我相信他的话。

（4）　Je crois ses mots.　（逐字与（1）相同）

（5）　I believe that John is sick.　我相信约翰病了。

（6）　Je crois que Jean est malade.　（逐字与（3）相同）

（3）—（6）句显示 believe 和 croire 都可以选择 CP 或 NP

作为补语。我们在本章分析（1）句时假设 believe 的补语是 IP（不定词子句）而不是 CP。有些语言学家建议 believe 的补语仍是 CP，但当 IP 是无时态的子句时，CP 这个节可以"不算"（也就是虽然在句中但是不妨碍动词 believe 管辖 John）我们称前者为 IP 论，后者为 CP 论。考虑下列句子：

（7）　I want him to be intelligent. 我希望他聪明。

（8）　I want very much <u>for</u> him to be intelligent. 我非常希望他聪明。

（9）　I believe him to be intelligent. 我相信他聪明。

（10）* I believe very much for him to be intelligent. 我非常相信他聪明。

〔问题〕

1. 比较 IP 论和 CP 论在理论上的优劣。（提示：两者在词汇，论旨理论，格理论上互有得失，必须说出在各方面的得失）

2.（7）—（10）的资料支持 IP 论还是 CP 论？为什么？

第六章　主　　语

第一节　主语的论旨角色

我们在讲词汇那一章里详细讨论了次类征这个概念，一个词首除了在次类特征栏内注明它所选择的补语的词性之外，最重要的是这个词首还负责给这些补语论旨角色。这些列入次类特征栏内的补语称为论元，论元在中节结构里永远受选择它的词首的管辖。由于填词原则要求所有论元均须出现，而论旨角色又必须在管辖关系下才能传递，因此词首与其选择的论元的关系几乎都是下图的结构：

（1）

我们现在想想句子的主语在句中通常出现在屈折词 I 的指示语位置，受 IP 最近支配，如（2）所示：

（2）

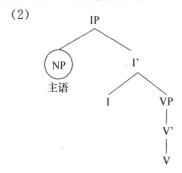

　　我们立刻注意到上图中动词 V 不管辖主语 NP（NP 统制 V，但 V 不能统制任何在 VP 以上的节，NP 与 V 既不能相互统制也就不必谈管辖）。更重要的是，主语 NP 并不在 V 的次类特征栏内。回忆一下次类划分的标准是什么？原则上若我们无法预测某词首所选择的论元词性为何，我们就必须在词汇里标明该论元的词性，写在次类特征栏内。例如 wait 选择 PP 当补语。await 选择 NP 当补语。但是主语的词性我们猜得到（应该说用不着猜），它不是名词组 NP 就是由子句连词带领的 CP，这两种词性用不着动词来选择。

　　问题是主语 NP 既不由动词选择也不受它管辖，它的论旨角色将从何处取得？我们看看下列句子：

　　（3）a. John hit Bill.　约翰打比尔。

　　　　　b. John saw the accident.　约翰目睹了意外事件。

　　　　　c. John passed out.　约翰晕倒了。

显然三个句子里的主语 John 都得到了论旨角色。（3a）中 John 打了人，他自然是句中施动者的角色；（3b）中 John 目睹了意外事件，但他并没有参与或造成该事件，所以不能算施动者，应该视为 "经验者"（Experiencer）；（3c）中的 John 什么事都没做就躺下了，所以不能是施动者，应该算做 "受事者"（Theme），因为某件事发生到他身上。John 在三句中的位置是一样的（I 的指示语），为什么能得到三种不同的论旨角色呢？我们先前说过动词管辖不到 John 所以无法给 John 论旨角色。是不是屈折词 I 呢？I 与其指示语相互统制且 I 为词首，所以 I 管辖主语 John，但 I 只包含了两项资料；时态和（主动词的）一致，皆与语义无关，所以似乎也不可能有能力给主语任何论旨角色。要解决这个与语义有关的难题，我们再看下列几句：

　　（4）a. John killed Bill.　约翰杀死了比尔。

　　　　　b. John killed an evening by drinking beer in front of

the TV. 约翰在电视前面喝啤酒消磨了一个晚上。

　　c. The car killed the pedestrian. 那辆车子撞死了行人。

（5）a. John broke the door. 约翰把门弄坏了。

　　b. John broke his arm. 约翰的手断了。

　　在（4a）与（4c）两句中我们理解宾语 Bill 和行人都死了，但我们绝不会把（4b）理解成 John 用了在电视机前喝啤酒的方式杀死了一个晚上。从论旨理论的观点来看，John 在（4a）句中的论旨角色应该与（4b）中的不同。要杀死 Bill、John 必须做点什么事。但要消磨一个晚上的时间，John 什么也不用做。下面两例的差别非常明显：

（6）a. ?? John killed Bill by doing nothing. 约翰什么事也
　　　没做杀死了比尔。

　　b. John killed an evening by doing nothing. 约翰什么
　　　事也没做消磨了一个晚上。

　　（6a）听起来不对劲正是因为 John 在（6a）中是施动者，而施动者不施动作是矛盾的。例（5）的语义差别也很明显，（5a）中的 John 是施动者，把门弄坏了，但（5b）中 John 的手断了通常我们把 John 理解成"受动者"（Patient），而非施动者。

　　我们知道主语与动词之间有些语义关系，但动词补语的存在似乎也起些作用。这说明了主语的论旨角色并不是由动词词首一个人负责，而是由整个动词词组（包括词首及补语）来决定的，我们可以用下图表示：

（7）

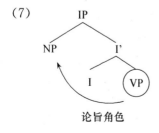

论旨角色

上面的假设是否遵循论旨关系准则？ VP 的第一个最近词组是 IP；NP 的最近词组也是 IP 所以两者相互统制，但两者都不是词首，不能说谁管辖谁，因此由 VP 决定主语 NP 的论旨角色算是理论上的一个例外。

第二节　虚　主　语

上一节提到没有一个词在词汇中能标明选择主语或负责把论旨角色传给主语，那么，是不是在某些情况下句子的主语得不到论旨角色呢？看看下列例子：

(8) a. It is raining. 下雨了。

　　b. It seems that John is late. 好像约翰来晚了。

　　c. It appears that we will have to do it ourselves. 看来我们得亲自做这件事。

(8) 句中主要子句的主语是一个特殊的词，在句法学上名称是虚主语 it（pleonastic it 或 expletive it）。虚主语的一个特性就是它并不指任何东西或事情，与一般能够指事物的代名词 it 颇不一样。下列各句是代名词 it 的用例：

(9) a. It devours the hapless cosmonauts. 它生吞了这些倒霉的太空人。

　　b. John saw it before it disappeared up the chimney. 在它借烟囱遁走之前，约翰看见了它。

　　c. The hunter shot at it. 猎人朝它放枪。

要测出 (8)、(9) 例中两个不同的 it 很简单，我们只消用疑问词 what 来代替 it 形成问句即可。因为这样的问句要求一个指实物的答案，而虚主语 it 其形虽显语义却虚，不能形成这样的问句：

(10) a.　?? what is raining. 什么在下雨？

　　b. *? what seems that John is late? 什么好像约翰来

晚了？

   c. * ? What appears that we will have to do it our-selves. 什么看来我们得亲自做这件事？

（10）句之不合语法表示了（8）句中的 it 均为虚主语，与（9）句中的代名词 it 成为对比：

   （11）a. What devours the hapless cosmonauts? 什么东西把这些倒霉的太空人生吞了？

      b. What did John see before it disappeared up the chim-ney. 什么东西在借囱遁走以前被约翰看见了？

      c. What did the hunter shoot at? 猎人朝什么放枪？

因此，虚主语 it 出现的位置必须受到语义的限制，也就是它绝不能出现在可能接受论旨角色的位置。这也正是虚主语 it 永远不出现在补语位置的理由，因为出现在补语位置会使 it 得到论旨角色而不成为虚主语了。从论旨关系准则的角度来看，it 不需要也不能够得到论旨角色，所以它不是一个论元，语法上称之为非论元（non-argument）。

虚主语的存在说明了有些句子的主语并无论旨角色。既然虚主语 it 对于句子的语义毫无贡献，为什么我们在句子里要放入这样一个毫无意义的虚词呢？注意，在别的地方我们不可以随意加虚词 it：

   （12）a. * John likes the movie it. 约翰喜欢那部电影它。

      b. * John put the book it on the table it. 约翰把那本书它放在桌上它。

很显然我们不喜欢（12）的原因是因为句中多了一些废话，造成句子诠释上的困难，可以说违反了完整诠释（Full Interpre-tation）的原则。（注意在（12）中 it 既为非论元，便不受论旨关系准则的约束）

在直觉上，虚主语 it 也是废话，但（8）句中的 it 却绝不可省：

(13) a. ＊ Is raining.

　　　b. ＊ Seems that John is late.

　　　c. ＊ Appears that we will have to it ourselves.

为什么同样的虚词 it 不可出现在句中别的位置，但在主语位置却必须出现呢？唯一的解释就是在英语里每一个句子都必须有主语。当一个动词只有内论元而没有外论元时，虚主语 it 就挺身而出把空悬的主语位置填上，因为 it 有其语法上存在的价值，自然也就不成为废话了。虚词的概念在填词原则中没有提到（填词原则只要求词汇资料里规定的每个论元都在句中出现），所以我们要扩充一个填词原则，加入一条"句子必有主语"的规定。我们称新的原则为扩充的填词原则（Extended Projection Priniple，或译扩充的投射原则）。叙述如下：

（14）**扩充的填词原则**：填词时必须遵守词汇里次类特征的
　　　要求；且句子必有主语。

（14）的作用在一般的句子中不太明显，因为一般的动词都有外论元出现在主语的位置，当一个动词没有外论元的时候，（14）就规定虚主语 it 出现。看看下面的两个动词：

（15）a. rain,〔－N，＋V〕

　　　b. seem,〔－N，＋V〕,〔＿＿＿ CP〕
　　　　　　　　　　　　　　　　　　　|

　　　　　　　　　　　　　〔proposition〕

rain 没有任何论元，seem 只有一个内论元 CP（例如句子连词 that 带领的句子），所以在填词时候要加入虚主语 it 来满足（14）的要求。注意，虚主语的存在完全是结构上的要求，与语义无关。我们在上一节提过动词词首并不能选择主语，所以虚主语 it 用不着从动词处得到论旨角色。我们可以用下列的叙述来归纳虚主语 it 出现的时机：

（16）当句子的主语位置没有论元（也就没有论旨角色）的

时候，填入虚主语 it。

我们可以在这儿考虑一下格理论。既然虚主语 it 含义是虚的，它也必须通过格的检验吗？我们知道有时态的屈折词 I 可以给 it 主格，所以 it 没有格的问题，反正它都会通过格的检验。但我们要知道 it 既然念得出声，是个具有实形的名词，就必须有格，与它有无论旨角色是两回事。换句话说，格的检验与语音有关，论旨角色的授予则是语义的。

第三节　句子当主语

在我们继续探讨扩充的填词原则的种种影响之前，要先看看与虚主语有关的一些句子：

(17) a. That John will be late is likely.

　　 b. It is likely that John will be late. 约翰很可能会迟到。

(18) a. That the earth revolves is obvious.

　　 b. It is obvious that the earth revolves. 地球自转是很明显的。

(19) a. That John would resort to such tactics is weird.

　　 b. It is weird that John would resort to such tactics. 约翰居然会诉诸这种手段真是奇怪。

以上三组中的（a）句都有一个相当长的主语，以子句连词当作词首的 CP。CP 当主语的时候，也可以用另一种说法，那就是（b）句的句型：由虚主语 it 当主语，而 CP 出现在动词或形容词之后。显然这两种句型是有关系的，因为（a）与（b）的含意完全相同。我们要如何解释两者的关系呢？第一种可能是假设当主语的 CP 原来是在句首（I 的指示语位置），稍后移到句尾而让虚主语 it 填入，第二种可能是假设当 CP 的主语原先在句尾，稍后才跑到 IP 的指示语位置成了句首的主语。我们称第一种假设为"移出"（extraposition），第二种假设为移入（intraposition），但这两个名称只是便于我们讨论，并不重要。

让我们先考虑移出这个假设。CP 在屈折语的指示语位置，用中节理论的结构表示如下：

（20）

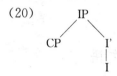

现在，我们要想想把 CP 往后移的时候落点在哪里，我们最先想到的必然是 I 的补语位置。把 CP 移到补语的位置造成（21）。

（21）移出：

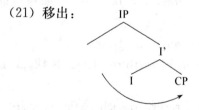

实际上，（21）是个错误的结构，仔细想想补语这个位置有什么特别要求？补语是一个词次类划分的特征之一，也表示了一个词的词性选择，所有的补语根据填词原则都必须在填词时出现，若是词汇的记载中没有补语，则填词原则也将限制该句结构不能有补语的位置，这是一个很重要的概念。在（20）中，I 并没有补语，若任意把 CP 移到补语位置（实际上，补语位置原本不存在），则违反了填词原则。

所幸中节理论允许中节这层结构不断延伸，也就是说 XP 词组（在理论上）能有无限个中节。例如：

（22）

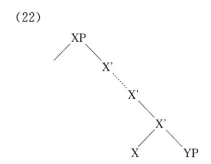

我们可以利用这个特点，造出另一个 I'（可称为 I' 加节），然后把主语 CP 移至新的 I' 之下：（详见移位章）

（23）

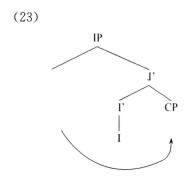

这个步骤称为加接（adjunction），在（23）中，CP 加接（adjoin）于 I'。因为加节是句法层次中造出来的，并不是词汇资料里注明的，所以不受填词原则约束，因此 CP 移入 I' 加节似乎可行。但（23）的结构还有一个毛病，那就是扩充的填词原则要求句子必有主语，而原来的主语 CP 跑到句尾了，这个时候虚主语 it 可以派上用场。CP 的论旨角色跟着 CP 一起移出，所以现在主语的位置是没有论旨角色的，不必担心 it 会意外得到论旨角色。新的结构如下：

（24）

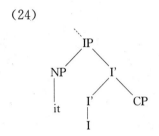

"移出"这个假设解释了例（17）至（19）中的 b 句是如何得来的。我们看看具体的例子：

（25）

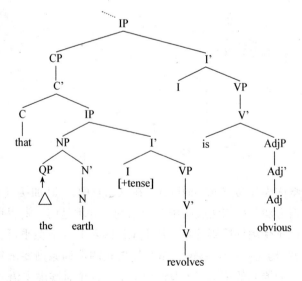

（25）句经过移出（就是 CP 移至 I' 加节）和虚主语填入两个过程变成（26）：

（26）

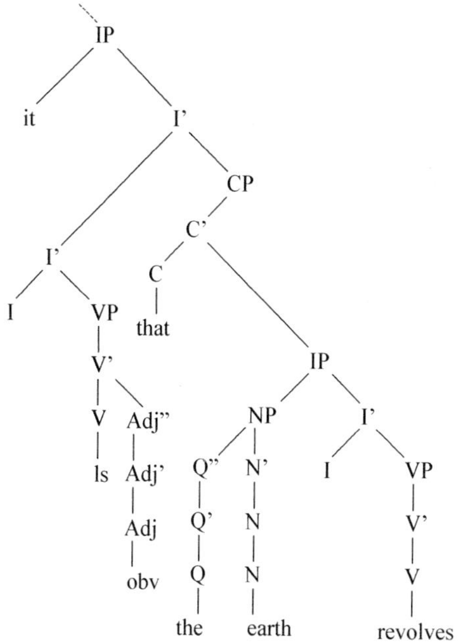

以上的句子也可以由第二种假设"移入"来解释。"移入"的说法与"移出"几乎相反，移入一说认为 CP 在一开始（或底层结构）就位于形容词组的补语位置，接受形容词首的论旨角色。下图显示其底层结构：

（27）

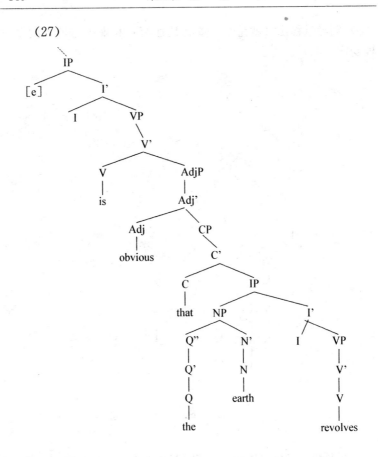

注意这个结构满足了论旨关系准则，因为 CP 是 obvious 的补语而且通过管辖关系得到论旨角色（因为是子句所以通常是"命题"的角色）。但是主要子句 I 的指示语位置是空的，违反了扩充的填词原则，所以需要补救。我们可以直接填入虚主语 it，也可以把整个 CP 移到主语的位置；产生两种合语法的句型：

（28）a. It is obvious that the earth revolves.

b. That the earth revolves is obvious.

我们看到了移出与移入两种假设都能够得出正确的结果。在第八章讨论移位理论时我们会再探讨这个问题，依目前我们所建立的语法理论还不能在两种假说间作一选择。值得我们注意的是移入一说有一个问题需要解释：请看 CP 移入主语位置后的结构（表层结构）：

（29）

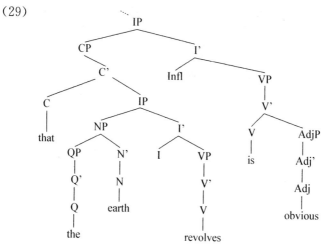

我们提过移入与移出最大的不同就是前者把 CP 当作形容词 obvious 的补语，根据填词原则这个补语必须出现在句法的每一个层次，在（27）的底层结构中 CP 按规矩出现在 Adj 的补语位置，但在（29）中 CP 移入主语位置，Adj 的补语位置变成空的了。补语在表层结构消失，也算违反了填词原理。这个问题我们留到移位章中再叙。

第四节　　隐　主　语

扩充的填词原则中规定句子必有主语，这个额外的规定轻易地给虚主语 it 提供了存在的理由，但也造成了新的问题。例如下列各句：

　　（30）a. John wanted to win the race.　约翰想要赢这场比赛。

　　　　　b. John tried to win the race.　约翰试图赢这场比赛。

　　　　　c. John promised to win the race.　约翰答应了会赢这
　　　　　　　场比赛。

以上各例我们通常只有一种理解，那就是不定词 win 的主语（赢
这场比赛的人）必须是 John，John 同时也是主要子句的主语。
以（30b）为例，其结构如下：

　　（31）约翰试图赢这场比赛

　　主要句子中的动词 tried 选择不定词子句为补语。现在问题
来了：不定词子句中没有主语，违反了扩充的填词原则。

　　　这个问题只是表面的。我们如果仔细想想（31）的意思：我
们会觉得动词 win 的前面似乎也有 John 的影子，汉语可以说成

John 企图让自己（＝John）赢这场比赛，"自己"可以说是 win 的主语英语也可以说：

> （32）John tried to bring it about that he，namely John，to win the race. 约翰试图让他（＝约翰自己）赢这场比赛成为事实。

我们之所以认为（31）句是个问题是因为我们假设凡是我们听得见的词才在句中存在，听不见的便不存在。这个感觉相当于说"我不觉得地球在转，所以它不转"。拿汉语来说，许多词是隐而不现的：

> （33）甲：你喜欢京剧吗？
>
> 　　　乙：喜欢。

乙的回答只有一个动词"喜欢"，但是喜欢这个动词有内外两个论元，从甲的问句中可以看到。根据填词原则，这两个论元必须在乙的答案中存在。我们如果理解乙的回答，便知道这两个论元的确存在。（即便我们听不见）

> （34）乙：（我）喜欢（京剧）。

（33）中乙的回答只能理解成（34），而不能理解成乙的儿子喜欢念书。我们称这些在句子中存在但听不见的词为**隐词**（Empty category，或直译为空语类，空范畴，空号词类）取"其形虽隐其意犹在"之意。在（34）中有两个隐词，一个是"我"，一个是"京剧"。隐词和虚词是两个恰恰相反的东西，隐词代表的是实实在在有论旨角色的论元，但不念出声，以隐形的方式存在于句中。虚词则完全不含任何语义成分，为了应付"句子必须有主语"的要求而在句中填入的非论元，可以说"其形虽显，其意乃虚"。

　　如果我们说在（31）句的不定词子句的主语位置上有个隐词，一切问题便迎刃而解了。我们给这个不定词子句的隐形主语一个名字叫隐主语（PRO，或译大代号）。（31）可以轻易改成（35）。

（35）

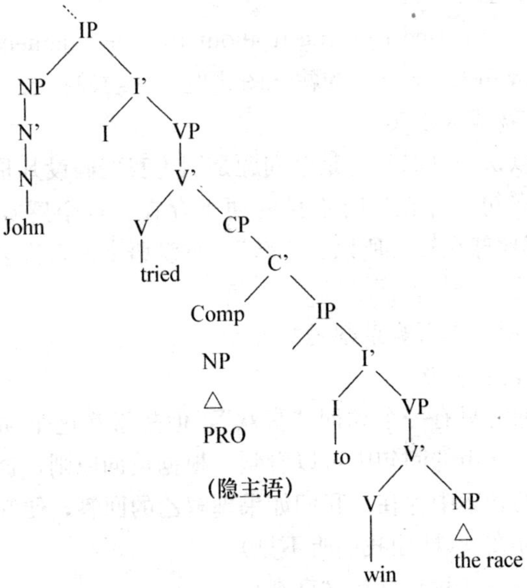

（35）解决了不定词子句的主语问题，满足了扩充的填词原则。但另一个新的问题出现了，那就是隐主语 PRO 的诠释问题，我们在下一节中讨论。

第五节　控制理论

这一节讨论隐主语在句中出现的位置及其诠释。我们调查的结果显示隐主语只能出现在不定词子句或动名词子句的主语位置，它永远不能出现在有时态的句子的主语位置。此外，顾名思义，隐主语也永远不能出现在任何子句的宾语位置（此点与虚主语 it 相似）。我们可以定出下列规则来限制隐主语：

（36）隐主语必须有论旨角色，但不能受非功能词管辖，或自任何管辖者处得到格。

（36）需要一点解释。在词汇里有一部分词类，不具有语义成分但有语法上的功能。例如子句连词 that，格记号 of，不定词记号 to，限定词 the，或屈折词素 I 等，统称为功能词（functional category，一译功能范畴）。有别于一般具有语义成分的词类如名词、动词、介词、形容词、副词等，后者统称为非功能词（lexical category，一译词汇范畴）。我们看看（36）的效用。

（37）a. ＊PRO walked. 走路。

　　　b. ＊John saw PRO. 约翰看见了。

　　　c. ＊John talked to PRO. 约翰跟讲话了。

（38）a. 　It is fun〔PRO to play baseball〕打棒球很有意思。

　　　b. ＊It is dull〔PRO to rain〕下雨很无聊。

（37）中三句都不能有隐主语。（37a）的隐主语能从有时态的 I 处得到格，违反了（36）的规定，（37b，c）两句的隐主语都被非功能词（动词 saw 与介词 to）管辖，所以也不行。（38a）没有问题因为不定词子句中的隐主语只受功能词 C 的管辖，无时态的 I 不能给它主格，且隐主语能从〔play baseball〕处得到论旨角色，完全符合（36）的规定。（38b）不合语法因为句中的隐主语得不到论旨角色（rain 这个动词没有论旨角色可给）。

我们再看看隐主语的诠释。（30）几句中的隐主语指的都是主要子句的主语 John：

（39）a. John$_i$　wanted〔PRO$_i$ to win the race〕（＝30 各句）

　　　b. John$_i$　tried〔PRO$_i$ to win the race〕

　　　c. John$_i$　promised〔PRO$_i$ to win the race〕

我们在 John 和 PRO 的右下方各标上一个小符号"i"，作为 John 和 PRO 的代号（index），代号相同则表示这两个词在现实世界指的是同一人。

但是隐主语也可以指主要子句中的宾语：

(40) a. John$_i$ persuaded Mary$_j$ 〔PRO$_t$ to read the book〕

约翰说服玛丽看那本书。

b. John$_i$ ordered Bill$_j$ 〔PRO$_j$ to enter the race〕

约翰命令比尔参加比赛。

c. John$_i$ asked Mary$_j$ 〔PRO$_j$ to leave quietly〕

约翰叫玛丽安静离去。

（39）和（40）的对比似乎显示了一个隐主语诠释的原则，那就是隐主语在句中要找一个先行词（antecedent，或先行语），隐主语在现实世界中所指称的对象完全由这个先行词决定。而且选择先行词不是任意的，隐主语在（39）和（40）两组例句中都只选择了一个先行词，而且是离隐主语最近的名词。这个原则可以简述如下：

（41）**最近距离原则**：（Minimal Distance Principle）

隐主语选择离它最近的名词作先行词。

这里有一点要特别说明，那就是先行词必须是统制隐主语的名词组。因此我们在找够资格的先行词时得从隐主语往结构树的上方找。（41）解释了为什么隐主语在（39）中指的是主要子句的主语，而在（40）中则指的是主要子句的宾语。最近距离原则似乎也能解释下列各句：

（42）a. John$_i$ saw Mary$_j$ 〔PRO$_j$ crossing the street〕

约翰看见玛丽过街。

b. John$_i$ saw Mary$_j$ 〔PRO$_i$ crossing the street〕

约翰过街的时候看见了玛丽。

c. *〔PRO$_i$ crossing the street〕 John$_i$ saw Mary$_j$

玛丽过街的时候，约翰看见了玛丽。

d. 〔PRO$_i$ crossing the street〕 John$_i$ saw Mary$_j$

（约翰）过街的，约翰看见了玛丽。

（42a）和（42b）两句念起来一样，但（42a）指 John 看见 Mary

过街而（42b）则是 John 在过街的时候看到 Mary，这两个句子
应该有不同的结构：（不相关细节省略）

（42a）

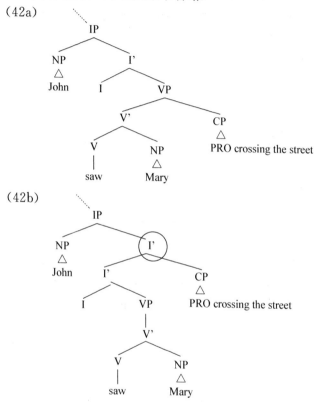

（42b）

在（42a）的结构中，NP Mary 统制 CP 中的隐主语 PRO，John
也统制隐主语，所以两人都有资格当先行词，Mary 离隐主语较
近所以隐主语指 Mary，过街的人是 Mary。在（42b）中动名词
子句加接于屈折词中节 I'，现在 Mary 不能统制隐主语（Mary
的第一个支配它的词组是 VP，VP 不支配 CP，所以 Mary 不能
统制 CP 中任何一节），唯一够资格当先行词的是 John，因为
John 还是统制隐主语，所以句子中过街的人是 John。

　　有趣的是当动名词子句〔PRO crossing the street〕出现在句首的时候，句子只能有一种解释了，那就是过街的人必须指 John 而非 Mary。这也是受最近距离原则的影响，假设我们加接动名词子句到句首：（不相关细节省略）

　　（42d）

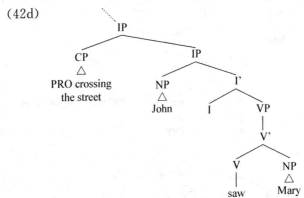

IP 虽然加出一节（这一点我们在本书无法多作介绍），但仍与原 IP 属于同一个词组，也就是说 John 在上图结构中仍然统制 PRO，成为隐主语的先行词。Mary 远远在下，不能统制 PRO，因此不能当 PRO 的先行词。

　　隐主语在有些句子里找不到任何合格的先行词，例如下列各句：

　　（43）a. It is fun〔PRO to play baseball〕打棒球很有意思。

　　　　　b.〔PRO flying planes〕can be dangerous 驾驶飞机可能很危险。

在（43）句中隐主语没有先行词，句子的诠释因而有所不同，这里的隐主语可以任意指你、我，或一般人。这种特殊的诠释叫做任指的隐主语（arbitrary PRO，也记成 PROarb）。

　　最近距离原则在下例中受到考验：

　　（44）a. John$_i$ promised Bill$_j$〔PRO$_i$ to go〕

　　约翰答应了比尔他（＝约翰）会去。

　　b. John; promised〔Bill; to go〕

　　　约翰答应了比尔会去。

　　（44）是个引起英语人士争论的句子，有些人认为（44a）是唯一的诠释，对这些人来说最近距离原则做了恰恰相反的预测；有些人则认为同样的句子应该诠释成 John 答应了 Bill 会去，对这些人来说（44b）才是正确的结构，虽然 Bill 是不定词子句的主语，但可以从动词处得到例外格（受格），句中根本没有隐主语。这个问题我们不在本书深入讨论，但要知道对于得到（44a）这种诠释的人，最近距离原则有待修改。

　　研究隐主语诠释问题的理论叫做**控制理论**（Control Theory）。在管约语法中有一套独立的术语，我们不一定要用这些术语来描述隐主语，但还是需要知道一下：所有含隐主语 PRO 的结构都叫控制结构（control construction），隐主语的先行词称为控制语（controller），在（39）中主要子句的主语 John 控制（control）隐主语，这种句型称为主语控制结构（subject control construction）。在（40）中主要子句的宾语控制隐主语，这种句型称为宾语控制结构（object control construction）。

　　控制理论里需要一项最近距离原则，用来决定控制语（亦即先行词），若句中有控制语则隐主语必须受其控制；所谓控制也就是先行词与隐主语代号相同，指的是同一个人。若句中全无控制语则隐主语得到任指的诠释（arbitrary interpretation）。

第六节　可隐代词

　　前几节介绍了一般的主语、CP 当主语、虚主语 it 和隐主语 PRO，我们在这一节要再介绍另一类可以当主语的词，称为可隐代词 pro，用小写英文字母，以别于隐主语 PRO。（pro，一译

小代号，零代词）

回忆本章例（33）与（34）：

（33）甲：你喜欢京剧吗？

乙：喜欢。

（34）乙：（我）喜欢（京剧）。

在汉语里我们常常在上下文意清楚的情况下省略主语或宾语，例如（33）中乙的回答。但（33）的回答只能有一种解释，那就是（34）。主语必须是"我"，宾语必须是"京剧"，毫无转圈的余地。换句话说，（33）的回答虽然只听得见动词，但动词的两个论元很明显地存在。根据论旨关系原则，我们建议用可隐代词pro 来代替这两个省略掉的论元：

（45）a. pro$_i$ 喜欢 pro$_j$

b. 我喜欢京剧。

pro$_i$ 等于"我"，pro$_j$ 等于京剧。记得上一节我们介绍了只能出现在不定词子句主语位置的隐主语 PRO，既然（45a）的两个论元也是隐形的，我们为什么需要再另外假设出一个可隐代词 pro 呢？原因非常简单，隐主语和可隐代词除了都听不见而且都是带有论旨角色的论元之外，句法上的功能几乎完全不同。

我们学过隐主语的一些性质：它不能有格，只能受功能词的管辖，而且只能出现在无时态子句（IP）的主语位置。更重要的是因为隐主语无法通过格的检验，所以永远不能念出声。可隐代词 pro 则是一个货真价实的代名词，具有代名词所有的句法特性：它有格，能受非功能词的管辖，可以出现在有时态句中主语或宾语的位置，或无时态句中的宾语位置；最重要的是因为可隐代词可以通过格的检验，它随时可以还原成代名词或该代名词所指的名词。本书称之为可隐代词，目的在彰显其可隐可视的本质并与隐主语之"必隐"作一对比。

汉语、日语、韩语等东亚语言中常使用可隐代词，因此在句中常听不到主语或宾语。句法学上称这类语言为空代词或代词省略（pro-drop，或直译为代词删除）语言。允许主语用可隐代词pro 的语言称为空主语（null subject，或零主词）语言，允许宾语用可隐代词的语言称为空宾语（null object，或零受词）语言。要特别注意的是此处所谓空代词、空主语或空宾语的空字指的是语音上的空，字虽然听不见，在句法上这些代名词是存在的。代词删除一词引人误解现在已不大用了。

　　印欧语系对可隐代词的使用限制是极其严格的，这一点说汉语的读者必须了解。例如英语，即使上下文意再清楚，也绝不允许可隐代词。因此在英语中绝对不可能出现空主语或空宾语的情况：

（46）A:　　Do you like baseball?

　　　　　　你喜欢棒球吗？

　　　　B:a.　* Yes, pro like pro.

　　　　　　b.　* Yes, I like pro.

　　　　　　c.　* Yes, pro like it.

　　　　　　d.　　Yes, I like it.

意大利语允许可隐代词出现在主语的位置：

（47）a. io parlo＝pro parlo　　　　　"I speak"我说

　　　　b. tu parli＝pro parli　　　　　"you speak"你说

　　　　c. lei parla＝pro parla　　　　　"he speak"他说

　　　　d. noi parliamo＝pro parliamo　　"we speak"我们说

　　　　e. voi parlate＝pro parlate　　　"you speak"你们说

　　　　f. essi parlano＝pro parlano　　　"they speak"他们说

（47）的资料显示意大利语的主语可以不念，由可隐代词 pro 取代。我们再看看西班牙语和法语：前者允许空主语但后者则否。

（48）西班牙语

　　　　yo hablo＝pro hablo 我说

　　　　　　tu hablas＝pro hablas 你说

　　　　　　él habla＝pro habla 他说

　　　　　　nosotros hablamos＝pro hablamos 我们说

　　　　　　vosotros habláis＝pro habláis 你们说

　　　　　　ellos hablan＝pro hablan 他们说

　　(49) 法语

　　　　　je parle　　　　　 ＊ pro parle 我说

　　　　　tu parles　　　　 ＊ pro parles 你说

　　　　　il parle　　　　　 ＊ pro parle 他说

　　　　　nous parlons　　 ＊ pro parlons 我们说

　　　　　vous parlez　　　 ＊ pro parlez 你们说

　　　　　ils parlent　　　 ＊ pro parlent 他们说

拿英、法、西、意四种语言来比较，为什么西班牙语和意大利语允许空主语而英语、法语不允许呢？语言学者一般认为可还原性（recoverability）的大小是一项极重要的因素。若是动词语尾的变化能提供足够的资料（亦即"一致"agreement），让听者可以不必借助于上下文便能知道那隐而不现的代名词属于第几人称单复数，这种语言便有允许空主语存在的先决条件。西班牙语和意大利语的动词语尾变化的确能分出六种人称单复数，因此够资格允许可隐代词 pro 作主语。法语的资料需要稍为说明一下，尽管在书写上几乎每个人称都不一样但在发音上第一、二、三人称单数及第三人称复数有时是无法区分的，在这一点上与英语颇为相似，因此英语、法语不允许可隐代词当主语。一般来说，屈折词变化完整繁复者比较能属于空主语类型（Null subject parameter）语言。屈折词变化残缺简省者便不容许空主语。当然，这个分法不适用于东亚诸语，东亚诸语虽不富于屈折词变化，但常利用上下文来决定可隐代词的指称，其对"可还原性"的概念与印欧语言不同。

　　汉语不但允许可隐代词出现在主语位置也允许其出现在宾语位置。但我们要知道可隐代词能出现在主语位置并不表示它也可以顺理成章地出现在宾语位置。换句话说，空主语类型的语言并不一定便允许空宾语。这无宁是个非常自然的现象，因为空主语可以由动词语尾变化而还原，但空宾语在句中往往不留任何线索，因此空宾语的可还原性等于零。例如西班牙语允许空主语但绝不允许空宾语：

（50）A:　　　?pro viste a Juan?"（你）看到 Juan 了吗？"

　　　　B:a. * Sí, pro vi pro. "看到了。"

　　　　　b.　Sí pro lo vi. "看到他了。"

（50）中 B 的答案清楚地显示了可隐代词不能出现在宾语位置。也可以说宾语位置不允许可隐代词 pro 出现。汉语原来就不利用屈折语变化的资料，而是利用上下文意来作为还原可隐代词的凭借，所以对待空主语与空宾语一般无二。罗曼语的另一支葡萄牙语在这方面却与汉语相似，（51）与西班牙语成一强烈对比。

（51）A：Você viu o João? "你看到若望了吗？"

　　　　B：pro vi pro. "看到了。"

可隐代词 pro 出现在空主语类型的语言几乎是完全任意的，但是对出现在宾语位置却有一些限制。本书无意在此深入讨论，但以下的资料能代表可隐代词当宾语时的"古怪"特性，值得读者探索思考。

　　葡语和汉语都允许可隐代词 pro 出现在宾语位置：

（52）A：谁看见了张三?

　　　　B：张三ᵢ 说李四看见了 proᵢ。

（53）A：Todo mundo diz que Maria beijou Pedrlo depois do baile.

　　　　（每个人都说玛丽亚在舞会过后亲了比卓）

　　　　B：Mas eleᵢ insiste que ninguém beijou proᵢ.

（可是他ᵢ 坚称没有人亲 proᵢ）

汉语的（52）与葡语的（53）结构相同，可隐代词出现在补语子句中的宾语位置，而且可以与主要子句的主词指的是同一个人：

（54）

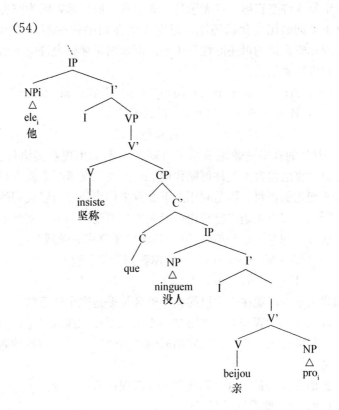

再看下例：

（55）A：Quem viu o João?

（谁看到了若望?）

B：* O Joãoᵢ disse que a Maria viu proᵢ.

（若望说玛丽亚看到了 proi）

（55）是个令人诧异的句子，在含义与结构上都与汉语的（52）
句一模一样。（52）的回答可以是张三说李四看见了他（＝张三
本人），但葡语在同一状况下却不能够用可隐代词 pro。我们画
一下（55）答句的结构：

（56）

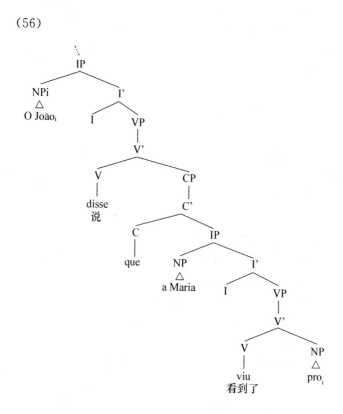

如果说葡语和汉语在相同结构下对可隐代词的要求不同让我们觉
得诧异，那比较一下（56）和（54）的结构就更会令我们大吃一
惊了。因为在同样的结构下汉语和葡语有所不同还能让人理解；
在同样的结构下（（54）与（56）结构全同），同样的语言内，

（54）完全合法而（56）绝不可能，倒是极耐人寻味。笔者提出这个问题是想借此说明可隐代词性质的复杂性。

总结本节，我们介绍了可隐代词的句法特性，强调了它与隐主语的不同。我们也讨论了空主语类型语言的一些特点；最后我们强调了空主语语言并不一定允许空宾语，还谈了空宾语的一些限制。

隐主词 PRO 和可隐代词 pro 代表了隐词类的一半，另一半隐词称为痕迹（trace，一译语迹），包括名词组痕迹与疑问词痕迹，将在第八章、第九章讨论移位时再做深入介绍。

第七节　深入思考训练

一、在谈论虚主语 it 的时候，我们强调了两点：（一）it 不是论元因此也不带论旨角色；（二）it 的存在是因为扩充的填词原则要求句子必有主语。请考虑下列句子：（摘自 Ouhalla 1994）

（1）They mentioned it to him that he was not shortlisted.
　　他们向他提到了他没入围的消息。

（2）John resents it very much that Bill is always late.
　　约翰对比尔经常迟到感到很生气。

（3）Bill would hate it for John to resign.
　　要是约翰辞职，比尔会很生气。

（4）They demand it of all students that they attend regularly.
　　他们向所有的学生提出要求，规定他们必须出席。

〔问题〕

1. 上面这四个例子对我们分析虚主语 it 得的结论造成威胁，为什么？

2. 从论旨关系准则来看这些例句，它们对理论造成什么问题？

3. 考虑句中 it 和 that 子句的关系，建议一个修改论旨理论关系的方案。

4. 回忆我们测试虚主语 it 和代名词 it 不同处的方法，请设计一套测试虚主语 it 和本题中 it 不同处的方法。

二、主语这个名称并不只限于句子的主语，下面例句方括号内的名词组也可以称为主语：

(1) I consider 〔John intelligent〕. 我认为约翰聪明。

(2) I find 〔John above average〕. 我发现约翰（程度/表现）中上。

(3) I con head sider 〔John head of the group〕. 我认为约翰是这群人里带头的。

因为方括号中有主语 John，我们称之为小句 (small clause)，(1) 是形容词小句，(2) 是介词小句，(3) 是名词小句。依照中节理论，指示语位置通常留给主语，但下列句中出现了一些副词或名词：

(4) I consider 〔John very intelligent〕. 我认为约翰非常聪明。

(5) I find 〔John way above average〕. 我发现约翰（程度/表现）远远超过同侪。

(6) I consider 〔John my best friend〕. 我认为约翰是我最好的朋友。

〔问题〕

1. 我们在前几章讨论词组结构规则时，把程度副词和所有格名词都放在指示语位置，现在我们遭遇了什么困难？

2. 中节理论允许加节（详本章第三节），我们可以如何利用这个概念来解决问题？

3. 解释 John 在 (1) 句中如何通过格的检验。

三、从控制理论的观念来考虑下列两个汉语句子：

(1) 张三骑马骑得很累。

（2）张三把马骑得很累。

一般的诠释是（1）句指张三骑得很累，马累不累我们不知道，也不觉得重要。但是第二句的诠释变成马被骑得很累，张三怎么样我们不知道。

〔问题〕

1. 根据论旨理论，（1）与（2）句都少了一个论元，说明这个论元应该以什么形式出现在句中何处。它从何处得到论旨角色？什么论旨角色？

2. 如何以控制理论预测（1）、（2）句的诠释（即如何决定先行词）。

3. 请画树来说明 2. 的回答。汉语的"得"可以当作子句连词，其他未讨论过的结构可以 XP 代表，重要的是张三、马和句中缺少的论元三者相关位置。

四、承接上题，我们再考虑下列例句：

（3）张三打李四打得鼻青脸肿。

（4）张三打李四打得欲罢不能。

（5）张三打李四打得手都肿了。

（3）句的诠释通常是挨打的李四鼻青脸肿，（4）句的诠释则是打人的李四打得性起不肯住手。（5）句的含义要依情况而定。若是张三用巴掌打李四身体，打得用力了，张三的手都肿了；若是张三拿藤条往李四手上招呼，那便是李四的手肿了。

〔问题〕

1. （3）—（5）句能用上一题的答案解释吗？哪一句对控制理论造成困扰？

2. 根据论旨理论的要求，我们还是要在（3）—（5）句加入一个词，这个词是什么？建立一套测试方法来说明这个词比上一题假设的词更能解释问题。

3. 比较（1）句和（5）句，两者结构完全相同但前者只有一种诠释而后者有两种，我们的理论如何解释这个矛盾。

4. 把（5）换成把字句：（6）"张三把李四打得手都肿了"。歧义消失了。拿这个新句子与（2）句比较，能得出什么结论？我们的理论如何解释？

五、英语中除了虚主语 it 之外还有一个虚主语 there，请考虑下列句子：

（1）　There is a lot of noise.　吵得很。

（2）　There arrived three men.　来了三个人。

（3）　* There is three students in front of the library.　图书馆前面有三个学生。

（4）　There are three students in front of the library.　（同（3））

（5）　* There is raining.　正下雨。

（6）　* There is likey that Bill loses the election.　很可能比尔会落选。

〔问题〕

1. 比较 it 与 there，请描述两者在句中出现的情况，这个情况呈互补分布吗？

2. 考虑（2）句，请用论旨理论来讨论 arrive 这个字的论完结构，注意不是所有的不及物动词都允许这种句型，例如：
　　* There ran three men.

第七章 约束理论

第一节 名词的指称性质

假设甲乙二人都是张三的朋友,以下是二人的对话:

(1) 甲:张三今天怎么没来上课?

乙:他说今天有事儿不能来。

两句话的主语不同,一个是"张三",一个是"他"。但我们知道"张三"这个名词和"他"这个代名词指的是现实世界里同一个人,在句法学上我们称"张三"和"他"指称相同(coreferential)。甲和乙的朋友(就是今天没来上课的那位)是名词"张三"和代词"他"共同的指称对象(referent),实际上,我们不一定要用他的名字或代名词"他"来指张三这个人。请看下例:

(2) 甲:张三今天怎么没来上课?

乙:那小子今天有事儿不能来。

(2)句中的名词组"那小子"显然也指张三。换言之,不同的名词(可以是专有名词,代名词,一般名词组等)可以有相同的指称对象。本章专门讨论各种名词的指称性质,这套理论叫做约束理论(Binding Theory)。

用一句话来概括,约束理论就是说明句法结构如何限制(或影响)句中两个名词组之间的指称关系的一套原则。换言之,一个句子中的两个名词组是否能有相同的指称对象,至少有部分因素必须取决于该句的结构。这里我们要特别强调"部分因素"、因为约束理论并不试图分析超过句子范围以外与指称有关的问题，例如：

（3）甲：人呢？

乙：有事儿出去了。

（3）句中的名词组"人"在现实生活中的指称对象是谁？在句子里没有指明，但乙一听就知道这个词的指称对象是谁了。甲跟乙对谈话内容的背景有共同的理解，所以知道这个"人"指的是谁。这样的现象超过约束理论所企图解释的范围。

照理说，句子里的名词组的指称能力应该与句子的结构无关才对，因为名词组在现实世界里指谁，最多只跟语义有关，在本章我们会看到句子的结构如何限制两个名词组有相同的指称对象。

到目前为止我们还没有认真研究过名词的性质。在前一章我们区分了带有论旨角色的论元名词组和没有论旨角色的非论元虚主语 it，这是从论旨理论的角度来看的。我们现在来看看一些名词组的指称：

（4）a. The old man left on time. 那个老人准时离开了。

b. Mary left on time. 玛丽准时离开了。

c. He said the old man left on time. 他说那个老人准时离开了。

d. She said Mary left on time. 她说玛丽准时离开了。

（5）a. He left on time. 他准时离开了。

b. She left on time. 她准时离开了。

c. The old man said he left on time. 那个老人说他准时离开了。

d. Mary said she left on time. 玛丽说她准时离开了。

（6）a. * Himself left on time. 他自己准时离开了。

b. * Herself left on time. 她自己准时离开了。

  c. * Each other left on time. 彼此准时离开了。

  d. The old man saw himself in the mirror. 那个老人在镜子里看到自己。

  e. Mary saw herself in the mirror. 玛丽在镜子里看到自己。

  f. Mary and the old man saw each other in the mirror.

玛丽和那个老人在镜子里彼此看到对方。

  我们先看 the old man 和 Mary，这两个名词组称为指称性名词组（referential expression，或简写成 R-expression），我们可简称之为指称词。如果我们在说话前都认识一位老人，现在你突然说"那个老人"，不打手势也不使眼色，我一定能立刻知道你所指的对象是谁。这跟代名词不同，代名词 he/she 当然也能指现实世界里的人，但现在你突然说"他"，不用手势也不使眼色，我无法知道这个代名词到底指谁。脱离了上下文（包括手势眼色），指称词仍然能够清楚指涉，代名词便不行了。

  指称词和代名词在不同的句子里常常指同一个人，例如（1）中的"张三"和"他"。但当二者出现在同一个句子时，情形却发生了有趣的变化，请考虑（4c）与（4d）：

  （4）c. He said the old man left on time. 他说那个老人准时离开了。

   d. She said Mary left on time. 她说玛丽准时离开了。

  现在，不管我们认识不认识那个老人，也不管你打什么手势使什么眼色，一听到这两个句子，我就立刻判断出说"老人准时走了"的这个人（就是（4c）中主要子句的主语"他"）不可能是那个老人本身。也就是说 the old man 和代名词 he 绝不能有相同的指称对象。我们也称这种情况为指称相异（disjoint reference）。同样的，（4d）中的 she 和 Mary 的指称对象也必须相异，这里要特别注意，即使我不认识 the old man 和 Mary，我也能从（4c）和（4d）两句的字面知道这两个词必与代名词 he 和 she 指称相异，这个判断与上下文无关，纯然得自该句的结构。

我们在讨论隐主语 PRO 的时候曾用代号 i，j 等来标明隐主语的指称对象，我们将在本章继续使用这种代号。（4c，d）两句的指称资料可以表示成：

（4）c. He$_i$ said 〔the old man〕$_j$ left on time.

d. She$_i$ said Mary$_j$ left on time.

以上的记号表示 he 跟 the old man 指称相异，she 也跟 Mary 指称相异，要表示（4c，d）两句中名词组与代名词不能有相同的指称对象，我们可以用星号 * 表示：

（4）c. * He$_i$ said 〔the old man〕$_i$ left on time.

d. * She$_i$ said Mary$_i$ left on time.

上例的代号表示两句中的名词组和代名词指称相同，但这是不可能的，所以句前加上星号表示这是不正确的诠释。指称的异同也可以写在同一句中，更周全而且简便地提供所有的指称可能：

（4）c. He$_i$ said 〔the old man〕$_{*i/j}$ left on time.

d. She$_i$ said Mary$_{*i/j}$ left on time.

方才说过（4c，d）有这样的指称限制，完全是句法结构的关系。我们的第一个直觉反应是 the old man 不能跟句子前面已经出现过的代名词指同一个人。但下面的例句说明了这种直觉不完全正确。

（7）a. His$_i$ wife loved 〔the old man〕$_i$. （字面：他的妻子爱那个老人。含义：那个老人的妻子爱他）

b. Her$_i$ mother nags Mary$_i$ all the time. （字面：她的母亲老跟玛丽唠叨。含义：玛丽的母亲老跟她唠叨）

（7a）中的代名词（以所有格形式出现）可以与 the old man 指同一个人。显然，仅用词出现的前后次序不足以说明问题。（7b）

显示了同样的现象。

我们画一下（4c）的结构，拿来跟（7a）比较一下：

(4c) He said the old man left on time.

他说那个老人准时离开了。

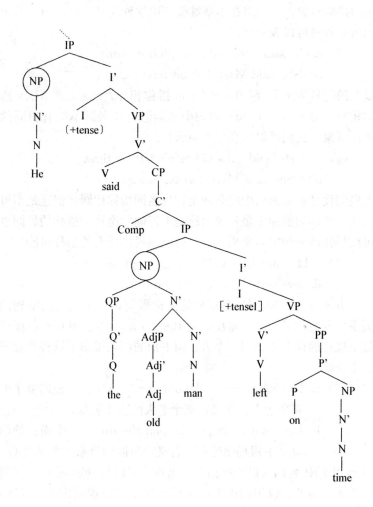

（7a）His wife loved the old man.

他的妻子爱那个老人（字面）。

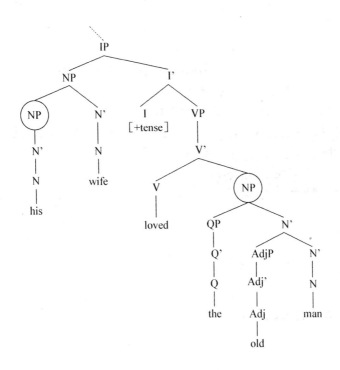

我们需要注意句中两个名词组的相对关系。在（4c）中代名词 he 所属的 NP 居于主要子句主语的位置，统制 I' 中节及其下所有的节，自然也包括了句中的另一个名词组 NP the old man。在（7a）中，代名词 his 居于主要子句的主语 NP 内的指示语位置，因此 his 只统制主语 NP 右枝 N' 以下的节，不能统制 I' 中节，也就不统制 I' 中节以下所属的 NP the old man。

（4c）与（7a）两句结构上的差异造成了 the old man 指称性质的不同。

在（4c）中，代名词 he 统制 the old man 造成二者指称必须相异，去掉在（7a）中，代名词 his 不统制 the old man，所以后者的指称性质不受影响，可以与 his 指同一个人。我们似乎可以单用统制这种关系就能描述这个事实：

（8）甲、乙二节均为名词组论元，若甲节统制乙节，则乙节必与甲节指称相异。

（8）的叙述成功地掌握了英语句（4c）与（7a）的指称性质。但是说汉语的读者可能会对（7）句的诠释感到诧异，因为结构完全相同的汉语句子显示了不同的结果：

（9）他的母亲很爱张三。

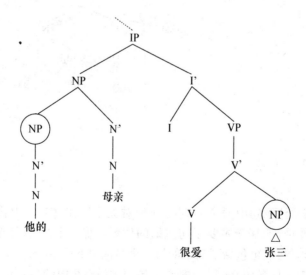

（9）句与（7）句的结构相同，"他（的）"居于主语 NP（词首为母亲）的指示语位置，不能统制宾语 NP 张三，因此并不受

（8）的限制，照理说，"他（的）"与"张三"应该可以指同一个人，但说汉语的人都知道这种诠释是不可能的。我们会在第七节专门讨论英语与汉语在这方面的差异。我们暂时先把研究对象放在较能代表整个印欧语的英语上。

第二节　代名词的指称性质

现在我们看看例（5）中各句：

（5）a.　He left on time.　他准时离开了。

　　　b.　She left on time.　她准时离开了。

　　　c.　The old man said he left on time.　那个老人说他准时离开了。

　　　d.　Mary said she left on time.　玛丽说她准时离开了。

在（5a）和（5b）中，主语并不是指称词，而是代名词（pronoun, pronominal）。在谈话的上下文（包括手势眼色）帮助之下，我们通常可以理解代名词的指称对象是谁。

再看看（5c）和（5d），补语 CP 中的主语代名词 he 和 she 可以指主要子句的主语 the old man 和 Mary，但也可以指别人，我们可以用代号来标明。

（5）c.　〔The old man〕$_i$ said he$_{i/j}$ left on time.

　　　d.　Mary$_i$ said she$_{i/j}$ left on time.

（5c）的结构如下：（见下页）

(5) c.

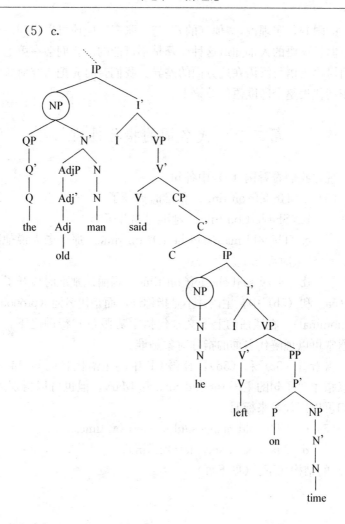

在下图结构中，主要子句的主语 the old man 统制补语子句的主语 he，但是 he 与 the old man 的指称对象可以（但不一定要）相同。（5d）的情形完全相同：

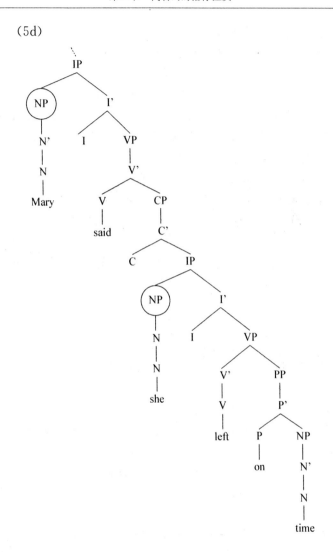

（5d）

补语子句中的 she 虽受 Mary 的统制但仍然可以（但不一定）与
Mary 有相同的指称对象，显然我们方才在（8）中叙述的规则不适用于代名词，我们应该将（8）修改如下：

(10) 甲、乙二节均为名词组论元，若甲节统制乙节而乙节
为指称词，则乙节必与甲节指称相异。

(10) 成功地描述了例（4）各句的诠释，而且也容许了例（5）
各句的诠释，所以是一项进步。现在我们知道了在某些场合下指
称词受到限制而代名词不受影响。那么代名词在哪种情况下会受
到影响呢？请看下例：

(11) a. Mary saw her. 玛丽看到了她。

b. The old man hit him. 那个老人打了他。

代名词 her 与 Mary 出现在同一子句中，这时候 her 的指称性质
受到影响了，不管 Mary 指的是谁，同句中的 her 不能再指同一
个人了，也就是说 her 与 Mary 必须指称相异。（11b）句中 him
与 the old man 的指称关系与（11a）相同，我们可以用代号
表示：

(11) a. Mary$_i$ saw her$_{*i/j}$.

b. 〔The old man〕$_i$ hit him$_{*i/j}$.

我们可能会猜想是不是因为 Mary 和 her 出现在同一个子句中，
所以 her 不能指 Mary。在（5b）中，代名词 she 与 Mary 出现在
不同子句当中所以不受 Mary 管。除了"同一子句"这个因素以
外，我们还想知道统制关系对代名词的指称性质有无影响。请看
下例：

(12) a. Mary's$_i$ mother$_j$ saw her$_i$. 玛丽的母亲看到了她。

b. 〔The old man's〕$_i$ wife$_j$ saw him$_i$. 那个老人的妻子
看到了他。

在（12）中，代名词 her 与 him 可以与 Mary、the old man 指同
一个人，跟（11）句的限制成了对比。（11a）与（12a）的结构
简示如下：

(11a)

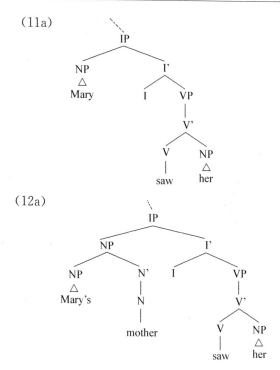

(12a)

显然统制关系在此又扮演了决定性的角色：代名词在某一范围内
受统制它的 Mary 限制，例如（11a）；在同一范围内若 Mary 不
统制 her，则不会影响 her 的指称性质，例如（12a）。这里说的
"范围"是一个很笼统的概念，我们要讨论一下：我们可以说指
称词的指称能力比代名词受到的约束要大，能约束指称词的范围
是整个句子，在这个范围内任何一个统制节（当然，必须是论
元）都能限制该指称词的指称性质。代名词则不然，能约束代名
词的范围只是该代名词所处的子句，而不是整个句子。约束一个
名词指称性质的范围称为约束范围（Binding Category，一译约
束语域），代名词的约束范围和指称词的约束范围可能不一样，
这个概念很重要。

我们在前一章讨论控制理论的时候曾提过与隐主语指称相同的词叫做先行词（antecedent），我们在这里可以用相同的称呼来指与代名词指称相同又出现在前的词。现在，我们可以归纳代名词的指称性质如下：

（13）代名词在其约束范围内不得有统制它的先行词。

根据（13）的叙述，唯一能限制代名词指称性质的词是同一子句中统制该代名词的词，例如 Mary saw her 中的 Mary。虽在同一子句却不统制代名词的词不影响该代名词的指称，例如（12a）的 Mary。同理，虽统制代名词却在其约束范围以外的词也不影响该代名词的指称，例如（5c，d）。

第三节 后应词的指称性质

现在我们看看名词组的最后一大类：后应词（anaphor，anaphora，一译照应词）。后应词又分两小类，一类称反身代词（reflexive pronoun），例如汉语的"自己"，也可简称为反身词；另一类称相互代词（reciprocal pronoun），例如英语的 each other，也可简称为相互词。请看例（6）：

（6）a. * Himself left on time. 他自己准时离开了。

　　b. * Herself left on time. 她自己准时离开了。

　　c. * Each other left on time. 彼此准时离开了。

　　d. The old man saw himself in the mirror. 那个老人在镜子里看到自己。

　　e. Mary saw herself in the mirror. 玛丽在镜子里看到自己。

　　f. Mary and the old man saw each other in the mirror.
　　玛丽和那个老人在镜子里彼此看到对方。

例（6）各句均含后应词。（6a）、（6b）、（6c）三句不合语法因为后应词 himself、herself 及 each other 都没有先行词；（6d）、（6e）、（6f）三句合语法因为后应词在各句都找到了先行词，也就是"必有先行，方得后应"。

总结名词的类别我们可以分成下列三类：（一）指称词在句中不能有先行词，因为整个句子为其约束范围。（二）代名词在约束范围以内不得有先行词。（三）后应词必须有先行词。

（6d）、（6e）、（6f）三句只有一种诠释，那就是后应词与主语指称相同：

(6) d. 〔The old man〕$_i$ saw himself$_{i/*j}$ in the mirror.

e. Mary$_i$ saw herself$_{i/*j}$ in the mirror.

f. 〔Mary and the old man〕$_i$ saw each other$_i$ in the mirror.

我们看看（6e）的结构：（无关细节省略）

(6) e.

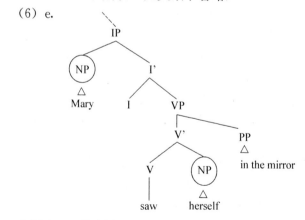

主语 Mary 统制宾语 herself。若 Mary 不统制宾语，情况如何呢？请看下例：

(14) a. *〔Mary's$_i$ father〕$_j$ nags herself$_i$. 玛丽的父亲常跟她自己唠叨。

b. *〔John's mother〕$_j$ saw himself$_i$. 约翰的母亲看到了

　　　　　　　他自己。

(14a) 的结构，显示 Mary 不统制宾语 herself：

　　(14) a.

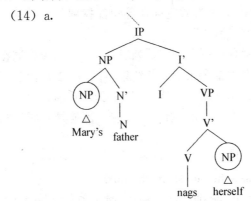

(14a，b) 都是病句，这个事实说明两点：第一，后应词选择先行词的时候，必须找个统制它的先行词，在（14a）中，Mary 虽然出现在句首，但由于 Mary 不统制 herself，herself 不能找 Mary 当先行词。从先行词 Mary 的角度来看，Mary 只能找受它统制的后应词，herself 不受 Mary 统制，所以 Mary 不能充当 herself 的先行词。第二，先行词与后应词既然指称相同，便应在人称性别及单复数等属性上一致。我们再看看（14a），Mary 不能统制 herself 因而无法当 herself 的先行词。主语 Mary's father（玛丽的父亲）这个名词组统制 herself，但也不能当 herself 的先行词，原因不是它在句子中所处的位置，而是 Mary's father 与 herself 性别不同。我们可以称这点为属性一致条件：（Matching Condition)

　　（15）属性一致条件：先行词与后应词属性（包括人称、性
　　　　　别、单复数）必须一致。

(14b) 之所以不合语法也是因为违反了属性一致条件。（14a）中 Mary 与 herself 虽然属性一致了，但 Mary 不居于统制 herself 的位置所以还是不能当 herself 的先行词。这说明了对后应词而言，

属性一致与统制这两个条件缺一不可。

（6）和（14）中的资料说明了后应词必须要有统制它的先行词，但后应词是否像代名词一样也对"约束范围"敏感呢？我们看看下例：

(16) a. * John said Mary saw himself. 约翰说玛丽看到了他自己。

b. * Mary said John saw herself. 玛丽说约翰看到了她自己。

c. * Mary and John said Bill saw each other. 玛丽和约翰说比尔看到了彼此。

（16a）的结构如下：

（16a）

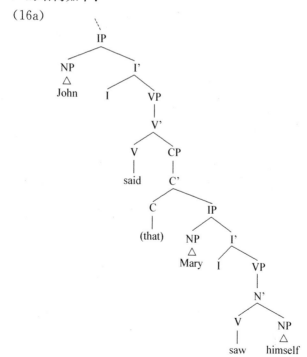

补语子句的主语 Mary 统制 himself 但不能当 himself 的先行词，因为两者属性不一致。主要子句的主语 John 呢？John 统制 himself，两者属性也合，但 John 也不能当 himself 的先行词。这是我们原先没考虑的"范围"问题。回忆一下代名词的指称性质，它的约束范围是它所处的子句，在（16a）中后应词 himself 似乎也在同样的约束范围中寻找先行词。himself 的约束范围是补语子句，在补语子句中 Mary 属性不合，属性合的 John 又不在约束范围之内，所以 himself 没有先行词，使（16a）成为病句。

再回忆一下指称词的性质，我们曾提过指称词的约束范围是整个句子，与代名词和后应词不同。因此在归纳指称词的指称性质时，我们甚至可以不必说明它的约束范围，因为这个范围一定等于整个句子。

总结以上的讨论，我们依名词组指称性质的不同，可以把名词分为指称词、代名词及后应词三类。其指称性质可归结如下：

（17）（i）后应词在约束范围内必须有先行词。

　　　（ii）代名词在约束范围内不得有先行词。

　　　（iii）指称词不得有先行词。

（17）中的叙述基本上是正确的，但还需要再经过严密的定义及测试，这是下一节的工作。在结束本节前，我们要记得一件事，那就是名词的指称性质，在直觉上似乎完全是个语义的问题，但现在我们知道句法结构对指称也有直接的影响。

第四节   约束理论三原则

在上一节的讨论中，我们曾非正式的用了约束范围这个词来描述代名词与后应词指称性质受到影响的范围。这一节将正式介绍约束（Binding）这个概念。

上节（17）的叙述加上属性一致条件（15）能够正确地预测

下列各句的诠释：

(18) a.　John$_i$ saw himself$_{i/*j}$约翰看见他自己。

b.　* John$_i$ said 〔IP Mary$_j$ saw himself$_i$〕约翰说玛丽看见他自己。

c.　John$_i$ said 〔IP Mary$_j$ saw herself$_j$〕约翰说玛丽看见她自己。

(19) a.　He$_i$ left 他离开了。

b.　John$_i$ saw him$_{*i/j}$约翰看见了他。

c.　John$_i$ said 〔IP Bill$_j$ saw him$_{i/*j}$〕约翰说比尔看见了他。

(20) a.　John$_i$ left 约翰离开了。

b.　He$_i$ saw John$_{*i/j}$他看见了约翰。

c.　〔IP He$_i$ said 〔IP Bill$_j$ saw John$_{*i/*j/k}$〕〕他说比尔看见了约翰。

中括号 IP 标明了上例几个复杂句中名词组的约束范围。注意 (20c) 中 John 的约束范围是整个句子。

我们知道先行词和后应词指称相同而且先行词必须统制后应词，这样一个特殊的关系我们称之为约束（Binding），定义如下：

(21) **约束：**

甲、乙二节均为名词组论元，若甲节统制乙节且两者指称相同，则甲节约束乙节。

假设我们有下列结构：（大写英文字母均代表词组）

(22)

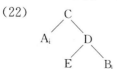

在（22）中 A 并不约束 B，因为虽然 A 统制 B 但 A 和 B 的代号并不相同，因而指称相异，不符合（21）约束的定义。

再看（23）：

（23）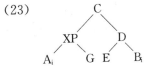

在（23）中 A 还是不约束 B，虽然 A 和 B 指称相同，但因为 A 不统制 B（A 头顶上的 XP 不支配 B），所以也不符合约束的定义，再看（24）：

（24）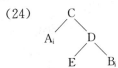

在（24）中，A 约束 B，因为 A 和 B 指称相同且 A 统制 B。注意在（24）中 B 不统制 A，所以尽管 B 与 A 指称相同，我们也不说 B 约束 A。所以约束的关系是单方向的，A 约束（bind）B 则 B 受 A 约束（bound）。名词组的代号代表它的指称对象，所以有时我们也把指称相同的两个名词称作"代号相同"（coindexed）。严格来说，每一个名词组都应该有一个代号（来指称现实世界的事物），可称为代号规则（indexing rule）：

（25）代号规则：每一个名词组都有一个代号。

我们可以把约束视为一个简便的称呼，说 A 约束 B 就等于说 A 和 B 指称相同且 A 统制 B。一个没有先行词来统制它的名词组则不受约束，或称为自由（free）的名词组，但这也只是简便的称呼，不必当作专有名词记诵。

我们现在来看一下约束范围的问题，上一节的资料（详（16）的讨论）显示后应词所处的子句便是它的约束范围，该后应词必须在约束范围内受到约束。请看下例：

（26）a. John$_i$ saw a picture of himself$_i$.　约翰看到了他自己的相片。

    b.　* John$_i$ saw Mary's picture of himself$_j$.　约翰看到了
　　　玛丽给他自己拍的相片。

    c.　John$_i$ saw Bill's$_j$ pictune of himself $_{* i/j}$.　约翰看到了
　　　比尔给他自己拍的相片。

英语人士的一般直觉是（26a）的 himself 可以找句子的主语
John 为先行词，但（26b）中因为 Mary 的出现，主语 John 突然
不能再作为 himself 的先行词了。而在（26c）中，John 和 Bill
虽处于同一子句，只有 Bill 能当 himself 的先行词。我们画出结
构树来比较一下：

    （26）a.

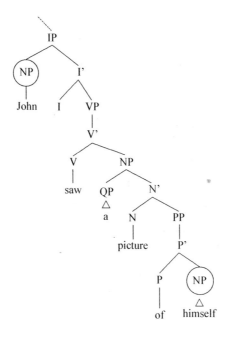

（26）b. c

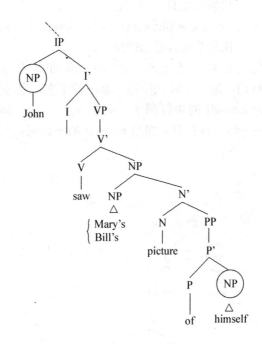

值得注意的是（26a）与（26b，c）都是只含有一个子句（IP）的单纯句子，按照上一节的说法两句的约束范围对 himself 而言应该是一样的，但现在我们知道事实并不如此。

（26）的两个结构树中有一个明显的差别，（26a）的宾语 NP 是 a picture of himself，在指示语位置有一个量化词组 QP，（26b，c）两句的宾语 NP 是 Mary's（或 Bill's）picture of himself，指示语的位置是另一个 NP Mary's（或 Bill's），而不是 QP。回忆一下我们在第六章如何用中节理论来定义主语：XP 的主语是受 XP 最近支配的名词组（出现在 XP 的指示语位置），一个子句的主语是受 IP 最近支配的 NP 为其指示语，那么 NP 若最近支配另一 NP，则受支配的 NP 即为其主语。例如：

(27) a.

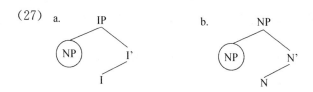

b.

在（27）中居于 IP 或 NP 指示语位置的 NP（圈示者），即是该 IP 及 NP 的主语。

看看（26b，c）的诠释，我们立刻察觉因为 Mary's 和 Bill's 的出现，后应词 himself 的约束范围缩小了。在（26b）中，himself 只能在宾语 NP〔Mary's picture of himself〕中寻找先行词，Mary 与 himself 属性不合不能当 himself 的先行词，所以该句成为病句；相反地，（26c）的〔Bill's picture of himself〕中 Bill 可以约束 himself 所以该句合乎语法。值得注意的是原先在（26a）中的先行词 John 到了（26b，c）中因为居于约束范围以外，所以不能当 himself 的先行词。

将（26）的证据与（16）的证据合起来，我们可以大胆假设两者对约束范围的共同要求是：主语。因此，后应词的指称性质可以用下列叙述来规范：

(28) 后应词必须在第一个包含本身及一个主语的词组内受约束。

（28）可以解释（16）及（26）的资料，在（16）中 IP 是第一个包含主语及后应词的词组，因此成为该后应词的约束范围。（26a）与（16）相同，himself 的约束范围也是主要子句 IP。(26b，c) 中第一个包含主语及 himself 的词组是宾语 NP，因此（26a）与（26b，c）的结构虽然相似，但从约束理论的角度来看却大不相同。

　　我们先拿例外格的结构（详第五章例（31）的讨论）来测试一下（28）是否周全。例外格的情形是不定词子句的主语受主要子句动词的管辖而得到受格，因而满足格的检验。请看下例：

　　（29）a. John believes 〔IP Bill to be king of Samoa〕约翰相信比尔是萨摩亚的国王。

　　　　　b. John believes 〔IP Bill to be the best student in the class〕约翰相信比尔是班上最好的学生。

Bill 在（29）中处于补语子句 IP 的主语位置，无时态的屈折词 I 不能给 Bill 主格，但因为动词 believes 管辖 Bill 所以可以让 Bill 得到受格。用后应词 himself 来取代 Bill 会发生什么情况呢？

　　（30）a. John_i believes 〔IP himself_i to be the king of Samoa〕约翰相信他自己是萨摩亚的国王。

　　　　　b. John_i considers 〔IP himself_i to be the best student in class〕约翰相信他自己是班上最好的学生。

按照（28）的定义，himself 的约束范围是第一个含有后应词本身及主语的词组，在（30）中，补语子句 IP 含有 himself，也含有一个主语（也是 himself），所以应该算做 himself 的约束范围，himself 必须在这个范围内找到先行词，但在 IP 子句中并没有任何够资格当 himself 的名词组，所以（30）应该不合语法。但实际上，（30）中两句都合语法，himself 似乎不受第一个 IP 的限制，直接到主要子句里找到主语 John 作为其先行词，也就是说 himself 把主要子句的 IP 当作它的约束范围。

　　（30a）结构如下：

（30a）

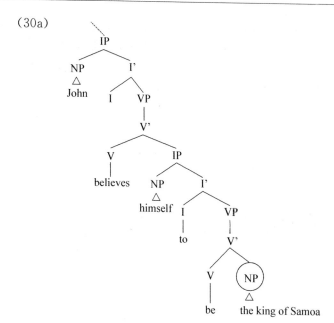

我们在写（28）这个规则的时候，显然没料到后应词自己也可能会算作主语。这个可能虽然只有在例外格结构中才存在，但我们还是需要修改一下（28），新的后应词规则如下：

（31）后应词必须在第一个包含本身及一个主语的词组中受约束。但该主语不能是后应词本身。

我们再测试一下（31）的叙述是否精确周密：

（32）a. John$_i$ believes 〔IP himself$_i$ to be in love with Mary〕约翰相信他自己爱上了玛丽。

b. * John$_i$ believes 〔IP Mary to be in love with himself$_i$〕约翰相信玛丽爱上了他自己。

在（32a）中，后应词 himself 位于补语子句 IP 内，但同时也是该子句的主语，所以补语 IP 不是 himself 的约束范围。主要子句 IP 符合（31）的描述，它包含了后应词 himself，又有一个不同于

himself 的主语 John，所以是 himself 的约束范围。himself 受 John 统制也与 John 属性相合所以受 John 约束，满足了（31）的要求。

在（32b）中，后应词 himself 处于补语 IP 的宾语位置，这个 IP 有一个不同于 himself 的主语 Mary，所以补语 IP 即是 himself 的约束范围，根据（31）的规定，himself 必须在约束范围内受约束，但因为唯一可能的先行词 Mary 与 himself 属性不合，所以（32b）成为病句，在约束范围外的 John 帮不上忙。

（31）的叙述能解释（32）中两句，所以比（28）更周全些，但我们再看看下面两个例子：

(33) a.　John_i believes 〔IP himself_i to be in love with Mary〕约翰相信他自己爱上了玛丽。

　　　b.　* John_i believes 〔CP〕〔IP himself_i is in love with Mary〕（同（33a））

（33a）没有问题，跟（32a）完全一样。（33b）则大有问题，需要讨论一下。我们先按照（31）的规定来决定（33b）中 himself 的约束范围。补语 IP 含有后应词 himself，IP 中唯一的主语就是 himself 本身，所以补语 IP 不能算做后应词的约束范围，要往上找到包含另一个主语的词组，那就是主要子句 IP（包含了 John）。在约束范围内 himself 照理说应该可以受 John 的约束，但事实显示了这个句子不合语法。这表示（31）的规定还需要再修改一下。

（33b）之不合语法似乎是因为 himself 不能往上找 John 作为先行词；也就是说 himself 把补语 IP 当作了约束范围。比较一下（33a）和（33b），唯一的不同就是（33b）是有时态的子句而（33a）是不定词子句。我们假设有时态的子句必须视为句中后应词的约束范围，不论该后应词处于句中什么位置。按照这个假设，（33b）不合语法的原因就很明显了。至此，我们可以正式定义约束范围（Binding Category）如下：

（34）**约束范围**：甲节为名词组乙节的约束范围，若甲节为

第一个包含乙节的词组，且

　（一）甲节为有时态的子句 IP，或

　（二）甲节含有不同于乙节之主语。

定义"约束范围"之后，后应词的指称性质能由下列规定描述：

　（35）后应词必须在约束范围内受约束。

我们现在回头看看代名词，上一节的讨论告诉我们代名词对于约束范围也很敏感，若代名词的约束范围与后应词的约束范围完全相同，那么约束理论就简化了许多。假设代名词与后应词的约束范围相同，则代名词的指称性质可以简述如下：

　（36）代名词不得在约束范围内受约束。

当然，我们还是得小心求证。首先我们考虑简单句（37）：

　（37）a.　〔IP John$_i$ saw him$_j$〕约翰看见了他。

　　　　b. * 〔IP John$_i$ saw him$_i$〕（同（37a））

（37）其实是同一个句子，但只能有（37a）一种诠释，那就是 John 与代名词 him 指称必须相异。根据（34）对约束范围的定义，IP 含了代名词 him 及主语 John（不同于 him），因此 IP 为 him 的约束范围。（36）规定 him 不得在 IP 内受约束；在（37a）中 him 虽受 John 统制但代号不同所以合法。（37b）him 受 John 统制代号也相同，所以受 John 约束，违反了（36）的规定，成为病句。

我们再看下列两组例句：

　（38）a. * 〔IP John$_i$ saw 〔NP〕a picture of him$_i$〕约翰看见了他的相片。

　　　　b.　〔IP John$_i$ saw 〔NP〕Mary's$_j$ picture of him$_i$〕约翰看见了玛丽给他拍的照片。

　（39）a. * 〔IP Nixon$_i$ read 〔NP〕a book about him$_i$〕尼克松念了一本关于他的书。

　　　　b.　〔IP Nixon$_i$ read 〔NP〕Mary's$_j$ book about him$_i$〕尼克松念了一本玛丽写的关于他的书。

在（38a）中，代名词 him 处于宾语 NP 〔a picture of him〕之

内，这个 NP 不含主语所以算不得 him 的约束范围，主要子句 IP 包含了主语 John（不同于 him）所以是 him 的约束范围。根据（36）关于代名词指称性质的规定，him 不得在此范围内受约束，但 John 约束了 him（代号相同且 John 统制 him），所以（38a）不合语法。（38b）情况大异，因为宾语 NP 中包含了一个主语 Mary（不同于 him），所以宾语 NP〔Mary's picture of him〕即是代名词 him 的约束范围。him 在这个 NP 中不受约束（因为 Mary 与 him 属性不合）所以（38b）合语法。注意在（38b）中 John 的代号可以与 him 相同，但因为 John 位于约束范围以外，所以与（36）的规定无关，不影响句子的好坏。（39）两句的结构与（38）完全相同。

再看例外格的结构：

(40) a. ＊John$_i$ believes 〔IP him$_i$ to be the king of Samoa〕
约翰相信他是萨摩亚的国王。

b. John$_i$ believes 〔IP he$_i$ is the king of Samoa〕（与
（40a）同）

（40a）中 believe 的补语是不定词子句 IP，因为它无时态所以不符合（34）中（一）的条件，同时，它也不符合（二）的条件因为 IP 所含的主语也就是代名词 him 本身，因此 him 的约束范围必须是主要子句 IP。在这个范围内，John 约束 him，违反了（36），使（40a）成为病句。

在（40b）中，代名词 he 处于有时态的补语子句 IP 中，所以这个 IP 就是代名词 he 的约束范围，显然 he 在此子句中不受约束，所以句子合法。John 虽然约束 he，但因为 John 在约束范围以外，所以不影响句子好坏。为了慎重起见，我们最后再看看下列两句：

(41) a. ＊John$_i$ believes 〔IP him$_i$ to be in love with Mary〕
约翰相信他爱上了玛丽。

b. John$_i$ believes 〔IP Mary$_j$ to be in love with him$_i$〕
约翰相信玛丽爱上了他。

（41a）的解释与（40a）完全相同不用赘述。在（41b）中，不定词子句 IP 包含了代名词 him 及主语 Mary，所以成为 him 的约束范围。him 在该范围内不受约束所以句子合法，John 在范围外约束 him，但不影响大局。至此，我们可以确定代名词与后应词所用的约束范围是完全相同的。

最后我们再回忆一下指称词的要求，我们曾提过指称词在整个句子中都不得有统制它的先行词，用约束理论的"行话"来说就是：

（42）指称词不得受约束。约束理论的基本内容至此讨论完毕。

我们可以把关于后应词的条件（35），关于代名词的条件（36）和关于指称词的条件（42）合并在一起，称为约束理论的三原则（Principles of the Binding Theory）：

（43）**约束理论**

原则甲：后应词必须在约束范围内受约束。

原则乙：代名词不得在约束范围内受约束。

原则丙：指称词不得受约束。

甲乙丙三原则（Principles A，B&C）也可称后应词原则，代名词原则及指称词原则。

接着我们要讨论一下约束理论与语法其他部分的关联以及约束理论本身的一些问题。

第五节　　隐主语与约束理论的难题

后应词原则和代名词原则与第六章讨论过的不定词子句的结构关系密切。我们先看看下列两种不同的不定词子句：

（44）a.〔To punish Steve〕would be a mistake. 处罚史提夫将会是个错误。

　　　 b. John promised Bill〔to punish Steve〕. 约翰答应了

比尔会处罚史提夫。

（44a）中的不定词子句出现在句子里主语的位置，（44b）的不定词子句则出现在动词宾语的位置。但是（44a，b）中的两个不定词子句都没有主语，违反了两项原则：（一）扩充的填词原则规定所有的子句都必须有主语；（二）论旨关系准则规定所有的论旨角色都必须传给论元。（44）的不定词子句没有主语，不定词 punish（处罚）的论旨角色"施动者"也无法传出去。

为了解决这个困难，我们曾在第六章假设了一个听不见但实际上存在的主语，称为隐主语 PRO。隐主语带着施动者的角色，满足了论旨关系原则，它的存在也立刻满足了"句子必有主语"的规定。所以（44）两句的结构应该如上：（显示所有细节）

（44a）

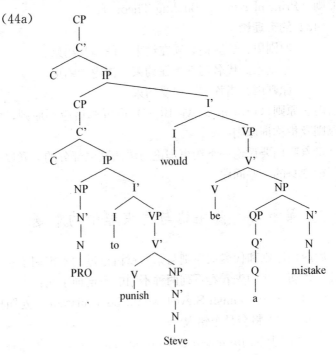

(44b)

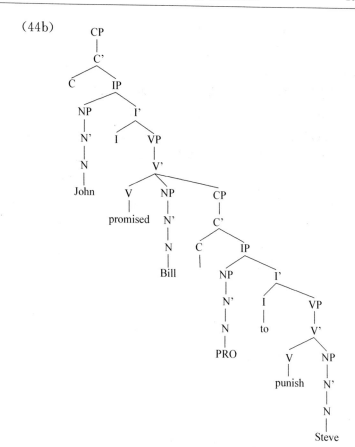

（44b）的主要动词 promise 有三个论旨角色（谁答应，答应了什么，答应谁），其中 V' 中节内包含了两个内论元：NP Bill 和 CP 不定词子句。我们在控制理论中提到 PRO 可以受主语 John 的控制，亦即 John 是 PRO 的先行词。按约束理论的说法就是 PRO 受 John 约束。

我们现在看看后应词出现在不定词子句的情况：

（45）〔to punish oneself〕 would be a mistake. （一个人）处
　　　　罚自己将会是个错误。

oneself 是个后应词，性质与 himself，herself 等完全相同，必须
遵循后应词原则，换句话说，oneself 必须在其约束范围内受先
行词约束。但（45）的不定词子句中却没有先行词；实际上主要
子句中也没有另外可当 oneself 先行词的主语。如果我们承认隐
主语 PRO 的存在，这个问题便迎刃而解了。不定词子句的隐主
语可以作为 oneself 的先行词，结构如下：（细节省略）

（45）

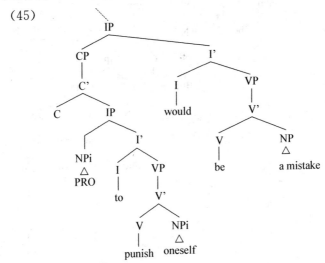

隐主语 PRO 和后应词 oneself 必须指称相同，因为 PRO 是
oneself 约束范围中唯一够资格的先行词。依约束范围的定义，
noeself 所处的不定词 IP 是第一个包含 oneself 本身及一个主语
（PRO）的词组，所以 oneself 必须在不定词 IP 中找到先行词，
PRO 完全可以担任这个角色，所以句子合法。我们想想（45）
句的含义就明白 oneself 的确受到隐主语的约束；我们提过隐主
语在（45）这样的结构中没有控制语来约束 PRO 的指称对象，

所以成了一个任指的诠释。隐主语可以指张三、李四，也可指 John、Bill。但不论隐主语指谁，oneself 必须与隐主语指称相同。基于以上语义的分析，我们知道 oneself 受隐主语约束。

再看看后应词在补语不定词子句中的情况：

(46) John promised Bill〔PRO to punish himself〕约翰答应比尔会处罚自己。

(46) 的结构与 (44b) 完全相同，我们用 himself 取代 Steve：

(46)

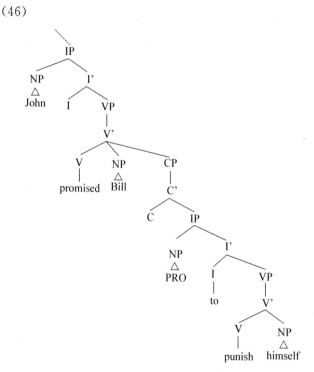

同理，himself 必须在其约束范围内找到先行词。PRO 所在的不定词 IP 是 himself 的约束范围且 PRO 约束 himself。由于 PRO

受主语 John 的控制（也就是约束），所以三者指称相同。

(46) John_i promised Bill 〔PRO_i to punch himself_i〕

注意，himself 与 John 虽然指称相同，但我们要知道 himself 不能直接受 John 约束，因为 John 显然位于 himself 的约束范围之外。在逻辑上，himself 先受 PRO 约束，而 PRO 又受主语 John 控制，然后三者才变成指称相同。另外一点就是控制的关系可以视为约束理论的一个特例。当受约束者恰为隐主语 PRO 时，我们可以说某先行词控制 PRO。

以上从约束理论角度进行的分析再度支持了隐主语存在的假设。现在我们再用代名词原则来测试一下：

(47) a. 〔To punish him〕 would be a mistake. 处罚他会是个错误。

　　 b. John promised Bill 〔to punish him〕约翰答应比尔会处罚他。

考虑 (47) 两句的含义。(47a) 中的代名词 him 不能跟动词 punish 的施动者指同一个人；(47b) 中的代名词 him 不能指 John 但可能指 Bill 也可能指第三者。这种诠释完全可以从隐主语 PRO 的存在与约束理论中的代名词原则来解释。(47) 的结构如下：

(48) a. * 〔PRO_i to punish him_i〕 would be a mistake

　　 b. * John_i promised Bill 〔PRO_i to punish him_i〕

　　 c. 　John_i promised Bill 〔PRO_i to punish him_j〕

(48a) 显示了 him 所在的不定词子句为其约束范围，him 在此范围内不得受约束，但 PRO 统制 him 又与其代号相同，所以不当地约束了 him，违反代名词原则。(48b) 是个主语控制 PRO 的结构，him 在不定词子句中（等于其约束范围）与 PRO 代号相同所以违反了代名词原则，成为病句。(48c) 合法的理由极简单：him 在约束范围不受 PRO 的约束，所以不违反代名词原则。him 与 Bill 的指称对象相同也可，相异也可，不受约束理论的限制，因为 Bill 位于 him 的约束范围之外。

总结以上讨论，约束理论不但对隐主语的存在提供了强而有力的证据，而且能够对不定词子句中代名词与后应词的诠释作出正确的预测。

把代名词原则和后应词原则摆在一起，我们可以得出一个结论：代名词和后应词在句中出现的位置应该成一个互补的情况，也就是说代名词能出现的位置必不能出现代号相同的后应词，反之亦然。请看下面两组例句：

(49) a.　John$_i$ saw himself$_i$. 约翰看见了自己。

　　　b. *John$_i$ saw him$_i$. 约翰看见了他。

(50) a.　John$_i$ thinks Mary saw him$_i$. 约翰认为玛丽看见了他。

　　　b. *John$_i$ thinks Mary saw himself$_i$. 约翰认为玛丽看见了他自己。

(49) 和 (50) 中的句子说明了这种互补分配 (complementary distribution) 的情况。读者不妨尝试用约束理论的原则来解释 (49) 与 (50) 各句的语法性。我们再看下列句子：

(51) a.　John$_i$ loves 〔NP his own$_i$ mother〕约翰爱自己的母亲。

　　　b. *John$_i$ loves 〔NP his own$_j$ mother〕（同 (51a)）

(52) a.　John$_i$ loves 〔NP his$_i$ mother〕约翰爱他的母亲。

　　　b.　John$_i$ loves 〔NP his$_i$ mother〕（同 (52a)）

(51) 中的两句显示了 his own 具有后应词的特性，它必须与 John 指称相同（也就是受 John 约束），(51b) 成为病句的理由正是因为 his own 不受 John 约束，违反了后应词原则。如果这样的分析是正确的，那 (52) 中两句都合语法应该让我们感到意外。我们期待代名词 his 和后应词 his own 呈互补分配的局面，但 (52a) 里 his 的代号与 (51a) 里后应词 his own 的代号相同，因此造成了两者出现在相同位置的情况：

　　（51a）John$_i$ loves 〔NP his own$_i$ mother〕

　　（52a）John$_i$ loves 〔NP his$_i$ mother〕

我们依约束理论来分析这两个句子。在（51a）的宾语NP〔his own mother〕中包含了 his own 和一个主语，但这主语就是 his own 本身，所以 NP 不是 his own 的约束范围，主要子句 IP（包含主语 John）才是 his own 的约束范围，John 在此范围内约束 his own，所以句子合法。现在问题出在（52a），既然 his 与 his own 的约束范围是一样的，his 不应该在句子中受 John 约束，但事实显示（52a）不但能与 John 指称相同，而且这还是最常见的诠释。

　　目前为止我们还没有一套完全让人满意的答案，但根据本章分析众多句子的经验，似乎（52a）中 his 的指称能力不受 John 影响。这个事实显示了 his 并不把整个句子当作它的约束范围，那么唯一的可能就是宾语 NP 了。是不是后应词的约束范围终究与代名词有所不同呢？我们应该如何重新定义代名词的约束范围呢？我们可以把这些问题当作以后研究的课题。

　　出现在介词组里的代名词也对约束理论的完整性提出质疑，我们看看下列的句子：

　　（53）　a.　John$_i$ keeps a gun with him$_i$. 约翰随身带着枪。

　　　　　　b. ＊John$_i$ knocked out Bill with him$_i$. 约翰亲自击倒比尔。（字面：约翰用自己击倒比尔）

　　（54）　a.　John$_i$ saw a snake near him$_i$. 约翰在身旁看到一条蛇。

　　　　　　b. ＊John$_i$ put a snake near him$_i$. 约翰在他身旁放了一条蛇。

　　（55）　a. ˙John$_i$ attracted Mary to him$_i$. 约翰吸引了玛丽。

　　　　　　b. ＊John$_i$ gave a book to him$_i$. 约翰给了他一本书。

（53）到（55）的资料显示了介词组本身虽然没有主语（指示语位置悬空），但有时也可以当作代名词 his 的约束范围。注意在

（53a）、（54a）、（55a）之句中，him 受主语 John 约束。根据代
名词原则，John 不可能位于 him 的约束范围之内，因此我们知
道介词组是 him 的约束范围（把 John 排除在范围外）。以上三个
（a）句介词组的共同点就是它们都不是动词的论元，不在词汇次
类特征栏里列出。也就是说即使去掉〔with him〕，这三个句子
仍合语法。这些非论元的介词组叫做附加语（adjunct），通常不
是句中的必要成分。（54b）、（55b）中的介词组则不是附加语，它
们是论元。去掉〔near him〕或〔to him〕会使（54b）、（55b）成
为病句。但我们是否能以此断定论元介词组不能单独成为代名词
him 的约束范围呢？要回答这个问题我们必须考虑（53b），（53b）
的介词组不是 him 的约束范围（因为 him 不可以受 John 约束），
但它也不是动词的论元（因为去掉介词组〔with him〕并不影响
（53b）的合法性），这又是为什么呢？（53b）与（55b）的对比是
个值得读者深入的问题，我们在本书中不作更深入的探讨。

第六节　约束理论与汉语

在本章开头我们提到了汉语对代名词的一些诠释与英语不
同，我们用了下列的例子作对比：

（56）a.　His$_i$ mother loves John$_i$.（句首的他与约翰可以是
　　　　同一个人）

　　b.　*他$_i$ 的母亲很爱张三$_i$。（句首的他与张三不能指同
　　　　一个人）

我们将在本节讨论一些汉语句子的诠释对我们在前几节建立
的约束理论产生的挑战。（56）两句的明显差异说明了汉语在约
束理论某些方面的要求与英语不同。（56）与约束理论中的原则
丙（指称词原则）有关，按照标准的理论，（56a）中 John 虽与
his 指称相同但并不受其约束，因为 his 不统制 John（请参阅本

章（7a）的解说）。（56a）的诠释不违反原则丙。（56b）的汉语句子则显示了张三若与句首的"他"指称相同则违反了原则丙；换句话说，主语名词组中的"他"虽然不统制张三（统制是依中节理论定义的一种结构关系，不受约束理论影响），却似乎够资格作为张三的先行词。（56b）的结构如下：（细节省略）

（57）

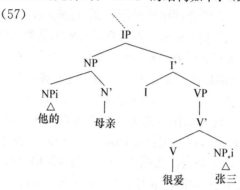

在直觉上（57）中的"他"虽不统制张三，却成了张三的先行词，因此违反了指称词原则。这点与下列包含后应词"自己"的句子颇为类似：

（58）a. ＊John's_i pride finally hurt himself_i.

b. 张三_i 的骄傲终于害了自己_i。（张三可以约束自己）

英语与汉语在（58）中又形成对比。英语句（58a）之不合语法可以由约束理论原则甲（后应词原则）解释：后应词himself在约束范围内找不到统制它的先行词。John包含于主语John's pride所以不统制himself，因此不够资格作himself的先行词。（58b）的结构与（58a）完全相同，张三不统制后应词"自己"，但却能成为其先行词。我们看看（58b）的结构：

（59）

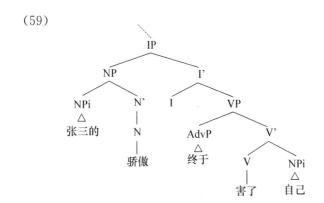

本书不讨论副词"终于"的位置，暂时把它放在动词组内。（57）
和（59）显示了同一件事实：在汉语里先行词不一定要居于统制
后应词的地位。至少，我们要允许主语的指示语也能有资格约束
后应词：

（60）次统制（sub-command）

　　若甲节统制乙节，则甲节的指示语丙节次统制乙节。

有了次统制的概念，我们可以放宽汉语对"约束"的要求：

（61）在汉语中，甲乙二节代号相同，若甲节统制或次统制
　　乙节则甲节约束乙节。

根据（61）的规定，不合语法的（57）与合语法的（59）都
能获得解释。再考虑下列句子：

（62）a.　张三$_i$的父亲$_j$常吹捧自己$_j$。（自己只能指张三的
　　　　父亲）

　　b. *张三$_i$的父亲$_j$常吹捧自己$_i$。（自己不能指张三）

（62）的结构与（57）、（59）全同，张三次统制自己，而张
三的父亲统制自己。根据（61）的新规定张三和他父亲两者都可
以当"自己"的先行词，但实际上（62）句只有一种诠释，那就
是后应词自己只能指张三的父亲，不能指张三。我们看看结构：

(63)

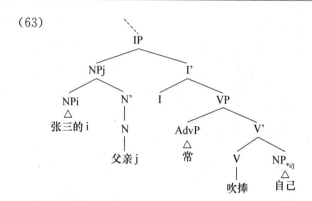

这里有两种可能的解释：（一）次统制的地位不如统制，两节相争时统制的节优先。（二）两者地位相同，依据最近距离原则，统制节离"自己"较近，所以优先。这两种假设都可以解释（62）的诠释，所以我们要再找一些资料来分辨二者孰真孰伪。首先，我们注意到如果最近距离原则是真正原因的话，汉语的"自己"永远不会同时受两个或以上的先行词约束，因为总是由距离"自己"较近者得先手。下列句子证明这个推论是不符事实的。

（64）a. 张三ᵢ认为李四ⱼ喜欢自己ᵢ。（自己指张三）

　　　b. 张三ᵢ认为李四ⱼ喜欢自己ⱼ。（自己指李四）

（64）有两种诠释，"自己"可以受李四约束也可以受张三的约束。这说明了汉语并不遵循最近距离原则，否则只有距离"自己"较近的李四可以当先行词。

我们只剩下另一种假设了：统制的资格优于次统制。我们已经知道若次统制的词组包含于统制的词组时，有此资格差别。但下列的情况又不太一样：

（65）a. 张三ᵢ的信上说李四ⱼ害了自己ᵢ。（自己指张三）

　　　b. 张三ᵢ的信上说李四ⱼ害了自己ⱼ。（自己指李四）

（66）a. 张三ᵢ说李四ⱼ的信害了自己ᵢ。（自己指李三）

　　　b. 张三ᵢ说李四ⱼ的信害了自己ⱼ。（自己指李四）

在（65）中，张三处于次统制的地位，李四处于统制的地位，照理说李四应该优先约束自己，但句子还是有两种诠释，"自己"可以受张三约束也可以受李四约束。这说明了当次统制的词组不包含于统制的词组时，两者约束后应词的资格相等。（66）的两种诠释完全符合这个结论。

（64）句还造成了一个关于约束范围的问题，那就是在（64a）中居于主要子句主语位置的张三可以约束后应词自己，但后应词自己的约束范围若依（34）的定义很明显地是具有另一主语"李四"的补语子句；（65）和（66）也有同样的问题。这表示汉语对后应词原则的要求也与英语不同，汉语并不要求后应词必须在约束范围内受约束。我们可以修改原则甲如下：

（67）汉语的后应词必受约束。

（67）中把约束范围的限制撤掉了，因此允许了约束范围以外的名词当先行词。自然，（67）中"约束"的定义，也必须依照（61）的规定，允许次统制者作为先行词。

汉语中还有人称的问题是标准的约束理论中没有考虑到的。请看下例：

（68）a. 张三$_i$认为李四$_j$喜欢自己$_{i/j}$。（自己可以指张三）

　　　b. 张三$_i$认为我$_j$喜欢自己$_{*i/j}$。（自己不能指张三）

我们已经看过（68a）的诠释（＝（64）），"自己"可以指张三也可以指李四。令我们诧异的是（68b），当李四换成第一人称"我"的时候，后应词"自己"突然不能再指张三了，只能指"我"。是什么原因造成了（68a）和（68b）的不同？我们可以假设"人称"是造成差异的因素，但如何造成的呢？是不是两个先行词必须具有相同的人称，否则"自己"只能受较近先行词约束呢？这个假设可以解释（68b），因为张三与我属于不同人称所以"自己"只受较近的先行词"我"约束。但人称（是名词组属性的一部分）如何对约束关系造成影响呢？这是许多汉语语言学学者研究的课题之一，本书在此不作进一步的讨论。

代名词与后应词的用法在语言间的差异很大，不只是英语和汉语间的这种对比而已，我们无法在本书中详述。在结束本节前，我们要交待几个专有名词。汉语允许后应词接受长距离约束（Long Distance Binding），当后应词有两个（或以上）先行词，在传统定义下的约束范围以内的先行词称为邻近的先行词（local antecedent，local binder），在范围以外的称为长距离先行词（remote binder）。汉语不是唯一允许长距离约束的语言，日韩语及北欧的斯堪地那维亚诸语在这方面皆与汉语相似。

第七节　深入思考训练

一、英语中的相互代词 each other 是后应词的一种，因此应该遵循约束理论中的后应词原则（或原则甲）。请考虑下列句子：

(1) The actors think that pictures of each other were criticized.

　　那些演员认为彼此的相片都遭到批评。

(2) The actors think that each other's pictures were criticized.

　　（同（1））

(3) The actors think that pictures of them were criticized.

　　那些演员认为他们的相片都遭到批评。

(4) The actors think that their pictures were criticized.

　　（同（3））

〔问题〕

1. 上面四句都合语法，但是本章讨论的约束理论却错误地预测其中两句不合语法，请找出是哪两句，并从理论的角度解释为什么。

2. 建议如何修改我们对约束范围的定义，才能允许代名词 them 和后应词 each other 在句中出现于相同位置，却又不违反约束理论的原则。

二、我们看过约束理论如何成功地掌握了大部分语言资料，也看到了少部分例外。这些例外显示了约束理论还需要再加以细部修改。请看下例：（摘自 Ouhalla 1994）

(1) This article was written by Mary and myself.
这篇文章是玛丽和我自己写的。

(2) Mary and myself decided to stay out of it.
玛丽和我自己决定置身事外。

(3) *This article was written by Mary and himself.
这篇文章是玛丽和他自己写的（病句）。

(4) *Mary and himself decided to stay out of it.
玛丽和他自己决定置身事外（病句）。

〔问题〕

1. 把（1）、（2）分成一组，（3）、（4）分成另一组比较，哪一组对约束理论造成问题？

2. 考虑本章最后一节关于汉语后应词"自己"的讨论（尤其是（68）的两个句子），建议一个能共同解释英语与汉语这个因人称不同而约束性质不同的现象。

三、丹麦语有四种后应词，我们在此只考虑以下两种：
（一）"sig"相当于西班牙语的 se，意大利语的 si，德语的 sich，荷兰语的 zich 等。（二）"sigselv"相当于意大利语的 se stesso，德语的 sich selbst 等。sig 和 sigselv 都遵循后应词原则的一项规定：两者都必须有先行词，但它们对于"约束范围"的要求不一样。请考虑下列资料。（Kyle Johnson 提供资料）

（1）＊Susan$_i$ unders∅gte sig$_j$．"Susan examined SELF"
苏珊检查自己。

（2）＊Susan$_i$ unders∅gte sigselv$_j$．"Susan examined SELF"
（同（1））

（3）＊Susan$_i$unders∅gte sig$_i$．"Susan examined SELF"
（同（1））

（4）Susan$_i$ unders∅gte sigselv$_i$．"Susan examined SELF"
（同（1））

（5）Peter$_i$ h∅rte Michaels$_j$ samtale om sig$_{i/*j}$
"Peter heard Michael's conversations about SELF"
彼得听到了麦克关于自己的谈话。

（6）Peter$_i$ h∅rte Michaels$_j$samtale om sigselv$_{*i/j}$
"Peter heard Michael's conversations about SELF"
（同（5））

（7）＊Peter$_i$ h∅rte samtalen om sig$_i$
"Peter heard conversations about SELF"
彼得听到了关于自己的谈话。

（8）Peter$_i$ h∅rte samtalen om sigselv$_i$
"Peter heard conversations about SELF"
（同（7））

（9）Peter$_i$ bad Michael$_k$〔PRO$_k$ at snakke om sig$_{i/*k}$〕
"Peter asked Michael PRO to talk abut SELF"
彼得叫麦克跟自己谈话。

（10）Peter$_i$ bad Michael$_k$〔PRO$_k$ at snakke om sigselv$_{*i/k}$〕
"Peter asked Michael PRO to talk about SELF"
（同（9））

（11）＊Peter lovede〔PRO at snakke om sig〕
"Peter promised PRO to talk about SELF"

彼得答应跟自己谈话。

〔问题〕

1. sig 在哪一个范围（之内或之外）受约束？请改写后应词原则来描述 sig 的用法（尤其要注意约束范围的定义）。举出（1）—（11）中相关的句子。

2. 同样的约束范围能够用来界定 sigselv 的用法吗？如果不能，新的约束范围定义为何？

3. （11）句为什么不合语法，请从控制理论及约束理论的角度来解释。

四、本章末节介绍了汉语后应词"自己"的一些特殊性质。汉语中还有一种复合反身词具有"代名词—自己"的形式，例如：我自己，你自己，他自己。

考虑下列句子：

（1）张三常批评自己。

（2）张三常批评他自己。

（3）张三说李四常批评自己。

（4）张三说李四常批评他自己。

将上列四句加上代号，显示所有可能的诠释，比较（3）句和（4）句的诠释并分析"自己"和"他自己"的指称性质有何不同。

五、英语中有一种"绰号"（Epithets）的用法，比较下列两句。

（1）I had an appointment with John and the bastard didn't show up.

我跟约翰约好了见面，可是那混蛋居然没来。

（2）I had an appointment with John and he didn't show up.

我跟约翰约好了见面可是他居然没来。

（1）句中的 the bastard（混蛋）可以看成说话者给 John 的绰号。

（1）（2）两句中绰号 the bastard 和代名词 he 均指 John。考虑下列例子：（摘自 Haegeman 1991）

    （3）I saw the President on TV and the poor fellow looked haggard.

        我在电视上看到总统，那个可怜的家伙看起来很憔悴。

    （4）The president said that the poor fellow looked haggard.

        总统说那个可怜的家伙看起来很憔悴。

    （5）I met Bill and the guy looked desperate for company.

        我碰到比尔，那个人看起来寂寞得要死。

    （6）Bill believes the guy to be desperate for company.

        比尔认为那个人寂寞得要死。

〔问题〕

    1. 把（3）—（6）句加上代号，显示每一个名词，代名词可能的指称。

    2. "绰号"型名词与代名词的指称性质相同吗？"绰号"应该遵循约束理论的哪一个原则？

    六、下列句子对约束理论造成困扰，请逐句讨论它造成的问题（例如某句中某字违反了约束理论某原则），并建议解决方法。

    （1）他自己去。

    （2）自己要尊重自己。

    （3）自己的信你怎么拿给别人看？

    （4）自己的事别人没法儿管。

    （5）a.   A picture of himself astonished John.

           自己的相片吓了约翰一跳。

       b. * Himself astonished John.

           自己吓了约翰一跳。

（6）（对话）

　　a. I don't like you in a bad mood.

　　　甲：我不喜欢心情恶劣的你。

　　b. I don't like me in a bad mood either.

　　　乙：我也不喜欢心情恶劣的我。

第八章　疑问词组移位

第一节　疑问句的词序问题

从第二章建立词组结构规则到上一章约束理论为止我们已经建立一个语法的雏形，可以造出许多句子与句型出来，而且可以相当准确地诠释每一个句子（论旨角色、指称对象等）。然而除了第六章的所谓"移出"与"移入"句型之外，我们一直都是直接造出句子，不再搬动句中任何字词。回忆下列"移出"的例子：

（1）a. It is likely that John will be late.
　　　　约翰很可能会迟到。

　　　b. It is clear that life is hard.
　　　　很显然日子不太好过。

　　　c. It is probable that gravity's effects will continue.
　　　　大概地心引力的效应会永远继续下去。

"移出"一说假设原来在主语位置的补语子句 CP 移到句末，然后在主语位置填入虚主语 it。与"移出"相反的分析方式是"移入"。移入一说是假设 CP 原来就在句末，后来才把 CP 整个移入主语的位置，形成（2）：

（2）a. That John will be late is likely. （＝（1a））

　　　b. That life is hard is clear. （＝（1b））

　　　c. That gravity's effects will continue is probable.

（＝（1c））

不管是移入或移出都属于移位（movement）的一种，从本章起我们将正式介绍移位理论（Movement Theory）。

在管辖约束理论提出之前，语言学家便注意到像（1）、（2）句这类词序发生变化的现象，有人建议用数字代号来代表句中的单位，然后写出一条数字代号变换的规则来描述（1）、（2）的关系。例如：

（3）移入规则

$$\underset{1}{\underline{\text{It}}} \quad \underset{2}{\underline{\text{is likely}}} \quad \underset{3}{\underline{\text{that John will be late.}}}$$

⇒3　　2　　　　（1 删掉）

这样的规则称作转换规则（transformations，或译为变形规则），这样的语法模式称作转换语法（transformational grammar），现在的移位理论原脱胎于转换语法，但现在我们用管辖、约束及格的概念来规范移位，不再使用数字代号，可以说在概念上有了长足的进步，但是"移位"这个词仍有人与"转换"旧称混用。

在详细讨论移位以前，我们可以清查一下手头现有的理论工具：词汇里的资料、扩充的填词原则、论旨关系准则、中节理论等，这些工具可以造出阶层结构精确的句子。另外我们还有格理论、约束理论三原则及控制理论来检验句子的好坏及正确地诠释句子的含义。这些工具为尽管数量有限，然而我们已经能处理相当复杂的句型及预测大部分句子极为微妙的指称性质。

我们不妨把一套精准的句法理论想象成一个制造句子的工具箱，这个工具箱里的工具数量自是越少越好，最好每个工具各司其职，功能互不重复，但彼此又能相辅相成，完成所有的工作。现在我们该问前几章所设计发展出来的工具是不是够用？当然，我们不希望随意加入杂七杂八的零碎工具（亦即加入更多的原则），若能稍微修改现有的理论让它具有更多（但必要）的功能，我们宁愿修改。我们说过造句工具造出来的句子还要再经过检验工具的认可，最后才能出厂。我们现在就来看看管约论这个工具箱的功能是否齐全。

假设我们在词汇里有下列两条项目（lexical entry，或称词项）。

(4) a. put，+V，Agent， + 〔____ 　　　NP　　　　PP 　〕
　　　　　　　　　施动者　　　　〔Patient〕〔Location〕
　　　　　　　　　　　　　　　　　受动者　　　处所

　　b. go，+V，Agent， + 〔____ 　　PP　　　〕
　　　　　　　　　施动者　　　〔Location〕
　　　　　　　　　　　　　　　　处所

我们可以造出下列许多合法的句子：

(5) a. The mad scientist put the zombie in the attic. 疯狂科学家把怪人藏在阁楼上。

　　b. Mary put the book under the newspaper. 玛丽把书放在报纸下面。

　　c. John put the rat poison in Bill's soup. 约翰在比尔的汤里下了鼠药。

(6) a. John went to the electric chair. 约翰上了电椅。

　　b. One should go to one's own wedding. 每个人都应该参加自己的婚礼。

　　c. Mary will go to the market. 玛丽会去市场。

例（5）与例（6）各句都遵守了填词原则及论旨关系准则。请再考虑下列句子：

(7) a. what did the mad scientist put in the attic? 那个疯狂科学家把什么东西藏在阁楼上？

　　b. Under which newspaper did Mary put the book? 玛

丽把书放在哪张报纸下面？

   c. What kind of poison did John put in Bill's soup? 约翰
在比尔的汤里下了什么毒？

（7）句是疑问词问句（WH question），本书简称之为疑问
句，以别于是非问句（yes-no question）。按照词汇资料的规定，
我们可以造出疑问句吗？如果不能，就表示目前的理论少了制造
问句的功能，我们就需要修改工具箱里的旧工具或加入新工具。
我们来比较一下（5a）的结构和疑问句（7a）的结构：（有关英
语助动词 do 的位置及用法，请详第十一章第一、二节）

（5a）

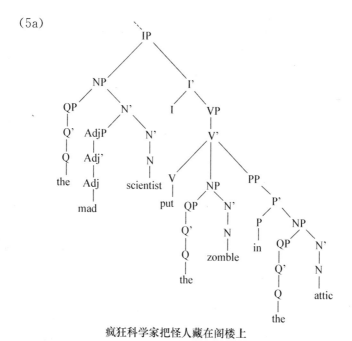

疯狂科学家把怪人藏在阁楼上

根据填词原则，动词 put 可以出现在（5a）的结构中，因为次类
特征栏内的要求（NP 与 PP 补语）得到满足，put 后面跟着名词

组 the zombie（怪人）和介词组 in the attic（在阁楼上）。论旨关系准则要求每个论元得到一个论旨角色且动词的所有论旨角色都要给出去。这个准则的要求也达到了：NP 得到受动者角色，PP 得到处所角色，然后整个 VP 给主语 NP 施动者的角色。

现在我们看看（7a）的结构：

（7a）

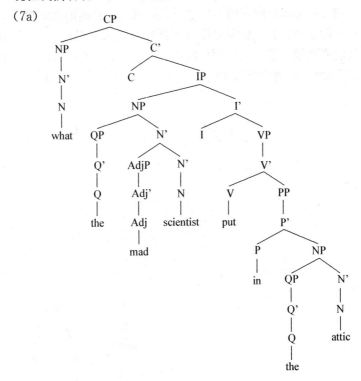

疯狂科学家把什么东西藏在阁楼上

注意在（7a）中我们把疑问词 what 放在句首 CP 的指示语位置，这一点待会儿再细谈。在（7a）的结构中，put 的补语变成只有一个介词组 PP了，名词组 NP 从缺。回忆一下我们设计填词原则和论旨关系准则的初衷，其主要的目的就是防止下列病句的产生：

(8) a. ＊The mad scientist put in the attic.

疯狂科学家放在阁楼上。

b. ＊The mad scientist put the zombie.

疯狂科学家藏了怪人。

根据填词原则，（7a）结构中动词的位置能够填入 put 吗？不能够。因为动词后只有一个 PP 补语，不符合 put 在词汇里资料的要求。况且 put 的一个论旨角色"受动者"也给不出去，违反了论旨关系准则。注意论旨角色的授予唯有在管辖的情况下才能进行，put 给了 PP 处所的角色，还有一个论旨角色（受动者）便没有其他补语可给了。

我们拿（7a）和（8a）比较一下：

(7a) What did〔the mad scientist put in the attic〕?

(8a) ＊The mad scientist put in the attic.

（7a）除掉句首的疑问词 what 和助动词 did 以外，跟（8a）是完全相同的，但（7a）合语法而（8a）不合。在这里，我们的直觉非常清楚：（8a）句中少了一个论元 NP，所以不行；（7a）中有一个疑问词 what 代替了 put 后面少掉的 NP，所以可以。what 的存在似乎也能满足填词原则和论旨关系准则的要求。从句子的含义来看，what 带着"受动者"的角色并且是 put 的论元。要捕捉这个直觉，我们可以试试松动一下填词原则及论旨角色授予时需要管辖关系的严格要求。是不是论旨角色能够传到一个不在补语位置的论元呢？果真如此，我们就可以说疑问词 what 虽然不在 put 的补语位置，但仍然可以算作 put 的内论元而且得到论旨角色。这样我们就可以轻易解决（7a）造成的问题。

放宽限制当然是修改理论的一种方式，但我们要格外小心是否会因为放宽了一个限制而允许了许多不合语法的句子。倘若顾此而失彼，我们就得恢复限制，再从别的地方着手修改。请考虑下列句子：

(9) ＊〔the zombie〕is likely that the mad scientist put in
the attic. 这个怪人很可能疯狂科学家藏在阁楼上。

如果我们为了（7a）放宽了填词原则和论旨角色授予的限
制，就应该允许 the zombie 出现在（9）句的句首位置，因为管
辖的关系不需要了，the zombie 仍然可以从 put 处得到"受动
者"的论旨角色，句首的位置本来就不是论元位置，所以 the
zombie 不必担心会从 is likely 处得到另一个论旨角色。至于格的
检验，the zombie 虽然不能从 put 处通过管辖得到受格，却可以
从主要子句的屈折词 I 处得到主格，满足格的需要。（9）句在放
宽限制后应该完全合乎语法，意思是指 It is likely that the mad
scientist put the zombie in the attic。一切合法，但（9）句却是
个极坏的句子。这显示了放宽限制这个策略在处理（7a）上虽然
行得通，却制造了新的漏洞，允许像例（9）这样的病句产生。
这个典型的"顾此失彼"式修改迫使我们另谋良策。

请重新看看（7a）句中动词组 VP 的内部结构：（填入动词
以前的状态）

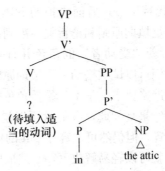

这个结构不能满足 put 的次类特征要求，却能满足另一个动
词 go 的词汇资料（go 只要一个 PP 补语）。如果我们依填词原则

填入 go，然后再造出几个疑问句来，会有什么结果呢：

(10) a. ＊Who did John go to the electric chair? 谁约翰坐
　　　　了电椅。（病句）

　　　b. ＊What didn't Bill go to his own wedding? 比尔什
　　　　么没有参加他的婚礼。（病句）

　　　c. ＊Who will Mary go to the market? 谁玛丽会去市
　　　　场。（病句）

注意（10）句里的动词 VP 完全合乎 go 的次类特征要求，满足了填词原则。（10）句在哪里出错呢？凭我们的直觉，问题必然来自疑问词 what 的出现，what 跟句中其他词（尤其是动词）完全没有关系，它的存在完全是多余的。这跟（7）句中的疑问词的情形不同，我们再回头看看（7）：

(7) a. What did the mad scientist put in the attic?

　　b. Under which newspaper did Mary put the book?

　　c. What kind of poison did John put in Bill's soup?

（7a）中的疑问词在了解句意上扮演了一个不可或缺的角色，这个"角色"正是"受动者"的论旨角色，与动词 put 次类划分栏内 NP 所带的论旨角色相吻合。（7b）句中的介词片语 under which newspaper 扮演了"处所"的角色。（7c）与（7a）相同，疑问词组 what kind of poison 扮演了动词 put 的"受动者"论旨角色。换句话说，虽然次类划分栏内的 NP 或 PP 在句中的动词组内没有出现（因此"暂时"违反了填词原则），但是它们在句中的论旨角色却由疑问词取代了，疑问词的出现挽救了这些句子。我们可以把疑问词和未出现的 NP、PP 之间的必然关系用下列方式表达出来：

(7) a. 〔NP What〕did the and scientist put〔　〕in the attic?

b. 〔PP Under Which newspaper〕 did Mary put the book 〔 〕?

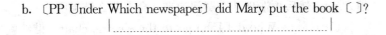

c. 〔NP What kind of poison〕 did John put 〔 〕 in Bill's soup?

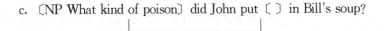

上面三句中疑问词和动词后的空位由一条虚线连接，这条虚线可以称为链（chain，或称连锁），链中包含了两个成分，一个是句首的疑问词，另一个是动词后的空位。现在我们来讨论这两个成分的关系。假如我们按照词汇里的规定来填词，与动词 put 有语义关系的疑问词 what 应该直接出现在链中的空位，接受动词的管辖，这样做才能满足论旨关系准则：

(11) a. The mad scientist put 〔NP what〕 in the attic（同 (7a)）

  b. Mary put the book 〔PP under which newspaper〕（同 (7b)）

  c. John put 〔NP what kind of poison〕 in Bill's soup（同 (7c)）

(11) 句的词序与 (7) 显然还差一点，那就是疑问词组留在动词后的补语原位了。现在，我们还需要一条类似移入或移出这样的规则，把疑问词搬到句首。回忆一下第六章的移出规则，句子的主语是 CP 子句时，CP 可以从主语位置移出，加接到 I′ 中节，空出来的位置则填入虚主语 it。现在我们只消把居于论元位置的疑问词移到句首，就可以解决 (11) 的词序问题了。疑问词移位的规则可以简述如下：

(12) **疑问词移位**：将疑问词移至 CP

疑问词与其移位后留下来的空位在句法上有什么关系我们稍后再细谈。我们先考虑"移位"这种分析方式是否能找到别的佐证。下列英语句中的惯用语（idiom）能提供一些帮助：

（13）a. Bill kicked the bucket. 比尔翘辫子了。

b. John double-parked his lunch. 约翰把午饭吐掉了。

c. The mafia was going to put cement over shoes on John but he wormed out of it by spilling his guts. 黑帮本来要做掉约翰，后来他因吐露秘密而逃过一劫。

d. Most classes in syntax could gag a maggot. 句法课大多让人倒胃口。

（13）中的四个句子都包含了与字面意义完全不同的惯用语，用法相当于某些汉语方言中的"翘辫子"（死）、"炒鱿鱼"（解雇）等。（13a）意指 Bill 翘辫子了；（13b）在某些英语方言中意指 John 把吃的午饭吐出来了。（13c）指黑社会帮派本来要"做掉"John 但他因为吐露秘密而免于一死；（13d）不大常用但听到的人都明白该句意指句法课大都让人反胃。惯用语的一大特色就是这些字要以"惯用"的形式出现才能获得字面以外特别的诠释。譬如汉语，下面的说法就得不到惯用语的意思。

（14）a. ＊今天没空，他的鱿鱼我明天再想办法来炒。

b. ＊听说他的辫子是昨天酒后开车的时候翘的。

（14）例说明把惯用语拆开来用，意思往往会完全走样。我们再看看下列几个英语句子：

（15）a. John took advantage of Bill's weakened condition. 约翰利用比尔目前较差的状况占了些便宜。

b. Bill did not pay heed to Mary's warnings. 比尔没理会玛丽给他的警告。

c. The CIA keeps close tabs on people who talk funny. 中央情报局对乱说话的人严密监视。

（15）句中画线的部分是惯用语。（15a）意指 John 利用了

Bill 目前较差的状况来谋得利益；（15b）意指 Bill 不听 Mary 的警告；（15c）意指中央情报局对爱乱说话的人特别注意。这些惯用语中的名词 advantage、heed、tabs 要出现在特定的动词 take、pay 和 keep 之后才能得到惯用语的诠释，一如"翘辫子"中的辫子若不直接出现在"翘"这个动词的后面便只能指一根普普通通的辫子了。下列的句子便得不到任何有意义的诠释：

（16）a. ＊Advantage is something I can always use. 对我来说占便宜总是好的。

　　　b. ＊You can keep your lousy heed. 你还是管管自己的事吧。

　　　c. ＊Watch your tabs, you crummy spook! 你给我小心点！

当然，（16）的三个句子在语法上是没有问题的，（16a）的意思本来想说从别人那儿得些利益对我来说总是有帮助的；（16b）想说你还是省省事儿别管我吧；（16c）的情况很清楚，当你发现中情局间谍在监视你的时候，你气得对他说你小子给我留点儿神！然而这些句子都因为把惯用语拆了开来而得不到应有的诠释。

惯用语的存在给移位分析提供了一项有效的测试。我们已经看过惯用语的诠释是由于几个字以一定形式（或次序）出现而得来的，当然这些特别用法必须在词汇里注明：

（17）〔〔V take〕〔NP advantage〔PP of〕〕〕．＋V. …

　　　〔〔V pay〕〔NP heed〕〔PP to〕〕〕．＋V. …

　　　〔〔V keep〕〔NP tabs〕〔PP on〕〕〕．＋V. …

依照（17）的记法，整个惯用语当作一个动词片语，但片语中还有自己的内部结构。显然，当一个句子中惯用语出现的次序与词汇里规定的次序不同却还能得到其惯用语的特别诠释时，我们知道必然是一项移位规则改变了原来的次序。请考虑下列各例：

（18）a. How much advantage do you suppose that we can

　　take of Bill's pathetic mental state?　你认为我们能
　　因比尔的精神失常得到多少好处？

b. How much heed do you think that Bill will pay to
　 Mary's repeated warnings.　你想比尔会多注意玛丽
　 一再提出的警告？

c. How close tabs did the agent claim that the CIA was
　 keeping on Mr. Rogers?　那个情报员宣称中情局花
　 了多少心血监视罗杰斯？

　　（18）句中 advantage heed、tabs 都没按词汇里对惯用语的要
求出现在动词后面。但尽管这些名词与它专属的动词距离甚远，
惯用语的特殊诠释却丝毫不受影响。（18）句中 advantage、heed 和
tabs 都在句首的疑问词组中，而不在规定的动词后位置，如果我
们用疑问词移位的分析方式来看（18）各句，问题就极为单纯了：
惯用语先依词汇的规定出现在句中补语的位置，得到特别的诠释，
然后再依（12）疑问词移位的规定把整个疑问词移到句首。

　　如果我们采用另一种分析途径，说（18）各句一开始就把名
词 advantage、heed 和 tabs 置于句首，其间没有移位这个过程，
我们就需要再找另外的理由来解释（16）各句为什么得不到惯用
语的特别诠释。比较之下，最容易的方式还是移位。因为移位的
分析与已经建立的（扩充的）填词原则，论旨关系准则等能彼此
相容，而且对惯用语的诠释问题（（18）与（16）的对比）能提
出直截了当的解释。

　　在移位的理论下，疑问词组不是直接出现在句首的，它先依
填词原则出现在论元位置（也就是它的原位），得到论旨角色
（包括惯用语的诠释）之后再移至句首。实际上，在某些情况下
疑问词的确会出现在原位，为移位理论提供另一个证据。通常在
两种情况下疑问词会留在原位（in-situ）：第一种情况是当你听
到一个句子，然后利用重复同一个句子的方式来质问其中一个特

定词组。例如（19）与（20）中的反答句。

（19）A- I saw John in the park today. 我今天在公园看到
　　　　约翰。

　　B- You saw who? 你看到谁？

（20）A- John put the book on the stove. 约翰把书放在炉
　　　　子上。

　　B- John put the book where? 约翰把书放在哪儿？

在（19）、（20）两例中 B 的回答听起来跟 A 的叙述词序一样，只有句中某部分由疑问词取代，这样的问句叫回声问句（echo question），回声问句中疑问词留在原位并不移到句首，我们可以简称这些留在原位的疑问词为原位疑问词（WH in-situ）。

另外一个会发现原位疑问词的情况就是一个句中出现了数个疑问词，因为句首的位置只能容纳一个疑问词，剩下的就只好留在原位了。请看下例：

（21）a. I wonder who did what why. 我想知道都有哪些人
　　　　做了些什么事，同时也想知道他们做这些事的
　　　　理由。

　　b. I wonder who put the book where. 我想知道你们
　　　　（每个人）都把书放到哪儿了。

假设（21）两句中 who 移入了补语子句 CP 的指示语位置，剩下的疑问词 what、why、where 等就都只能留在原位了。以上两种情况说明了疑问词的确是经由移位的过程才从论元位置移到句首的。

第二节　移位与句法的层次

我们在介绍格理论的时候曾经提过句法的结构需要分层次，格的检验是在第二个层次进行的。现在我们又发现移位是分析疑

问句最好的方式，因此也需要分出句法的不同的层次：疑问词移
位前后两个不同的层次。按照目前我们已建立的各项理论与原
则，我们可以组成下列的语法模式。

（22）**管约论语法模式（雏形）**

填词的基础 / 词汇（所有词项之词性，次类特征等）
⇩ \ 造句规则（必须符合中节理论）

底层结构 / 扩充的填词原则（词汇里的规定必须满足）
⇩ \ 论旨关系准则（论元与论旨角色成一对一对应）

移位 / 疑问词移位，
⇩ \ 移出或移入介词填入等

表层结构 / 格的检验，约束理论，控制理论
\ 扩充的填词原则，论旨关系准则。

依照这个语法模式，每一个句子都（至少）有底层与表层两
种结构。一个合乎语法的句子必须在这两个层次都符合各种原则
的要求。在底层结构中，一个合法的句子必须遵守中节理论、扩
充的填词原则、论旨关系准则及一些我们尚未介绍的原则条件。
在表层结构中，这个句子必须遵守格理论（亦即必须通过格的检
验）、约束理论、控制理论及一些我们尚未介绍的原则、条件。
注意：底层结构与表层结构并不只是在移位发生的状况下才不
同；由于代号规则的规定，我们必须给所有的名词组都加上代号
才能应用约束理论三原则来诠释（或规范）这些名词组的指称；
仅此一项便足以让底层与表层结构永远不同。

我们现在就来看看（7a）的底层结构：（＝（23））

（23）

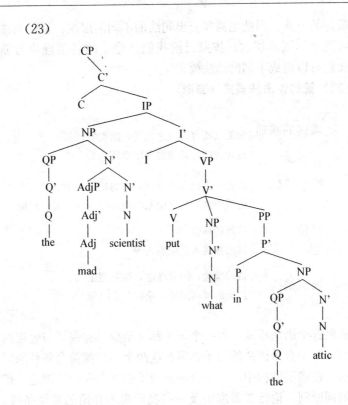

　　在（23）中疑问词 what 依照填词原则出现在动词 put 的补语位置，接受 put 的管辖而获得受格与论旨角色。由于它是疑问词，必须依照（12）的规定移至句首。我们现在面临的问题是如何决定由（23）衍生出的表层结构。疑问词移位的时候是否应该在原位留下什么痕迹？如果我们暂且假设疑问词移位不留痕迹，（23）衍生出的表层结构可以以（24）表示：

（24）

　　（24）这种表层结构正是我们在前一节所讨论过的情况：不留痕迹的结果造成了（24）违反填词原则，因为动词 put 之后没有名词组当补语。当然，如果我们说填词原则只要在底层结构运作就可以了，表层结构与之无关，那（24）自不成为问题。但（24）也违反了论旨关系准则之规定，因为 put 的内论元之一的名词组现在以疑问词的姿态出现在句首，不受动词的管辖，动词 put 如何能把论旨角色传给高高在上的疑问词呢？同样的，如果我们假设论旨关系准则也只在底层结构有效，与表层结构无关，（put 在底层结构就把论旨角色给了疑问词）这个问题也就不成为问题了。（24）的结构属于表层结构。若扩充的填词原则和论旨关系准则只应用于底层结构，则（24）没有问题；但若这两个原则在表层结构也必须遵守，（24）的结构便同时违反了两项原则。

　　我们是不是应该允许表层结构违反这两项原则呢？要回答这个问题，我们必须在语言资料中寻求证据。这个问题可以从另一个角度来理解：如果表层结构不必遵守扩充的填词原则及论旨关系准则，只要底层结构遵守这两项原则就行了，那就表示任何的一种移位都可以造出违反两项原则的表层结构，这样做是不是有事实的根据呢？我们调查了许多语言都没有发现违反两项原则的移位规则，也就是说就我们目前所知，所有语言的移位现象都还遵循这两项存在于底层结构的原则。如果所有的移位规则都展现这个特性，我们的语法模式便应该反映这个特性。若假设表层结构也必须遵守这两项原则，移位规则便自然受到规范，不会造出不合语法的表层结构了。

　　以上推论纯然是从语法理论上来考虑的，我们现在以实例来说明。回忆一下我们在上一节提到像（8a）这样"不完整"的句子应该由语法规范之。

　　（8a）＊The mad scientist put in the attic.
我们说（8a）不合语法是因为动词 put 的次类划分栏内还有一个名词组补语，（8a）中没有这个名词组因此违反了填词原则和论旨关系准则。如果再仔细想想，我们会发现这个解释并不足以让人信服，因为（8a）并不一定得是底层结构，很可能（8a）的底层结构中本来有一个名词组补语，满足填词原则的要求，但稍后有一项规则说动词后的补语可以删掉。

　　（8a）便是由这条删除名词组的规则衍生出来的表层结构。若说填词原则与论旨关系准则只存在于底层结构，那（24）的结构固然成为合法，但我们却无法再解释为什么（8a）不合法了。因为（8a）可以是（5a）The mad scientist put the zombie in the attic. 经过名词组删除规则所产生的表层结构，而表层结构不需要遵守填词及论旨两原则。实际上，没有任何一个人类语言允许像名词组删除这类的规则存在。归根结底，是因为填词及论旨两

原则在底层结构和表层结构都必须受到严格遵守。唯有如此
（8a）之不合语法才能获得解释。

　　照这样的分析，（23）的表层结构就不能是（24）而必须是
（25）了：

（25）

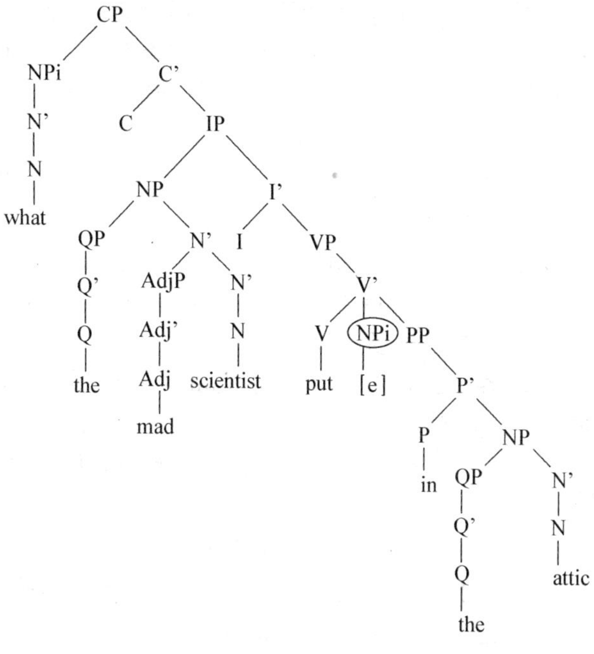

　　注意（25）与（24）唯一的不同就是（25）在疑问词移位发
生后，仍然保留了补语 NP，（25）的表层结构遵守了填词原则
及论旨关系准则，因为动词 put 的后面仍有 NP 及 PP 两个补语。
动词 put 的直接宾语是一个不发音的隐词（empty category，一
译空语类，或空范畴）在图中以〔e〕表示。这是我们目前为止
所介绍的第三种隐词（前两种为隐主语 PRO 与可隐代词 pro）。
一般称之为疑问词痕迹（wh-trace），因为它是疑问词移位后在
原位留下的痕迹。

第三节　疑问词痕迹定理

上一节提到疑问词移位后会在表层结构留下一个痕迹，我们在这一节将讨论疑问词痕迹的一些句法特性。首先，我们看看痕迹的一个语音上的特性：痕迹本身虽然不发音，我们却"听"得见它的存在。拿 want（要）这个动词为例，want 可以出现在控制结构中：

(26) John$_i$ wants 〔PRO$_i$ to win the election〕约翰想要赢得这场选举。

也可以出现牲例外格的结构中：

(27) John$_i$ wants 〔Mary$_j$ to win the election〕约翰希望玛丽赢得这场选举。

Mary 在（27）句中由动词 want 处得到受格，但本身仍是不定词子句的主语。

Want 有一个特别的语音特性，那就是与其后的不定词记号 to 念到一起，成为 wanna 而不是 want to，这个现象称为 wanna 连音（*wanna* contraction）。如下例：

(28) a. I don't wanna go to Wisconsin. 我不希望去威斯康辛。

　　 b. They wanna eat sushi. 他们想吃寿司。

　　 c. They don't wanna draw a tree for this sentence. 他们不想画这个句子的结构树。

值得注意的是 want to 二字不一定在任何情况下都能连音，在下列几个疑问句中 want 和 to 便不能连成 wanna：

(29) a. ＊Who do you wanna win the election? 你希望谁赢得这场选举？

　　 b. ＊Who do you wanna punish Bill? 你希望谁来处罚比尔？

c. * Who do you wanna go to Wisconsin? 你希望谁去威斯康辛？

注意，（30）中的疑问句并不妨碍 wanna 连音，与（29）各句形成强烈的对比：

（30）a. Why do you wanna win the election? 你为什么想赢得这场选举？

b. How do you wanna punish Bill? 你希望怎么处罚比尔？

c. When do you wanna go to Wisconsin? 你要什么时候去威斯康辛？

比较一下（29）和（30）的不同。在（30）三句中 want 和 to 之间有一个隐主语 PRO（记得 PRO 是没有格的，因此不能发音）。

（31）a. Why do you want 〔PRO to win the election〕? （= (30a)）

b. How do you want 〔PRO to punish Bill〕? （= (30b)）

c. When do you want 〔PRO to go to Wisconsin〕? （= (30c)）

（31）是（30）的详细结构；那么（29）的详细结构是什么呢？（29）中的疑问词都是从不定词记号 to 之前移位到句首的，所以（29）三句的 want 和 to 之间都有一个疑问词痕迹，在下例以 t（表示 trace）标示：

（32）a. Who$_i$ do you want 〔t$_i$ to win the election〕? （= (29a)）

b. Who$_i$ do you want 〔t$_i$ to punish Bill〕? （= (29b)）

c. Who$_i$ do you want 〔t$_i$ to go to Wisconsin〕? （= (29c)）

(29) 和 (31) 发音的不同可以理解成 PRO 与痕迹对 want 和 to 连音的反应不同：PRO 允许连音而痕迹不允许。换句话说，痕迹本身虽然不发音，但是由于它防止 wanna 连音，我们还是能"听"得出它的存在。因此，我们可以说 (29) 与 (30) 发音的对比提供了疑问词移位留下痕迹的直接证据。

痕迹既然存在于补语的位置，它是不是也算做一个论元呢？动词 put 只有一个论旨角色给它的名词补语，现在疑问词和痕迹都在句中，那势必有一个得不到论旨角色而违反论旨关系准则。解决这个问题的方法是假设疑问词与它的痕迹共同算做一个论元，共用一个论旨角色，这样做就能满足论旨关系准则。我们可以用相同的代号来表达两者相连的关系，对疑问词移位的规则做如下的修改：

(33) **疑问词移位**：将疑问词移至 CP，并留下与其代号相同的痕迹。

我们现在来探讨一下疑问词与其痕迹在约束理论下的关系。记得我们曾讨论过下列两个句子：

(34) a.　What$_i$ did the doetor put t$_i$ on the shelf?

　　　医生在架子上放了什么东西？

　　b. *What$_i$ did the doctor go to the electric chair?

　　　医生坐了电椅什么东西？（病句）

(34a) 的疑问词 what 与句中的痕迹代号相同，而且因为居于 CP 的指示语位置所以统制其痕迹，这正与约束理论中"约束"的定义相合。所以我们可以假设疑问词约束其痕迹。(34b) 中的疑问词 what 则并不约束句中任何成分。是否疑问词都必须约束其痕迹，这样的问句才合语法呢？我们可以重新考虑一下 (33) 对于疑问词移位的规定，(33) 只规定了疑问词必须移到 CP 而且留下痕迹，至于移到哪一个 CP 则并无硬性规定。我们看看下面这个情况：

（35）〔CP〔IP who said〔CP〔IP he saw Mary〕〕〕〕谁说他
　　　看到了玛丽？

根据（33）的叙述，我们固然可以把疑问词 who 移到句首的 CP，但也可以把它移到补语子句的 CP，两种移法都符合（33）的规定。实际上，我们知道只有移到句首的 CP 才可以，另外一种移法造成病句：

（36）a.　〔CP who$_i$〔IP t$_i$ said〔CP〔IP he saw Mary〕〕〕〕
　　　　　（同（35））

　　　b. *〔CP〔IP t$_i$ said〔CP who$_i$〔IP he saw Mary〕〕〕〕
　　　　　（同（35））

（36b）念成 said who he saw Mary? 完全不知所云。与合语法的（36a）对照，我们看到（36a）中的 who 约束其痕迹而（36b）中的 who 并不约束任何成分。（36）给我们的教训是疑问词不能乱移，它的终点（landing site）是要受到某些条件限制的。我们可以暂且把这个条件称为疑问词痕迹定理，根据（36）两句，这个定理可以写成（37）：

（37）疑问词痕迹定理（雏形）：疑问词必约束句中某成分。

（36a）中 what 约束其痕迹所以合法；（36b）中 what 不约束任何成分所以非法。注意（36b）中，what 的痕迹虽然与 what 代号相同但因 what 居于补语子句中不能统制位于主要子句的痕迹，所以不能算做约束。

（37）这个定理是否完备呢？我们可以从约束理论的角度来测试一下，（35）句的底层结构可写成（38），其中并无任何代号：

（38）〔CP〔IP who said〔CP〔IP he saw Mary〕〕〕〕谁说他
　　　看到了玛丽？

现在我们根据（33）疑问词移位的规定把 who 移到句首的 CP，并留下一个与 who 具有相同代号的痕迹：

（39）〔CP who$_i$〔IP t$_i$ said〔CP〔IP he saw Mary〕〕〕〕

（＝（38））

（39）是合法的，因为疑问词约束一个居于论元位置的成分（也就是留在主语位置的痕迹），满足了（37）的规定。但是（39）还不是一个完整的表层结构，因为我们要根据代号规则把每个名词都标上代号（注明其指称），再用约束理论的三原则来检查句子的诠释。假设我们选定补语子句中代名词 he 的代号也是 i，指称词 Mary 的代号为 j，（39）的表层结构就完整了。

（40）〔CP who$_i$ 〔IP t$_i$ said 〔CP 〔IP he$_i$ saw Mary$_j$〕〕〕〕谁说他看见了玛丽？（谁与他指同一个人）

Mary 与句中任何名词的指称均不相同，所以不受任何人约束，不违背约束理论原则丙的要求。补语子句的主语代名词 he 与 who 指称相同又受其统制所以 he 受 who 的约束，但是 he 的约束范围是补语子句本身（因为该子句有时态），而疑问词 who 却在补语子句之外，所以 he 在其约束范围内是自由的，不违背约束理论原则乙的规定。因此（40）的诠释是合语法的，意思是问谁说他（与谁是同一个人）看到了 Mary。

现在我们试试把（38）这个底层结构中的 who 往下移到补语子句中 CP 的位置：

（41）〔CP 〔IP t$_i$ said 〔CP who$_i$ 〔IP he saw Mary〕〕〕〕然后，我们再给主语 he 与宾语 Mary 与（40）相同的代号：

（42）〔CP 〔IP t$_i$ said 〔CP who$_i$ 〔IP he$_i$ saw Mary$_j$〕〕〕〕

当然，（42）念成 * Said who he saw Mary? 还是不合语法，但它错在哪里呢？Mary 和 he 不成问题，分别遵守了约束理论原则丙和原则乙。who 移到 CP 而且约束补语子句中的 he，所以也遵守了（37）疑问词痕迹定理的规定，所以（42）应该也是合法的，但这与事实不符。显然我们的语法有一部分不够周全，我们要找到这个漏洞。比较一下（40）与（42），最不寻常的事就是（42）句的痕迹不受疑问词的约束。这表示了不仅疑问词要约束句中某成分，疑问词的痕迹同样的也需要受约束。（37）可以修改如下：

（43）疑问词痕迹定理（Proper Binding）：

CP 中的疑问词必须约束句中某一居于论元位置的成分；每一疑问词痕迹必须受疑问词约束。

现在我们看看方才讨论过的几个句子：

（44）a. * What$_i$ did the doctor go to the electric chair?（= 346）

b. * [CP [IP t$_i$ said [CP who$_i$ [IP he$_j$ saw Mary$_k$]]]]? （who 与 he 指称相异）

c. * [CP [IP t$_i$ said [CP who$_i$ [IP he$_i$ saw Mary$_j$]]]]? （=（42））

（44a）违反了疑问词痕迹定理的第一部分：句中的 what 不约束句中任何成分；（44b）违反了定理中两个部分：who 不约束补语子句中任何成分（注意（44b）中代名词 he 的代号与 who 不同），而其痕迹也未受到疑问词的约束。（44c）则违反了定理的第二部分：痕迹不受任何疑问词的约束。（43）所叙述的疑问词痕迹定理完全可以解释（44）中的三个病句。

我们要特别注意的是以上的分析完全基于一个假设，那就是痕迹存在的假设。若疑问词移位不留下痕迹，疑问词痕迹定理也就无从存在，如此一来像（44c）这样的句子就无法有效的排除了。我们对疑问词移位的分析因借助于痕迹而能周详地解释所有的句子，比移位不留痕迹的分析要有效且具说服力。仅凭此点就可以支持痕迹存在的假设了。

在结束本节之前，我们应该思考一下演绎疑问词痕迹定理的整个过程对我们研究语法有什么启示。第一，我们应该尽量写出普遍、包容较广的原则或规则出来。例如在疑问词移位的规则中，只讲疑问词移到 CP，代号规则中只讲名词组均须代号。当然，过度普遍的规则会造出许多合语法句子出来，但更常造出病句。我们的处理方式是研究出一些普遍的规定或条件来规范病句的产生。经由这种方式，我们也许会增进对人类语言的普遍原则的了解。若对于每一个句子都写出一条单单适用于该句的规则，我们就又流于只描述语言的一些琐碎表象，而对于句法的研究无甚裨益了。

第二，我们要审慎考虑到原则与原则之间的相互关系。在第一次写疑问词痕迹定理的时候，我们只注意到了疑问词要约束某一成分，认为这样的叙述可以解决所有问题，后来代号规则造成问题，使我们必须重新修改定理，以（43）取（37），才能周全地分辨句子好坏。由此，我们了解到任何一个规则的形成都必须与语法中其他部分相配合，而且要能通过细密的测试。

第四节　痕迹与约束受阻效应

在讨论本节的主题约束受阻效应（Crossover Effect）之前，我们要先介绍一些专有名称和概念。请考虑下列例句：

（45）Who likes his mother? 谁喜欢他的母亲？

（45）句有两个截然不同的诠释，完全要看我们怎么理解句中的代名词 his。其中一种解释是这个代名词指的是某一个特定的人（例如张三），那（45）问的是有哪些人喜欢张三的母亲。（45）的回答可以是"李四喜欢他（张三）的妈妈，王五也喜欢张三的妈妈"。当然，张三本人也可以喜欢自己的妈妈。这种诠释的特性是疑问词 who 和句中的代名词 his 的指称对象彼此互不相干，who 和 his 碰巧是同一个人也行；但 who 也可以指其他任何人。我们可以称这种理解方式为"独立的诠释"，意思是 who 和 his 的指称是彼此独立的。

（45）还有一种诠释，那就是代名词 his 指的就是疑问词 who 那个人，在这种理解下，（45）的回答是"张三喜欢张三的妈妈，李四喜欢李四的妈妈，王五喜欢王五的妈妈……"值得注意的是此处代名词的指称对象完全依赖于疑问词的指称对象，这种诠释称为"约束的诠释"，因为代名词的指称受到疑问词 who 的约束。用语言学术语来说疑问词是量化词（quantifier）的一种，在约束的诠释下，代名词等于是量化词 who 的一个变数（variable），因为它的指称对象是跟着量化词变的。

量化性名词（quantificational NP）如"每个人、有的人"与疑问词"谁，哪个人"等都能约束句中的代名词作为其变数：

（46）a. 谁/哪个人不喜欢他的国家？

　　　 b. 有的人不喜欢他的国家。

　　　 c. 每个人都喜欢他的国家。

（46）中的句子也都有独立的与约束的两种诠释。在约束的诠释下，代名词"他"的指称对象受量化词"谁、哪个人、有的人、每个人"的约束。（46c）的意思是美国人喜欢美国、英国人喜欢英国、法国人喜欢法国等。（45）中的 his 与（46）中的"他的"称为受约束的代名词（bound pronoun）。

回忆一下约束理论的代名词原则（＝原则乙），其中规定了代名词在约束范围内不得受约束。那么（45）和（46）中的代名词受到量化词（包括疑问词）约束，是不是违反了原则乙呢？我们要注意疑问词的位置与第七章约束理论所讨论的先行词位置很不一样，疑问词所在的 CP 指示语位置不是一般论元会出现的位置。我们称之为非论元位置（non-argument position 或 A-bar position），一般论元只出现在主语、宾语、介词的补语或所有格（名词的指示语）位置等。我们也可以把论元位置（argument position 或 A position）想成可以接受论旨角色的位置。下图简单显示了一些典型的论元与非论元位置：

（47）

```
                CP
          ╱          ╲
       非论元           C'
                    ╱      ╲
                   C         IP
                          ╱     ╲
                        论元       I'
                               ╱    ╲
                              I       VP
                                      ╲
                                       V'
                                     ╱    ╲
                                    V      论元
```

　　至此我们应该了解约束理论中所规定的一些约束关系其实指的是居于论元位置的先行词约束句中其他成分，约束理论并不规范非论元位置的先行词的约束能力。假如一个词的先行词居于论元位置，我们称这种情况为"论元约束"（A-bind），另一种情况则为非论元约束（A-bar bind），因为先行词居于非论元位置。约束理论的三原则应该再度修改如下：

　　（48）**约束理论**
　　　　原则甲：后应词在其约束范围内受论元约束。
　　　　原则乙：代名词在其约束范围内不得受论元约束。
　　　　原则丙：指称词不得受论元约束。

　　这里要注意所谓的论元或非论元约束指的是先行词所在的位置，而非先行词本身是不是论元。（48）中的原则乙只要求代名词不受论元约束，对于高居CP指示语位置的疑问词约束代名词则毫不介意，因为疑问词只能非论元约束代名词，不算违背原则乙。

　　论元与非论元约束的差别分清楚以后，我们可以来探讨一下痕迹的存在为什么对解释句子诠释有重要的贡献。请考虑下列两个句子：

　　（49）a. Who loves him?

　　　　　谁爱他？

b. Who did you show to her?

你向她介绍了谁?

我们现在看看代名词 him 和 her 分别在（49a）、（49b）两句中能否当作疑问词的变数，也就是说 him 或 her 能否随疑问词指称对象之不同而变。由于疑问词移位时必定留下痕迹，（49）的结构实际上可以写成（50）：

（50）a. Who$_i$〔IP t$_i$ loves him$_i$〕

b. Who$_i$ did〔IP you show t$_i$ to her$_i$〕

（50）中的代名词 him 及 her 若要当疑问词 who 的变数则必须跟疑问词有相同的代号，但是疑问词留在原位的痕迹也跟疑问词代号相同，所以（50）两句中的疑问词、痕迹和代名词三者指称相同。居于主语位置的痕迹能"论元约束"代名词，违反了原则乙的规定，所以（50）这种约束的诠释是不可能的。约束理论正确地预测了（49）句中的代名词不能当作疑问词的变数。回答（49a）"谁喜欢他"，不能说"张三喜欢张三，李四喜欢李四，王五喜欢王五……"只能说"张三喜欢他，李四也喜欢他（同一个人）……"

假如（50）的结构中没有痕迹，则代名词可以受到疑问词的非论元约束，而得到变数的诠释（与（45）、（46）用法相同），不违反约束理论的任何原则。事实证明这种约束的诠释在（49）句中是完全不可能的。唯一合理的解释就是留在原位（主语位置）的痕迹防止代名词在（49）中当作变数。

我们再看看痕迹出现在代名词后边的情况。请考虑下列例句：

（51）a. Who did he say that Marly likes?

他说玛丽喜欢谁?

b. Who did she claim likes chocolate?

她说谁喜欢巧克力?

（51）句的情况与（49）略为不同，这回句中的代名词 he 或

she 与疑问词 who 的中间没有痕迹了，痕迹出现在补语子句里边。照理说 he 和 she 可以受 who 非论元约束而成为其变数。但实际上这种诠释也是不可能的。譬如，（51a）绝不能理解成（52）：

(52) 〔which x：x a person〕〔x said that Mary likes x〕

谁说玛丽喜欢他？（谁与他指同一个人，他为谁的变数）

（52）把（51a）的指称对象都明白表示出来了，这种以逻辑写法清楚表达句意的方式叫做逻辑形式（Logical Form，或简称 LF）。假如我们允许（51）中的代名词 he 和 she 当作 who 的变数，则（51）有下列结构：

(53) a. Who$_i$ did he$_i$ say that Maray likes t$_i$?

谁说玛丽喜欢他？（谁＝他）

b. Who$_i$ did she$_i$ claim t$_i$ likes chocolate?

谁说她喜欢巧克力？（谁＝她）

代名词与疑问词中间没有居于论元位置的痕迹，所以问题不出在代名词身上（代名词受非论元约束并不违反原则乙）。语言学家注意到疑问词的痕迹在约束性质上与指称词一模一样，也就是说疑问词痕迹应该遵守约束理论原则丙的规范，不得（在任何范围内）受论元约束。当然，位于非论元位置的疑问词可以约束其痕迹，因为这种约束永远是非论元约束与约束理论三原则无关。（53）的代号显示了位于主要子句主语（论元）位置的代名词 he 或 she 约束了疑问词痕迹，违反了原则丙对痕迹的要求，因此（53）的诠释是不可能的。这种现象称为疑问词痕迹的约束受阻效应（Crossover Effect），意指痕迹不能受句中居论元位置某成分之约束。

约束受阻效应还分成两类，像（51）·这样的情形，代名词居于统制疑问词痕迹位置者称为约束受阻强效应（Strong Crossover Effect），因为痕迹绝不能与代名词指称相同。现在我们考虑下列句子：

（54）a. Who did her mother like?

她的母亲喜欢谁？

b. Who did you show his fother to?

你把他的父亲介绍给谁？

（54）句的句尾都有疑问词痕迹，句中的代名词 her 与 his 均不能当作疑问词 who 的变数（亦即只允许独立的诠释）。拿（54a）来说，它的逻辑形式不可能是（55）：

（55）〔which x：x a pevson〕〔x's mother likes x〕

谁的母亲喜欢他？（谁与他指同一个人；他为谁的变数）

我们暂且假设（55）是可能的，然后再分析哪里出错。这回我们画个树看看：

（56）

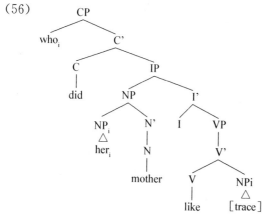

主语 her mother 中的代名词与疑问词 who 代号相同并不会造成问题，因为 who 只能非论元约束 her。我们再看疑问词痕迹，它居于动词补语的位置，虽然与 her 代号相同但因为 her 不

统制痕迹所以按照定义不能算受 her 的约束。（56）中的痕迹因此不违反原则丙的规定。换言之，（56）的诠释并不违反约束理论中的任何原则，但奇怪的是（56）就是得不到 who、her 与痕迹三者代号相同的（约束的）诠释。这个问题困扰了语言学家许多年，因此也得了个专有名称，叫做约束受阻弱效应（Weak Crossover Effect）。与强效应不同的地方是强效应就能够以约束理论原则丙来解释，而弱效应得不到合理的解释。

我们在这一节不再对约束受阻效应做深入的探讨，但愿意提出一些线索供读者思考。请看下列两句：

（57）a. Who did her mother bother? 她的母亲打扰谁？

　　　　b. Who did talking to her mother bother? 谁因为跟她
　　　　　母亲谈话觉得受打扰？

（57a）句中的代名词 her 不能当作疑问词的变数，呈现了标准的约束受阻弱效应（与（54）全同）。（57b）的结构与（57a）类似，代名词 her 也居于句子主语以内的位置，但让人惊讶的是（57b）的 her 能够当作疑问词 who 的变数。两个句子的逻辑形式成了强烈对比：

（58）a. *〔which x：x a person〕〔x's mother bothered x〕
　　　　　谁的母亲打扰她？（谁与她指同一个人，她为谁的
　　　　　变数）

　　　　b. 〔which x：x a person〕　〔did〔x talking to x's
　　　　　mother〕bother x〕（同（57b），谁与她指同一个
　　　　　人，她为谁的变数）

（58a）与（58b）最大的不同是（58b）的主语是一个动名词子句。根据扩充的填词原则，在子句的主语位置要有一个隐主语 PRO，因此（58b）的结构应该是：

（59）Who$_i$ did〔CP〔IP PRO$_i$ talking to her$_i$ mother〕〕bother
　　　t$_i$?

若假设（57a）的代名词 her 也能得到约束的诠释（就是代名词 her 当疑问词 who 的变数），它的结构会是：

(60)　＊Who$_i$ did 〔IP 〔NP her$_i$ mother〕bother t$_i$〕?

（59）与（60）的不同在于前者在疑问词 who 和代名词之间还有一个隐主语 PRO，而后者在疑问词和代名词之间没有其他名词。这一点与我们讨论过的一些句子有点相似：

(61)　a. Who$_i$ t$_i$ loves her$_i$ mother?

　　　　谁爱她的母亲？（她为谁的变数）

　　　 b. Who$_i$ did you introduce t$_i$ to her$_i$ parents?

　　　　你把谁介绍给她的母亲？（她为谁的变数）

在以上两例中疑问词与代名词中间都有一个疑问词痕迹，跟（59）一做对比我们就注意到代名词似乎不能离疑问词太近，离疑问词太近就不能当它的变数；若两者中间还有痕迹或隐主语 PRO 把它们隔开，则代名词可以当作该疑问词的变数，得到约束的诠释。（57a）与早先的（54）相似，在疑问词和代名词中间没有痕迹，所以得不到约束的诠释。我们可以用下列的叙述来掌握代名词当变数的条件：

(62)　若代名词要当疑问词的变数（也就是约束的诠释），两者之间必须有第三者约束该代名词。

（62）这个条件能够解释约束受阻强弱效应。强效应除不符合（62）的规定同时也违反了约束原则丙（假设疑问词痕迹遵守原则丙），所以不合语法的程度较烈。弱效应不符合（62），但并不违反原则丙，所以不合语法的程度较轻。这也正是语法学家称之为弱效应的理由。

注意本书的分析虽然重点在说明代名词在什么条件下能够得到约束的诠释，但整个论理的过程同时也说明了一件事，那就是若无痕迹的存在，这整篇分析也就不可能存在，本节所讨论的约束受阻效应现象也就得不到任何解释了。这再度说明了假设痕迹存在的确能帮助我们对句法的结构有更正确的了解。

第五节　子句连词的属性选择

在前几节我们讨论了一些直接问句，并建立了一套分析这些问句的理论。最重要的结论是疑问词必须由底层结构中的原位移至表层结构，并留下痕迹。我们也讨论了痕迹存在的证据以及它的存在如何帮助我们了解一些句子的诠释问题。但基本上我们只讨论了一种问句：

(63) a. Who did John see?

约翰看到谁？

b. Who did Mary say that Bill gave the book to?

玛丽说比尔把书给了谁？

c. Who does Bill believe that Mary said likes beer?

比尔认为玛丽说谁爱喝啤酒？

(63) 各句中疑问词一律从句中某位置移至句首；但这并不是唯一的一种疑问词移位。请考虑下面几个例子：

(64) a. I wonder 〔CP who 〔IP John saw〕〕

我想知道约翰看到了谁。

b. I wonder 〔CP who 〔IP Mary said that Bill gave thebook to〕〕

我想知道玛丽说比尔把书给了谁。

c. I wonder 〔CP who 〔IP Bill believes that Mary said likes beer〕〕

我想知道比尔认为玛丽说谁爱喝啤酒？

(64) 三句的补语子句都违反了扩充的填词原则、论旨关系准则，以及本章所介绍的疑问词痕迹定理（疑问词必须约束句中居于论元位置的某成分）。这个问题当然只是表面的，因为我们可以加入疑问词痕迹，以 (65) 表示：

(65)　a. I wonder 〔CP who_i 〔IP John saw t_i〕〕（同（64a））

　　　b. I wonder 〔CP who_i 〔IP Mary said that Bill gave the book to t_i〕〕（同（64b））

　　　c. I wonder 〔CP who_i 〔IP Bill believes that Mary said t_i likes beer〕〕（同（64c））

　（65）这种结构称为间接问句（indirect question）以别于（63）的直接问句（direct question）。若要假设（65）中的疑问词移到 wonder 的补语 CP 的指示语位置，首先，我们必须解释 who 为什么移到这个位置而不移到别的地方。在介绍词汇里的次类特征时，我们说过某些动词选择特定类型的补语，拿动词 swear（发誓）来说，它的补语子句必须是有时态的 that 子句而不能是不定词子句：

(66)　a.　I swear 〔CP that 〔IP John is boring〕〕

　　　b. *I swear 〔CP for 〔IP John to be boring〕〕
　　　　　我发誓约翰这个人很无聊。

像 try，want 这样的动词则选择不定词子句作补语：

(67)　a. *I tried 〔CP （that）〔IP I win the race〕〕

　　　b.　I tried 〔CP 〔IP PRO to win the race〕〕
　　　　　我尝试赢得这场比赛。

　同理，wonder 这类动词则选择间接问句作为补语，它的补语子句若没有疑问词移入 CP，则它必须选择 whether 或 if 作子句连词：

(68)　a. *I wonder 〔CP （that）〔IP John saw Mary〕〕

　　　b. *wonder 〔CP for 〔IP John to see Mary〕〕

　　　c.　I wonder 〔CP whether 〔IP John saw Mary〕〕

　　　d.　I wonder 〔CP if 〔IP John saw Mary〕〕
　　　　　我想知道约翰是否看到了玛丽。

　（68c）与（68d）就相当于直接问句中的是非问句，我们可以把这两个句子表达成：

(69) I wonder whether or not it is true that John saw Mary.

我想知道约翰看到玛丽这个说法是否为真。

回忆一下中节理论：一个词首选择补语时，它选择的其实也就是这个补语词首的性质，因此当我们说 wonder 选择间接问句作补语时，我们要把这个特性记在 CP 的词首子句连词 C 上，这样的特性可以用〔＋Q〕这个符号来代表（Q 表问句）。wonder 在词汇里的资料大致如下：

(70) wonder,＋V, θ, ＋〔 _____ NP 〕
　　　　　　　（外论元）　　　　〔＋Q〕
　　　　　　　　　　　　　（带有疑问句属性）

wonder 的节外论元以 θ 表示，我们不必太在意它是经验者，还是施动者。请看下列例句：

(71) a. I wonder 〔CP who 〔IP Mary saw〕〕 我想知道玛丽看到谁了。

b. I wonder 〔CP what 〔IP Mary said that Bill bought〕〕 我想知道玛丽说比尔买了什么。

c. I wonder 〔CP what 〔IP John believes that Mary said that Bill bought〕〕 我想知道约翰相信玛丽说比尔买了什么。

同样的，以上三句都缺了一个疑问词痕迹，我们把它补上：

(72) a. I wonder 〔CP who$_i$ 〔IP Mary saw t$_i$〕〕

b. I wonder 〔CP what$_i$ 〔IP Mary said that Bill bought t$_i$〕〕

c. I wonder 〔CP what$_i$ 〔IP John believes that Mary said saw that Bill bought t$_i$〕〕

注意，(72) 句中的疑问词移位是必要的，将疑问词留在原位会形成下列病句：

(73) a. ＊I wonder 〔CP 〔IP Mary saw who〕〕

b. ＊I wonder 〔CP 〔IP Mary said that Bill bought what〕〕

c. * I wonder 〔CP 〔IP John believes that Mary said that Bill bought what〕〕

这里我们可以很清楚地看出由于 wonder 选择的具 〔+Q〕属性子句连词，这个 CP 的指示语位置便必须吸引一个疑问词组，不然 C 本身则要以 whether 或 if 出现，不能将 CP 整个空在那儿。根据我们前几节分析直接问句的经验，分析间接问句最简单的方法也是假设疑问词移位。

有些动词可以选择不具 〔+Q〕属性的 that 子句，也可选择具 〔+Q〕的间接问句。拿动词 know 来说，下列几个句子都合法：

(74) a. I know 〔CP that 〔IP John saw Mary〕〕 我知道约翰看到了玛丽。

　　b. I know 〔CP when 〔IP John saw Mary t_i〕〕 我知道约翰什么时候看到玛丽。

　　c. I know 〔CP who$_i$ 〔IP t_i saw Mary〕〕 我知道谁看到玛丽。

　　d. I know 〔CP if 〔IP John saw Mary〕〕 我知道约翰是否看到玛丽。

除了 (74a) 中 know 选择 that 子句以外，其他情况都是 〔+Q〕子句。know 在词汇里的资料可以写成：（that 的属性可以 〔−Q〕代表）

$$(75)\ know,\ +V,\ \theta,\ +\left[\underline{\quad}\left\{\begin{matrix}NP\\CP\end{matrix}\right\}\right]$$
$$|$$
$$〔\pm Q〕$$

另外还有一种句型也应用了疑问词移位，请考虑下例：

(76) a. the man 〔CP 〔IP John saw〕〕 约翰看到的那个人。

　　b. the book 〔CP which 〔IP Mary claims that she read〕〕 玛丽宣称她念过的那本书。

　　c. the painting 〔CP which 〔IP John said that Mary

claimed that she bought in Vienna]] 约翰说玛丽宣称她在维也纳买的那幅画儿。

（76）各句均包含了关系子句（relative clause），这里我们又看到了疑问词移位的迹象：表面上违反了扩充的填词原则，论旨关系准则及疑问词痕迹定理。因此，我们可以假设（76）的底层结构是（77）：（将疑问词归回原位）

（77）a. the man[CP [IP John saw who]]…

　　　b. the book[CP[IP Mary claims that she read which]]…

　　　c. the painting [CP[IP John said that Mary claimed that she bought which in Vienna]]…

疑问词 who、which 分别移入各句名词后的 CP，并留下痕迹，形成如下的表层结构：

（78）a. the man[CP who$_i$[IP John saw t$_i$]]…

　　　b. the book[CP which$_i$ [IP Mary claims that she read t$_i$]]…

　　　c. the painting [CP which$_i$ [IP John said that Mary claimed that she bought t$_i$ in Vienna]]…

我们用同一种分析方式（疑问词移位及痕迹）能够成功地处理三种不同的结构：直接问句、间接问句、关系子句。这正符合了我们建立语法模式的逻辑：用最少的规则来处理最多的句子（或句型结构），再用最普遍的原则来规范好句，删除病句。

尚有一些与疑问词移位相关的问题我们暂且不在此讨论，第十章将专门讨论移位的一些限制。汉语中没有明显的疑问词移位现象，但也有类似英语疑问词移位的性质，我们也将在第十章做一简单介绍。

第六节　深入思考训练

一、考虑下列各句的指称性质：(摘自 Haegeman 1991)

(1) Which pictures of himself will John sell?

约翰要卖他自己的哪几张相片？

(2) Which pictures of each other do you think that your parents prefer?

你认为你父母比较喜欢彼此的哪几张相片？

(3) Those are the pictures of himself which John likes best.

那几张是约翰最喜欢的自己的相片。

(4) Every picture of him, John likes.

每一张他的相片，约翰都喜欢。

〔问题〕

1. 写出上列四句的底层结构并解释移位过程。

2. 讨论约束原则甲（后应词原则）应用在底层结构还是在表层结构。

二、考虑下面两个例句：

(1)　　Which article did John file without reading?

(2)　*Which article did John disappear without reading?

(1) 的意思：John 没念就把某篇文章交上去了，那是哪一篇文章？(2) 的意思：John 没念某篇文章人就跑了，那是哪一篇文章？但是 (1) 合语法，(2) 不合语法。现在考虑 (3)：

(3)　*Who left before we could even greet?

(3) 句的意思：谁在我们没来得及打招呼之前就走了。但是 (3) 的说法不合语法。最后一句：

(4)　*John filed the report without reading.

(4) 句的意思是 John 没念就把那篇报告交上去了。但是

（4）的说法也不合语法。

〔问题〕

1. 写出（1）、（2）、（3）的表层结构，并特别注意依移位理论填入所有的痕迹（或其他隐词），不要忘了加上代号。

2. 在 before 子句或 without 子句中的隐词有什么性质？（从约束理论的角度讨论）

3. 比较（1）、（2）、（3）三句，归纳出一条原则来解释为什么（1）合语法而（2）、（3）不合。语言学术语称（1）的结构为"寄生空缺"（parasitic gap），请解释这个名词。

4. 利用 3 的答案解释（4）句为何不合语法。

三、英语的动词选择补语子句的同时也选择了子句连词的属性（或为〔＋Q〕或为〔－Q〕），汉语里哪些动词选择〔＋Q〕，哪些选择〔－Q〕，哪些选择〔±Q〕，请用例句说明你的答案。

四、本章介绍了逻辑形式（LF）这个概念，我们可以把它想象成另一个句法层次：底层结构→构表层结构→逻辑形式。英语的回声问句允许疑问词留在原位。例如：

（1）甲：Mary loves Dobrovlakoffievkinsky.

　　　　玛丽喜欢 Dobrovlakoffievkinsky。

　　　乙：Mary loves who?

　　　　玛丽喜欢谁？

乙的问句中，疑问词 who 留在原位，因此这个句子的底层结构与表层结构的词序一样，但逻辑形式仍能把这个句子诠释为问句：

（2）LF：which x, x a person, such that Mary loves x.

现在考虑下列病句：（每句均有两个疑问词组）

（3）a. * Which book$_i$ did the boys buy t$_i$ after Mary recommended which book about themselves?

（字面：玛丽推荐了哪一本关于这些男孩自己的书以后，他们就去买了哪本书?）

b. * The boys wondered which frame$_i$ Mary put t$_i$ on which picture of themselves.

（字面：这些男孩想知道玛丽给他们自己的哪张相片配了哪种框子）

c. * Which book$_i$ did the boys show t$_i$ to the woman that painted which picture of themselves.

（字面：这些男孩拿哪一本书给那个为了他们自己画哪张画的女人看）

例（3）各句均同时问两件事情，汉语没有办法妥善译出结构，所以也均为病句。现在的问题是为什么例（3）各句不合法。

〔问题〕

1. 将（3）的三句（依填词原则的规定）的底层结构写出来。以底层结构来理解（3）句的含义较容易。

2. 解释为什么（3）不合语法？（从约束理论的角度考虑）

3. （3）句显示了约束理论原则甲是否应该适用于逻辑形式的层次？

五、疑问句中含有两个（甚至更多）疑问词的时候，有时会得到所谓"成对"（pair reading）的诠释。譬如下例：

（1）I want to know who bought what.

我想知道谁买了什么。

句中有两个疑问词 who 和 what。针对这两个疑问词，答案可以是 John bought a book 约翰买了书，Mary bought a shirt 玛丽买了衬衫，Bill bought a coke 比尔买了可乐等。汉语也可以有此"成对"的结构：

（2）我知道谁点了什么菜。

（2）句的说话者知道张三点了宫保鸡丁、李四点了葱爆羊肉，王五点了蚂蚁上树等。有趣的是（2）句在特定的情况下可以不作"成对"的解释，考虑下例：

（3）a. 甲-我知道谁点了江巴拉鸭。

　　　 b. 乙-（惊奇）你知道谁点了什么鸭？

江巴拉鸭为美国南方嘉郡海鲜焖饭，与鸭无关。乙的问句并不期待成对的答案。乙并不期待这样的答案："张三点了北京烤鸭，李四点了南京板鸭，王五点了湖南腊鸭……"乙显然对"谁"没兴趣，他只想知道某个人点的那道菜到底是什么菜。同理，在特殊情况下，（2）句也可以理解成只问"谁"，不问"什么菜"。英文的（1）句只能有成对的诠释，不像汉语的（2）句有（成对的与不成对的）三种诠释。英语顶多只能讲出下列不合语法的句子来表达像（3b）这种"不成对"的诠释：

（4）　＊What$_i$ did you wonder who$_j$ t$_j$ ordered t$_i$?

　　　 你知道谁点了什么菜？只问什么菜。

〔问题〕

　1. 仿照（3）的情况，设计一个对话让"你知道谁点了什么菜？"得到另一种不成对的诠释。说话者只问"谁"，不问"什么菜"。

　2. 参考第四题的答案，从句法层次的角度来解释英语问句（1）和汉语问句（2）为什么都能得成对的诠释，但只有汉语允许不成对的诠释。

　　　（本题也可留至念完第十章再作）

六、疑问词居于介词组内时，有两种移位的可能：一种是将介词留在原位，另一种是让介词跟疑问词一起移位。参考下例：

（1）a. Whom$_i$ will the police inspector give the money to t$_i$?

那个警探会给谁这笔钱？

b. Which folder$_i$ does John keep the letters in t$_i$?

约翰把信件都存放在哪一个档案夹里？

（2）a. To whom will the police inspector give the money?

（同（1a））

b. In which folder does John keep the letters?

（同（1b））

（1）句的结构是疑问词移出介词组把介词留在后头，称为介词滞后（preposition stranding，一译介词遗留），（2）句的结构是让介词跟着往前移，称为介词并移（Pied-piping）。一般来说，规范式的英语语法偏向介词并移但日常口语偏向介词滞后。

请考虑下面两句：

（3）a. * Which$_i$ party did Bill meet Mary after t$_i$?

比尔在哪一次聚会以后遇见玛丽？

b. * Whose$_i$ office did the inspectors discuss the crime in t$_i$?

这些警探在哪一间办公室里讨论那个案子？

（4）a. After which party did Bill meet Mary?

（同（3a））

b. In whose office did the inspectors discuss the crime?

（同（3b））

〔问题〕

1. 比较（1）（2）句和（3）（4）句，指出问题何在。

2. 从动词次类划分的角度来讨论（1a）与（3a）语法性为什么不同？

3. 从同一角度来讨论（1b）与（3b），答案与上一题一样吗？

4. 请建议一套分析方式或原则来规范介词滞后。

（提示：作答时可参考下列资料，摘自 Redford 1988）

(5) a. Which points did you agree on?

　　 b. On which points did you agree?　（你们同意哪
　　　　一点？）

(6) a. Which cinema did you see the film in?

　　 b. In which cinema did you see the film?（你在哪家电
　　　　影院看的这部电影？）

(7) a. Which offer did you turn down?

　　 b. *Down which offer did you turn?（你拒绝了他们哪
　　　　个提案？）

(8) a. What did you put up with?

　　 b. *With what did you put up?

　　 c. *Up with what did you put?（你忍受了什么？）

(9) a. What did you say that for?

　　 b. *For what did you say that?（你为什么那么说？）

(10) a. Where are you going to?

　　 b. *To where are you going?（你上哪儿去？）

第九章　名词组移位

第一节　名词组提升

在上一章里我们建议分析直接问句最好的分析方式就是假设疑问词移位并在原位留下痕迹，移位结果的好坏要受疑问词痕迹定理规范。像下列（1a）这样的句子便会经由移位而形成（1b）的表层结构：（关于英语助动词 do 的填入详第十一章第二节）

（1）a. 〔CP〔C'C〔IP John saw〔NP which man〕〕〕〕

　　b. 〔CP〔NP which man〕ᵢ〔C'C〔IP John saw tᵢ〕〕〕

移位分析可以同样应用于间接问句和关系子句。我们很自然的要问疑问词移位是不是人类语言唯一的移位方式？也就是说是否所有的移位规则都把句子中某成分移至 CP？假如答案是肯定的，我们的语法便只需要在发生疑问词移位时才区分底层和表层两个不同的结构；所有其他句型都只需要一个底层结构就行了（因为不再有其他形式的移位规则）。这个问题的答案非常重要，请考虑下列例句：

（2）a. It seems that John is eating a dish of cookies. 好像约翰正在吃一碟饼干。（其余各句相同）

　　b. John seems to be eating a dish of cookies.

（3）a. It is likely that John will eat a dish of cookies.

　　b. John is likely to eat a dish of cookies.

（4）a. It appears that John is eating a dish of cookies.

b. John appears to be eating a dish of cookies.

上面三组例句中的（a）句都含有虚主语 it。记得虚主语只能出现在一个不能得到论旨角色的位置，由此我们可以断定以上（a）句的主语位置是个无论旨角色的位置，若是一个一般名词出现在这种位置，这个名词将因无法获得论旨角色而违反论旨关系准则。请看下例：

（5）a. * John seems that Mary is eating a dish of cookies.

　　　　约翰好像玛丽正在吃一碟饼干。（病句）

　　　b.　　It seems that Mary is eating a dish of cookies. 好

　　　　像玛丽正在吃一碟饼干。

（5a）中的 John 出现在虚主语 it 能出现的位置，因此得不到论旨角色，违反了论旨关系准则。然而（2b）、（3b）、（4b）三句中 John 也出现在虚主语 it 的位置，但结果却是合法的句子。我们的理论对此作何解释呢？（5a）的 John 得不到论旨角色使（5a）成为病句，问题是（2b）、（3b）、（4b）中的 John 处于同一位置如何能得到论旨角色。乍看之下，我们觉得（5a）的合法程度和前三句应该是相同的，但实际上，只有（5a）不合语法，其他三句都没问题。

我们先考虑一下 John 在这些句子里带着什么论旨角色：

（2b）. John seems to be eating a dish of cookies.

（3b）. John is likely to eat a dish of cookies.

（4b）. John appears to be eating a dish of cookies.

John 在三句中都扮演了同样的角色：吃饼干的人。也就是动词组 eat a dish of cookies 的主语（施动者）。尤其要注意的是 John 与主要动词或动词片语 seems、is likely、appears（似乎、很可能、好像）等都没有明显的语义关系。我们比较（2）—（4）三组例句，发现（a）（b）句的语义其实是相同的。（2b）中的动词 seem 可译作好像。什么东西"好像"了？"好像 John"这个句子说不

通，但"好像 John 吃了一碟饼干"就说得通了。也就是说 John 与
"好像"没有语义上的直接关系，与"好像"有语义关系的是整个
命题"John 吃了一碟饼干"。(2) — (4) 句可以改写成 (6)：

(6) a. It seems to be true that John stands in the eat rela-
tion to a dish of cookies.

b. It is likely to be true that John stands in the eat rela-
tion to a dish of cookies.

c. It appears to be true that John stands in the eat rela-
tion to a dish of cookies.

　　约翰正吃一碟饼干这个说法似乎是正确的。

　　我们面临的困难是如何把高居句首主语位置的 John 与补语
子句中的动词组"吃饼干"连上关系，让 John 能够直接从动词
处得到论旨角色：

(7)　John (seems/appears/is likely) to eat a dish of cookies

　　　　　约翰好像要吃一碟饼干。

　　我们提过主语的论旨角色是通过管辖关系由动词组 VP 处得
来的。但是，如 (7) 所示，动词组 VP〔eat a dish of cookies〕
不可能管辖高居主要子句主语位置的 John，因此根据我们自己
建立的规则，John 是无法得到论旨角色的。(7) 句还有另一个
问题：根据扩充的填词原则，动词组 eat a dish of cookies 还需要
一个主语。因此我们需要在动词组前面加上一个隐形的主语，把
(2b)、(3b)、(4b) 再修改成下列结构：

(2b) John seems〔CP〔IP〔e〕to be eating a dish of cook-
ies〕〕

(3b) John is likely〔CP〔IP〔e〕to eat a dish of cookies〕〕

(4b) John appears〔CP〔IP〔e〕to be eating a dish of cook-
ies〕〕

句中的〔e〕代表了一个隐词，这个隐词是隐主语 PRO？还是可隐代词 pro？甚或是疑问词痕迹呢？我们要研究它的句法性质才能作决定，若它与前三种隐词的性质均不同，那我们就有第四种隐词了。

首先，我们会把补语子句中的〔e〕理解成吃饼干的那个人，跟主要子句的主语 John 扮演一样的角色，这种理解可以比照我们处理疑问词与其痕迹的方式用代号来标明：

(2b) John$_i$ seems 〔CP 〔IP 〔e〕$_i$ to be eating a dish of cookies〕〕

(3b) John $_i$ is likely 〔CP 〔IP 〔e〕$_i$ to eat a dish of cookies〕〕

(4b) John$_i$ appears 〔CP 〔IP 〔e〕$_i$ to be eating a dish of cookies〕〕

以上的结构既不违反扩充的填词原则又能表达出 John 和附属子句中主语〔e〕的语义关系，很接近我们想象中的表层结构了。但是上列的表示法还有一些细节要交待清楚，我们现在就来讨论一下。

首先，我们要问这个隐词〔e〕到底是哪一种隐词。很显然〔e〕不可能是疑问词痕迹，因为（2b）、（3b）、（4b）三句中均无疑问词，自然谈不上是疑问词组移位留下的痕迹。〔e〕也绝不可能是可隐代词 pro，因为英语根本不允许空主语或空宾语结构。唯一比较有可能是隐主语 PRO，因为 PRO 在控制结构中也是与主要子句的某个名词（主语或宾语）代号（即指称）相同：

(8) a. John$_i$ tried 〔PRO$_i$ to eat a dish of cookies〕约翰试图吃一碟饼干。

b. John$_i$ wants 〔PRO$_i$ to eat a dish of cookies〕约翰想要吃一碟饼干。

c. Bill persuaded John$_i$ 〔PRO$_i$ to eat a dish of cookies〕比尔说服约翰吃一碟饼干。

在例（8）的控制结构中，PRO 的代号与约束它的 John 相同，但注意 PRO 有它自己的论旨角色，John 也有它自己的论旨角色。在（8a）中 John 是动词 try 的节外论元，是施动者的角色，而补语子句中的 PRO 则是 eat a dish of cookies 的节外论元，有另一个施动者（吃饼干）的角色。在（8b）中 John 是动词 want 的论元，带有经验者的角色而 PRO 仍扮演吃饼干的施动者角色。在（8c）中 John 是动词 persuade 的节内论元，有受动者（被劝服）的角色，而 PRO 仍然是吃饼干的施动者。

例（8）中 John 出现的位置是个地地道道的论元位置，因为虚主语 it 不能出现在 John 的位置取代 John：

(9) a. * It tried that〔John should eat a dish of cookies〕

    b. * It wants that〔John should eat a dish of cookies〕

    c. * Bill persuaded it that〔John should eat a dish of cookies〕

(9) 句中的 it 绝不可能是虚主语 it，若是 it 是能指称事物的代名词 it 则（9）句还勉强能说得通。

现在的问题是如何让下列结构中的主语 John 得到论旨角色：

(2b) John$_i$ seems〔〔e〕$_i$ to be eating a dish of cookies〕

(3b) John$_i$ is likely〔〔e〕$_i$ to eat a dish of cookies〕

(4b) John$_i$ appears〔〔e〕$_i$ to be eating a dish of cookies〕

至少我们得让补语子句里的隐词〔e〕与 John 共用一个论旨角色，John 才能得到正确的诠释。假如我们允许 PRO 与约束它的名词共用一个论旨角色，那么（8）句中的 John 就必须跟 PRO 共用"吃饼干"的施动者角色而又单独有它自己的（施动者、经验者、或受动者）论旨角色。一个论元而有两个论旨角色正犯了论旨关系准则的大忌，因此我们可以得出结论，（2b）、（3b）、（4b）中的隐词〔e〕绝不可能是 PRO，这些句子不能是控制结构。

〔e〕既不是 PRO，也不是可隐代词 pro 或疑问词痕迹，那它到底是什么呢？我们似乎在这儿遇到了一类新的隐词，使隐词的类型增加到四个。

　　我们对 John 在 (2b)、(3b)、(4b) 三句中的论旨角色有相当清楚的直觉，那就是 John 应该是动词组 eat a dish of cookies 的主语，这个直觉可以由下列结构表达出来：

(10) a. 〔〔e〕 seems 〔CP 〔IP John to be eating a dish of cookies〕〕〕

　　　b. 〔〔e〕 is likely 〔CP 〔IP John to eata dish of cookies〕〕〕

　　　e. 〔〔e〕 appears 〔CP 〔IP John to be eating a dish of cookies〕〕〕

　　(10) 的好处就是把 John 与动词组的论旨关系直接表达出来了。因为居于补语子句中主语的位置，John 可以取得“施动者”的论旨关系。(10) 同时也表示了主要子句主语位置是个非论元位置，动词 seems、is likely、appears 等没有论旨角色给这个位置；这也符合了我们的直觉，所以我们可以假设 (10) 就是 (2b) (3b) 与 (4b) 的底层结构，这个底层结构完全遵守填词原则及论旨关系准则。

　　(10) 句句首有一个空位，根据扩充的填词原则，我们可以填入虚主语 it，由于主语 it 不是论元，不需要论旨角色，所以出现在 (10) 句的主语空位正好适得其所。我们看看结果：

(11) a. ＊〔It seems 〔CP 〔IP John to be eating a dish of cookies〕〕〕

　　　b. ＊〔It likely 〔CP 〔IP John to eat a dish of cook-ies〕〕〕

　　　c. ＊〔It appears 〔CP 〔IP John to be eating a dish of cookies〕〕〕

　　(11) 中三句不合语法，因为句中在补语子句主语位置的 John 通不过格的检验。John 在不定词子句的主语位置无法得到主格（记得只有有时态的屈折词 I 才能给主格）；同时 (10) 句也不是例外格的结构，John 无法通过主要动词的管辖而得到受格，因为 John 与主要动词之间有 CP 相隔。(11) 句虽然满足了扩充的填词原则（有虚主语 it）但因为 John 没有格而无法通过格的检验，成为病句。

要解决 John 格的问题，我们必须把 John 移到一个能得到格的位置。注意在 (10) 的底层结构中，主要子句主语的位置可以得到主格（有时态的屈折词可以给主格），更妙的是这个位置属于非论元位置，得不到论旨角色。把已经有论旨角色的 John 移入这个位置，让 John 得到主格却又不违反论旨关系准则，同时也免了虚主语 it，正好一举两得，可以挽救 (10) 的结构。新的结构以 (12) 表示，也就是 (10) 的表层结构：

(12) a. 〔IP John seems 〔CP 〔IP to be eating a dish of cookies〕〕〕

b. 〔IP John is likely 〔CP 〔IP to eat a dish of cookies〕〕〕

c. 〔IP John appears 〔CP 〔IP to be eating a dish of cookies〕〕〕

然而，(12) 的结构并不完整，John 移到主要子句主语位置以后，补语子句没有主语了，违反了扩充的填词原则。这个问题与我们分析疑问词移位时遭遇的困难如出一辙。解决的方式自然也一样：John 的移位也必须留下痕迹。(12) 若改成 (13)（加上痕迹）就没有问题了：

(13) a. 〔IP John$_i$ seems 〔CP t$_i$ to be eating a dish of cookies〕〕

b. 〔IP John$_i$ is likesly 〔CP t$_i$ to eat a dish of cookies〕〕

c. 〔IP John$_i$ appears 〔CP t$_i$ to be eating a dish of cookies〕〕

至此，John 与补语子句中的隐词〔e〕的关系正式确立了，该隐词是 John 移位至主要子句主语位置后留下的痕迹。这种新的移位规则与上一章讨论的疑问词移位很不一样，疑问词移位终点是 CP 的指示语位置，John 移入的位置是只有名词（或作用相当于名词的主语 CP）才会出现的位置，为了与疑问词移位区别，我们称之为名词组移位（NP movement），名词组移位留下的痕迹称为名词组痕迹（NP-trace），与疑问词痕迹不同。名词组移位的规则简述如下：

（14）**名词组移位**：将一名词组移入一空的名词组位置。

我们在讨论疑问词移位的时候曾用惯用语的特殊诠释来支持我们的分析，若惯用语出现在（10）句这样的底层结构中，我们是不是也可以通过名词组移位，把惯用语拆散而仍然维持其特殊诠释呢？请考虑下列各句：

（15）a. The cat is out of the bag.

b. The shit hit the fan.

c. The jig is up.

（15a）意指秘密泄露，（15b）意指劣行败露闹得众人皆知，（15c）指没希望了，一切都完了。这三个惯用语可以出现在有时态的子句里：（意义与（15）同）

（16）a. It seems that the cat is out of the bag.

b. It is likely that the cat is out of the bag.

c. It appears that the cat is out of the bag.

（17）a. It seems that the shit hit the fan.

b. It is likely that the shit hit the fan.

c. It appears that the shit hit the fan.

（18）a. It seems that the jig is up.

b. It is likely that the jig is up.

c. It appears that the jig is up.

（16）、（17）、（18）的底层结构与表层结构极相似，只有主要子句主语位置是空的，稍后根据扩充的填词的原则填入虚主语 it，形成了（16）—（18）的表层结构。

（16）—（18）的惯用语出现在有时态的补语子中；现在我们将惯用语用不定词子句的形式来表示，底层结构如下：（意义仍与（15）同）

(19) a. 〔IP 〔e〕 seems 〔CP 〔IP 〔NP the cat〕 to be out to the bag〕〕〕

　　 b. 〔IP 〔e〕 is likely 〔CP 〔IP 〔NP the cat〕 to be out ofthe bag〕〕〕

　　 c. 〔IP 〔e〕 appears 〔CP 〔IP 〔NP the cat〕 to be out of the bag〕〕〕

(20) a. 〔IP 〔e〕 seems 〔CP 〔IP 〔Np the shit〕 to have hit the fan〕〕〕

　　 b. 〔IP 〔e〕 is likely 〔CP 〔IP 〔NP the shit〕 have hit the fan〕〕〕

　　 c. 〔IP 〔e〕 appears 〔CP 〔IP 〔NP the shit〕 to have hit the fan〕〕〕

(21) a. 〔IP 〔e〕 seems 〔CP 〔IP 〔NP the jig〕 to be up〕〕〕

　　 b. 〔IP 〔e〕 is likely 〔CP 〔IP 〔NP the jig〕 to be up〕〕〕

　　 c. 〔IP 〔e〕 appears 〔CP 〔IP 〔NP the jig〕 to be up〕〕〕

上列结构有两个问题：其一是主要子句没有主语，其二是补语子句的主语没有格。名词组移位能够同时解决这两个问题：

(22) a. 〔IP 〔NP the cat〕$_i$ seems 〔CP 〔IP t$_i$ to be out of the bag〕〕〕

　　 b. 〔IP 〔NP the cat〕$_i$ likely 〔CP 〔IP t$_i$ to be out of · the bag〕〕〕

　　 c. 〔IP 〔NP the cat〕$_i$ appears 〔CP 〔IP t$_i$ to be out of the bag〕〕〕

(23) a. 〔IP 〔NP the shit〕$_i$ seems 〔CP 〔IP t$_i$ to have hit

the fan]]]

b. [IP [NP the shit]$_i$ is likely [CP [IP t$_i$ to have hit the fan]]]

c. [IP [NP the shit]$_i$ appears [CP [IP t$_i$ to have hit the fan]]]

(24) a. [IP [NP the jig]$_i$ seems [CP [IP t$_i$ to be up]]]

b. [IP [NP the jig]$_i$ is likely [CP [IP t$_i$ to be up]]]

c. [IP [NP the jig]$_i$ appears [CP [IP t$_i$to be up]]]

(22) —（24）遵守了填词原则和论旨关系准则，移位后的名词组 the cat、the shit 与 the jig 也能通过格的检验，但我们真正关心的是（22）—（24）是否能维持其惯用语的特殊诠释。结果显了这些句子都能维持其特殊诠释，因此我们知道名词组移位的分析方式是正确的。

因为附属子句中的主语提升到主要子句主语的位置，所以（22）—（24）这样的结构叫做提升结构（Raising construction），也叫做提升句，提升是名词组移位的一种。

我们现在来比较一下提升结构和控制结构的不同。由于控制结构并不涉及移位，我们预测控制结构不能通过惯用语的测试。我们试试把（15）中惯用语的主语 the cat，the shit 和 the jig 放在主要子句，惯用语其他部分则留置于附属子句。看看下列例句：

(25) a. * The cat wants [PRO to be out of the bag]

b. * The cat tried [PRO to be out of the bag]

c. * Bill persuaded the cat [PRO to be out of the bag]

（星号 * 表示惯用语的特殊诠释不可能）

(25) 只能得到字面上的解释如猫想从袋子里出来等。这说明了提升与控制是两种完全不同的结构。除了惯用语的测试之外，我们还可以用虚主语 it 来区别提升和控制。若虚主语 it 能够出现在主语位置该句即为提升结构，反之则为控制：

(26) a. * It wants that 〔the cat is out of the bag〕

　　 b. * It tried that 〔the cat is out of the bag〕

　　 e. * Bill persuaded it that 〔that cat is out of the bag〕

(27) a. 　It seems that 〔the cat is out of the bag〕

　　 b. 　It is likely that 〔the cat is out of the bag〕

　　 c. 　It appears that 〔the cat is out of the bag〕

(26) 与 (27) 的对比再度说明了提升和控制截然不同。

　　名词组移位有两个特性。第一，名词组是由能接受论旨角色的位置移到没有论旨角色的位置。若移入一个有别的论旨角色的位置，结果必违反论旨关系准则，因此，我们再度强调论旨关系准则必须在底层结构和表层结构都存在。第二，既然名词组移位是移到另一个名词位置，这个位置必须在底层结构就存在。什么样的位置会在底层结构中存在却空在那儿没有论元呢？宾语的位置是绝不可能的，因为宾语位置唯有在词汇的次类划分栏内规定明白，才能在底层结构中造出来，因此该位置必有论元，不会是空的。唯一的可能是词汇里虽没有规定但因扩充的填词原则要求（每句必有主语）而硬造出来的主语位置。综合以上两点我们可以作出如下结论：名词组提升不可能移入补语位置（会造成双重论旨角色的问题），只可能移入主语的位置。这个结论到目前为止尚未在任何一个人类语言中找到反证。

第二节　被　动　句

　　我们在这一节要讨论另一种牵涉到名词组移位的结构。请考虑下面例子：

(28) a. John hit Bill. 约翰打了比尔。

　　 b. Bill was hit (by John). 比尔被（约翰）打了。

(29) a. John baked a beautiful cake for Mary. 约翰给玛丽烤了一块漂亮的蛋糕。

b. A beautiful cake was baked for Mary（by John）.

（字面：一块漂亮的蛋糕被（约翰）烤给了玛丽）

（30） a. John told Bill that the world was made of snow. 约翰告诉比尔这个世界是雪做的。

b. Bill was told that the World was made of snow（by John）.

（字面：比尔被（约翰）告诉说这个世界是雪做的）

（31） a. Everyone believes the World to be made of snow. 每个人都相信这个世界是雪做的。

b. The world is believed to be made of Snow（byeveryone）.

（字面：这个世界被（每个人）相信是雪做的）

上面四组例句提供了主动句与被动句的对比。（a）句均为主动句，（b）句均为被动句。被动句的特色就是主动句中的宾语在被动句成了主语，而主动句中的主语则出现在介词 by 的后面或根本不出现。值得注意的是论元与动词的论旨关系却不改变。例如在（28）中 Bill 是动词 hit 的受动者角色，尽管 Bill 在（28b）中成了主语，Bill 受动者的论旨角色不变。同样的，John 从 hit 处得到"施动者"的角色，不管他出现在（28a）中主语的位置或（28b）中的 by 介词组，他仍是施动者。

被动句之所以成为问题，正是因为主动句中的受动者是在宾语的位置得到论旨角色，为什么在被动句它仍可在主语的位置得到相同的受动者角色呢？在以下的讨论过程中，我们暂且不看施动者只看受动者：（把 by 介词组省略即成）

（32）Bill was hit. 比尔挨打了。

在（32）中，因为施动者（打人的人）不在句子里，我们可以暂且假设在被动句中动词组并不一定需要给施动者这个论旨角色。问题是动词组是否能直接给主语"受动者"的角色？

我们先考虑一下填词原则。hit 在词汇里规定要有一个名词补语，那么为了不违反填词原则，（32）中 hit 的后面一定要跟着补语。因为我们听不到它的存在，所以放进一个隐词〔e〕：

（33）Bill was hit〔NP e〕.

隐词〔e〕所在的位置正是动词 hit 通常授予受动者论旨角色的位置。实际上，论旨关系准则会强迫位于补语位置的隐词（论元）要得到一个论旨角色。可是这个句子的含义明确地告诉我们主语 Bill 才是受动者。根据我们分析疑问词移位和名词组提升的经验，我们知道 Bill 跟〔e〕在语义上是相连的，这种关系可以用（34）表示：

（34）Bill$_i$ was hit〔e〕$_i$. 比尔挨打了。

（34）中的隐词是四类隐词中的哪一类呢？这个问题已经在上一节回答过了。PRO 不得受管辖所以不可能；可隐代词 pro 的性质与一般代名词相同，（34）中 Bill 约束〔e〕$_i$，若该隐词是 pro 则违反约束理论原则乙（代名词原则）；疑问词痕迹更不可能了，因为 CP 中没有疑问词来（非论元）约束这个痕迹。唯一的选择仍然是名词组痕迹，这表示了 Bill 是从动词 hit 补语位置经名词组移位而移入主语位置的，（34）的底层结构可以（35）表示：

（35）〔IP〔VP was hit Bill〕〕

移位后造成（36）这样的表层结构：

（36）〔IP Bill$_i$〔VP was hit t$_i$〕〕

如果（36）的确是 Bill 移位后的表层结构，论旨关系准则会禁止施动者的角色传到主语的位置，不然 Bill 会不当地同时获得施动者的角色和受动者的角色。这点似乎不成问题，因为被动句中的施动者若非根本不在句中出现便是仅在 by 介词组中出现，与主语位置没有任何关联。这个观察可以简述如下：

（37）主动句中授予主语的论旨角色不得授予被动句中的主语。

我们再考虑（35）的底层结构：

（35）〔IP〔Vp was hit Bill〕〕

根据（37），上面（35）结构中的主语位置得不到论旨角色，照理说我们可以填入虚主语 it 来满足扩充的填词原则：

（38）＊〔IP it〔VP was hit Bill〕〕

然而，（38）不合语法。似乎被动句中原先的宾语必须要移到主语的位置。但是（38）既遵守了论旨关系准则又满足了扩充的填词原则，是什么原因让宾语非移不可呢？请比较下（39）与（40）：

（39）Everyone believes〔CP that he was Jack the Ripper〕

（40）It was believed〔CP that he was Jack the Ripper〕
　　　　大家都认为他就是杀人狂贾克。

（39）句动词 believe 的补语是子句连词 that 带领的补语 CP，与（35）中 hit 的补语是名词组 NP 不同。（39）变成被动句的时候（如（40）所示），CP 却用不着移到主语的位置，主语位置填入虚主语 it 即可。（38）与（40）的对比显示了促成（38）句 Bill 移位的理由在（40）根本不存在。从词性来看，（38）的补语是 NP 而（40）的补语是 CP，NP 在我们目前的语法模式里跟 CP 有何不同呢？答案只有一个，那就是格理论。格的检验只适用于名词组而不适用于子句。注意在（36）句 Bill was hit 中，Bill 移到有时态的屈折词组的指示语位置，因此得到主格，这表示了 Bill 在移位之前是没有格的。这个现象可以简述如下：

（41）被动句的过去分词不能给补语受格。

（41）可以解释（38）为什么不合语法，在＊It was hit Bill 中，Bill 既无法从过去分词 hit 处得到受格，又让虚主语 it 占住主语位置拿走主格，所以无法通过格的检验。在（36）句 Bill was hit 中，Bill 虽然没能在原位解决格的问题，却因移入主语的位置而得到主格，因而通过格的检验。另一方面 Bill 与名词痕迹代号相同可以共用一个论旨角色（也可以想成痕迹把授予原位的受动者角色传给 Bill），满足了论旨关系准则。

我们再回头看看（40）的底层结构：

（42）〔IP〔VP was believed〔CP that〔IP he was Jack the Ripper〕〕〕〕

（42）中的补语子句 CP 无法从已成被动的 believed 处得到受格。但格理论只检验名词组是否有格，对 CP 是否有格并不在乎，所以 CP 用不着移到主要子句争取主格，同时扩充的填词原则不允许主语位置悬空，所以虚主语 it 填入，造成合法的（40）。

以上的分析可以称为移位的被动（transformational passive），规则如下：

（43）**移位的被动**：被动式的过去分词不需给主语论旨角色也无受格给予其补语。

我们用-en 来代表被动的过去分词词素，（43）可以写成下列这样的词汇的必然规则：

（44）〔V x〕θ→〔V x-en〕〔＋过去分词〕（θ）

（44）表示任何一个动词 x，在成为被动的过去分词时，不再需要理会节外论元（一般是主语）的论旨角色。（44）并没标明该动词的受格也同时消失了，但我们要记得，英语被动句的形成少不了 be 动词，所以（45）这条规则也很重要：

（45）　be,〔V,＋Aux〕,＋〔—VP〕
　　　　　　　　　　　|
　　　　　　　　V-en(被动的过去分词)

（45）表示 be 选择被动的过去分词作为补语，像（32）Bill was hit 这样的被动句，根据（44）和（45），有如下的底层结构：

(46)

根据（43）Bill 能够在补语位置得到受动者的论旨角色但是没有格，因为 hit 成了被动的过去分词，不再有授予受格的能力。Bill 以名词组移位方式移入主语的空位，同时解决格的问题也满足了扩充的填词原则。

这些步骤听起来都言之成理，但我们会问为什么要这么大费周张地处理被动句？不用移位的分析，说被动句的形成就是及物动词的宾词直接在主语位置出现行不行？这样的分析可以用一条词汇的必然规则表示，我们可称之为词汇的被动（lexical passive），规则如下：

(47)　〔V x〕, θ_1, ＋〔—NP〕⇒〔V x-en〕, θ_2
　　　　　　　　　　　　　　　　　　　θ_2

(47) 可以与（45）合用，说明当动词成为被动时，节内论元的论旨角色直接给予主语位置，也就是谁出现在那个位置谁就会诠释为受动者；同时次类划分栏内的补语 NP 也删除了。在这种分析方式下，（32）Bill was hit 的表层结构与底层结构完全相同。

（47）这样的词汇的必然条件与（44）最大的不同就是（47）改变了动词的次类特征（由及物动词变成不及物）同时也改变了

论旨角色的授予方式（受动者的角色直接给主语），而（44）只做了最小的变动，规定施动者的角色不必再给了，对于补语的要求及补语的论旨角色都维持了原状。当然，两者也都规定被动态的动词不再给予受格。

　　移位的被动与词汇的被动在乍看之下似乎各有所长，也都能处理像（32）Bill was hit 这样的句子。我们要在什么场合下才能区分出两者的优劣呢？词汇的被动分析方式基本上是将及物动词变成不及物而且把节内论元的论旨角色给予主语，因此要是我们能找到一种结构，其中动词能给予一个名词受格，但两者之间并无论旨关系（也就是该名词的论旨角色不是从动词处得来），则这种结构不可能有被动句，因为这种情况不符合（47）词汇的必然规则的描述。请看下列两种情况：

　　（48）a. John considered Bill intelligent.　约翰认为比尔很聪明。

　　　　　 b. Bill was considered intelligent.　字面：比尔被认为很聪明。

　　（49）a. Everyone believes the world to be made of snow.
　　　　　　每个人都相信这个世界是雪做的。

　　　　　 b. The world is believed to be made of snow.　字面：这个世界被认为是雪做的。

　　（48a）的结构是 consider 选择形容词小句〔Bill intelligent〕为补语，Bill 虽然从 consider 处得到受格（属于例外格结构），但两者并无论旨关系，Bill 的论旨角色是由形容词 intelligent 给予的。词汇的被动预测（48a）不可能形成被动句，但我们看到（48b）这个被动句是完全合乎语法的。（49a）是标准的例外格结构，动词 believe 选择整个不定词子句为补语，believe 与不定词子句有论旨关系（IP 子句有"命题"的角色），但 believe 与子句中的主语 the world 却没有论旨关系，the world 从 believe 处得到例外格（受格），但论旨角色却得自子句里的动词组 to be made of snow。词汇的被动再度预测（49a）不能有被动句，我们也再度由于（49b）的存在而证明了这种分析方式是不正确的。

移位的被动则允许（48a）与（49a）有被动句，因为移位的分析方式只说原来的节外论元所带的论旨角色不见了，动词的受格也不见了，因此（48b）与（49b）有如下的底层结构：

(48b)〔IP〔VP was considered〔AP Bill intelligent〕〕〕

(49b)〔IP〔VP is believed〔IP the world to be made of snow〕〕〕

在主动句中能够由 consider 及 believe 处得到受格的 Bill 与 the world 在被动句中无法再在原位拿到受格了，所幸两句的主语位置都空出来，所以 Bill 和 the world 可以移入主语位置，得到主格。两句的表层结构如下：

(48b)〔IP Bill$_i$〔VP was considered〔AP t$_i$ intelligent〕〕〕

(49b)〔IP the world$_i$〔VP is believed〔TP t$_i$ to be made of snow〕〕〕

从以上的比较，我们了解移位的分析在表面上步骤较繁复，但是实际上是最精简的分析，（43）的叙述对一个动词的词汇资料改动最少，而其余的部分很自然地由格理论及论旨理论，扩充的填词原则来处理。词汇的被动分析则对（40）及（48）（49）束手无策，除非特别另立规则允许（40）、（48）、（49）中的名词组移位，但如此一来就变成移位的分析了。我们由此结论：像（47）这样的词汇必然规则没有存在的必要。

被动句还有许多细节问题我们稍后再谈，例如动词原来的主语（节外论元）何以无故消失，动词授予补语受格的能力为何也跟着消失，两者之间有没有关联？这个问题与下一节要讨论的中动句有极大关系，我们在下一节一并讨论。

第三节　中　动　句

英语里还有一种结构，正好介于主动句和被动句之间，本书称之为**中动句**（Middle）。请考虑下列例句：

(50) a. The car drives fast. 这辆车开起来很快。

b. Bureaucrats bribe easily. 政府官僚贿赂起来很容易。

c. This kind of book sells easily. 这种书卖起来很快。

在（50）中，动词原来的节内论元出现在主语的位置，然而动词并非以被动的形式出现。

中动句的含意与主动句或被动句亦略有不同。中动句一般来说并不叙述单一事件的发生，而是着重说明（表层结构）主语的内在本质，例如（50a）中，我们并不在强调某一辆车在某一时刻开得很快，（50a）主要在说明这辆车性能好，有跑得快的能力。中动句通常是非事件性的（non-eventive）。请考虑下列例句：

(51) a. ?Five minutes ago, the car drove easily, according to the mechanic.

根据修车师傅的说法，这辆车五分钟以前跑起来很快。

b. ?Before yesterday's house party, the kitchen wall painted easily.

昨天在家里举行宴会以前，厨房的墙粉刷起来很容易。

c. ?The book was selling easily at 8：00 yesterday morning because the auther was there.

由于作者亲自在场，这本书昨天上午八点的时候卖起来很容易。

（51）的各句都不为一般人接受，因为中动句不能用来形容特定
某时刻发生的单一事件。（52）句均为进行式（progressive），因
此也不合法：

 （52）a. * Chickens are killing easily.　鸡正在杀起来很容易。

   b. * Bureaucrats are bribing easily.　政府官僚正在贿
    赂起来很容易。

   c. * The walls are painting easily.　这墙正在粉刷起来
    很容易。

 如果中动句与主动、被动同样能表达一事件，则（52）之不
合语法便不容易解释了。我们可以用进行式表达主动与被动。例
如：这个官员正在接受贿赂或某人正在贿赂这个官员。但是表示
"内在本质"的中动句不允许进行式，例如：这个官员正贿赂起
来很容易（病句）。

 与中动句在表面上极为类似的一类动词叫做"作格动词"
（ergative verb），作格动词与中动词的相似处可以由下列两组例
句看出来：

 （53）a. The sum melted the ice.　太阳把冰晒化了。

   b. The ice melted.　冰化了。

 （54）a. Someone bribed the bureaucrats.　某人贿赂了这些
    官僚。

   b. Bureaucrats bribe easily.　政府官僚贿赂起来很容易。

（53）与（54）的（a）句都是一般及物动词，主语为施动者，宾
语为受动者。但在（b）句，我们就看出不同了，虽然表面上主
语 the ice 和 bureaucrats 都是（a）句中的宾语，但是（53b）是
描述事件的，我们可以用时间副词来限定事件发生的时刻或用进
行式表示事件正在发生，也可以用感官动词来表示经验（目睹）
事件的发生，甚或用作格动词的现在分词当作形容词来修饰主
语。下面的例句表现作格动词的这些特性。

(55) a. The ice melted in an hour/five minutes ago.

冰一个小时（或五分钟以前）就融化了。

b. The ice is melting.

冰正在融化。

c. I saw the ice melt.

我看见冰（正在）融化。

d. The melting ice.　正在融化的冰。

中动词因为不表事件，不能有这些时貌（aspect）的变化。请看下例：

(56) a. * The bureaucrat bribed （easly） in an hour/five minutesago.

字面：这个官员一个小时后（或五分钟以前）就贿赂起来（很容易）了。

b. * Bureaucrats are bribing easily.

字面：政府官僚正在贿赂起来很容易。

c. * I saw the bureaucrat bribe easily.

字面：我看见这个官员（正在）贿赂起来很容易。

d. * The bribing bureaucrat.

字面：正在贿赂起来的官员（官员非施动者）

本章讨论的重点在中动句不在作格动词，但我们首先要能分清两者的不同。在上节中我们利用名词组移位来分析被动句，现在中动句的情况与被动句类似，也是语义上的宾语出现在主语的位置。我们该如何分析呢？

记得上一节我们举出例外格结构来证明词汇的分析方式不足以解释所有的被动句。我们现在看看下列例句。

(57) a. * John considers intelligent easily.

字面：约翰认为起来聪明很容易。

　　b. * The world believes to be made of snow easily.

　　字面：这个世界相信起来是雪做的很容易。

　　（57）显示了例外格结构（包括形容词小句）无法构成中动
句，这一点与被动句的形成不同，似乎中动句的主语与动词必须
有论旨关系。那么我们如何才能决定中动句的形成是由词汇的必
然规则来规范还是与被动句一样是由移位形成的？换句话说，我
们需要决定中动句 The book reads easily（这本书念起来很容易）
的底层结构是（58）还是（59）：

　　（58）〔IP the book〔VP reads easily〕〕

　　（59）〔IP〔VP reads the book easily〕〕

（58）说明中动句并不牵涉移位的问题，完全是词汇的必然规则
造成的，这条规则与（47）相似，唯一不同的是把过去分词改成
中动词：

　　（60）〔V x〕，θ_1，＋〔—NP〕⇒〔V x 中动〕，θ_2

　　　　　　　　　　　|
　　　　　　　　　　 θ_2

（59）则假设中动句也牵涉了名词组移位，与被动句类似。

　　刚才说过（详（57）的讨论），我们无法借助于格理论来决
定中动句是否牵涉移位，我们这次要由约束理论来着手。请考虑
下面两个例子：

　　（61）a. Books about oneself read easily.

　　字面：关于自己的书念起来很容易。

　　b. Letters to oneslf compose quickly.

　　字面：关于自己的信写起来很快。

　　（61a）的意思不是指自传之类的书对每一个读者来说念起来
都很容易；（61a）有所谓"约束的诠释"，也就是句中的 oneself
（自己）的指称对象与念书的人是同一个。一个人念到关于他自
己的书的时候觉得这书特别容易懂；当然，这本书很可能不是他
自己写的自传。（61b）也有同样"约束的诠释"，oneself 受到写

信的人(施动者)的约束。

由句子的含义我们理解施动者必须约束(61)句中的后应词 oneself,问题是(61)句中根本看不到施动者,整句似乎就只有一个论元 books 或 letters。汉语里有一种跟中动句语义相仿的结构,包含了一个词素"起来",这种"起来"句也展现了相同的性质:

(62) a. 自己的文章念起来总能朗朗上口。

b. 批评自己的报告写起来特别费事。

c. 自己的孩子带起来心甘情愿。

d. 自己的车开起来比较顺手。

注意"起来"有许多不同的用法,我们这里只考虑它的中动用法,可称之为"中动句的起来"(middle *qilai*)。所有(62)起来句中的后应词"自己"也都受动念、写、带、开的施动者的约束。举(62d)为例,张三开张三的车顺手,李四开李四的车顺手,张三开李四的车感觉就差一点儿了。(61)句的逻辑形式可以写成:

(63) a. 对于某人 x,x 念关于 x 的书觉得很容易。

b. 对于某人 x,x 对于写关于 x 的信觉得不太花时间。

(62)的四个汉语句子的逻辑形式可以写成:

(62) a. 对于某人 x,x 念 x 的文章时总能朗朗上口。

b. 对于某人 x,x 觉得写批评 x 的报告特别费事。

c. 对于某人 x,x 心甘情愿带 x 的小孩。

d. 对于某人 x,x 觉得开 x 的车比较顺手。

以上的逻辑形式反映了一个事实,那就是中动句中的主语虽然听不见,但实际上在句中是存在的,而且也唯有它存在才能保证后应词自己或 oneself 能受其约束,不违反约束理论的原则甲(后应词原则)。

这样的问题我们已经处理过许多次了,显然施动者这个论旨角色在句中由一个隐词带着,我们在本书不讨论这个隐词是哪一类隐词（有可能是第五类隐词），但我们要知道它的位置和功能。
这一点罗曼语系的中动句可以帮我们看出一些端倪。

　　罗曼语的中动句与英语汉语相同，也是表示非事件性的主语
的内在本质。唯一的不同是句中有一个看起来像是反身代名词却
完全不当反身代名词解释的一个词素，这个词素出现在动词之
前：（（64）的例句为法语）

　　（64）a. Ce live se lit facilement.

　　　　　　this book SE reads easily.

　　　　　　这本书念起来很容易。

　　　　　b. Un livre sur soimême se lit facilment.（比较（61a））

　　　　　　A book about oneself SE reads easily.

　　　　　　关于自己的书念起来很容易。

　　以上的法语中动词之前紧接着一个词素 SE，这个词素在其
他许多结构中也都扮演了节外论元的角色，我们在此不深入讨
论，重要的是 SE 的出现对我们了解英语与汉语有极大的帮助，
我们可以假设 SE 的位置也就是英语、汉语中动句带着"施动
者"角色的隐词所出现的位置，依照这个假设，英语与汉语的中
动句也有类似 SE 的节外论元，出现在动词前，我们暂且用 φ
表示。

　　（65）a. Books about oneself φ-read easily.（＝（61a））

　　　　　b. 自己的文章 φ-念起来总能朗朗上口。（＝（62a））

　　　　　c. Un livre sur soimême se lit facilement.（法）（＝

　　　　　　（64b））

　　φ 存在的这个假设给（65）句中的后应词一个受约束的机
会；没有 φ 则（65）句将被约束理论原则甲不当地判为病句。φ
的存在也能帮助我们决定中动句的形成是否涉及名词组移位。

　　回忆一个词汇的分析与移位的分析给中动句两种不同的底层
结构：（我们现在加入隐形的外论元 φ，φ 带着动词施动者的角

色）

　　(66)〔IP Books about oneself〔VPφ-read easily〕〕

　　(67)〔IP〔VPφ-read〔NP books about oneself〕easily〕〕

　　依照(66)词汇的分析，中动句的主语是直接在主语位置得到论旨角色的，主语 books about onself 中含有后应词 oneself，但是由于它所处的位置不受 φ 的统制，所以无法受其约束，约束理论原则甲判定(66)的底层结构不正确。

　　我们再看(67)，这回 books about oneself 出现在动词的补语位置，φ 能统制 oneself，满足约束理论对后应词 oneself 的要求，因此是比较合理的底层结构。下列结构代表了隐形的外论元 φ 与补语中 NP 中后应词 oneself 的约束关系。

　　(68) a.〔IP〔VPφ_i-read〔NP books about oneself_i〕easily〕〕

　　　　 b.〔IP Books about oneself_i〔VPφ_i-read〔t_i〕easily〕〕

　　(68a)是该中动句的底层结构，oneself 受 φ 约束；(68b)是 books about oneself 移入主语位置后的结构，(68b)的代号与我们理解该句的"约束的诠释"正好相符。

　　φ 的存在还有一项好处，那就是它解释了为什么中动词突然失去了授予其补语受格的能力。我们在格理论那一章曾提过格的检验是一道掌管语音形式（Phonetic Form，或简称 PF）的关卡，要念出声的名词组都必须有格。也有人建议格与论旨角色也有关系，说不管一个名词组论元念出声或不念出声，若想在逻辑形式上能得到带论旨角色的诠释，它也必须有格，这个条件叫做可见条件（Visibility Condition）。在语音形式上要让人听得见必须有格，在逻辑形式上要让人看得见也必须有格。（PRO 对可见条件造成问题，但近年来有人建议 PRO 其实也有格，这里我们不继续深入讨论。）

　　(62)与(63)的逻辑形式告诉我们中动句的"施动者"论元是"看得见"的。根据可见条件，φ 既然可见就必须有格；假设动词本来就只有一个格要给宾语，现在 φ 出现在动词近旁正是近水楼台，就把动词的格拿走了。从动词的角度来看，这叫格的吸收（Case absorption），动词的格被吸收了以后便没有能力再给其补语受格了，因此在中动句里，补语必须经由名词组移位移到主语的位置来解决格的问题。

　　以上对中动句的分析似乎也可应用于被动句。我们早先对（43）移位的被动提出两个问题，其一是关于节外论元（主语）的去向，其二是关于格的消失。假如被动句中也有个隐形的节外论元（类似于中动句的 φ），这两个问题就可以一并解决了。

　　在前一节讨论被动句的时候我们着重于证明移位才是唯一有效的分析，现在我们可以仔细想想"施动者"这个论元在被动句中是否存在。请看下列例句：

　　（69）a.　The bureaucrat was bribed〔PRO to avoid the draft〕.

　　　　　　　字面：这个官员被贿赂了以逃避兵役。

　　　　　b.　The bureaucrat was bribed deliberately.

　　　　　　　字面：这个官员蓄意地被贿赂了。

　　（69a）句中括号部分称为目的子句（rationale clause，一译缘由子句），目的子句依扩充的填词原则必须有隐主语 PRO，因此（69a）是一个控制结构。汉语中没有相同的句型，但勉强可以说成"这个官员被贿赂了，因为 PRO 要逃避兵役"。这个隐主语是受谁约束呢？很显然 PRO 指的不是受贿赂的官员而是行贿者，因为是行贿者想逃避兵役。这里我们遭遇到与中动句一样的问题：行贿的人（bribe 的施动者）根本不在句中，PRO 如何受其约束呢？（69b）的副词 deliberately（蓄意的）是一种需施动者的副词（Agentoriented adverb），（69b）的意思是有人蓄意向那个官员行贿（好造成丑闻等）。同样的，这个蓄意行贿的人也不在句中。

　　（69）句这个不在场的行贿者在句法上称为暗含的施动者（implicit Agent）相当于中动句的隐词 φ。如果我们假设 φ 在被动句中也存在，那早先的两个问题就不成问题了，ϕ 吸收了被动词的格，所以补语必须移到主语的位置。

我们可以找出一些结构来测试 ϕ 是否存在，第一就是仿照中动句，在表层结构的主语（节内论元受动者）内摆入后应词。看看结果如何，若 ϕ 存在则应可在底层结构约束该后应词，请考虑下列各例：

（70）a. Criticisms of oneself$_i$ can sometimes be greatly ϕ_i-appreciated.

　　　一个人有时会很感谢批评自己的意见。

　　b. Jokes about oneself$_i$ can sometimes be ϕ_i-taken too seriously.

　　　一个人有时会太介意关于自己的玩笑。

　　c. Books about oneself$_i$ are always ϕ_i-reviewed with more attention.

　　　一个人念关于自己的书时总是比较仔细。

以上三句的翻译用的是主动式，清楚地诠释出每一个补语里后应词"自己"都受到主语"一个人"的约束，但是英语的被动句虽然含义与主动句相近，也有"约束"的诠释，但约束后应词的施动者论元却不存在，然而（70）的三个句子都合乎语法。每一个句子都有一个暗含的施动者 ϕ 来约束后应词 oneself，这不但说明了 ϕ 在被动句中必须存在，也再度证实了移位是分析被动句唯一的正确方式。

第二个测试是与目的子句不同的附加子句（adjunct clause），若 ϕ 存在于被动句中，则按理可约束（或控制）附加子句的主语 PRO。请看下例：

（71）a. Most physics books are poorly ϕ_i-understood by the students$_i$ even after PRO$_i$ reading them several times.

　　　　大部分的物理学书籍不为学生所充分理解，即使
　　　　看了好几遍。
　　b. The Latin text was nicely ϕ_i-translated by Mary$_i$
　　　　without PRO$_i$ even using a dictionary.
　　　　这篇拉丁文被玛丽翻译得非常好，甚至连字典都
　　　　没用到。
　　c. Bureaucrats are best ϕ_i-birded after PRO$_i$ doing
　　　　them a favor or two.
　　　　政府官僚在帮他们一两个小忙以后最容易受贿。

（71）句中的 PRO 都受到主要子句施动者（即读者、翻译者
及行贿者）的约束，这些施动者可以出现在 by 介词组里（例如
（71a）与（71b），也可以不出现（例如（71c）），出现与否都不
影响 PRO 受约束。这个情形与（70）相同，唯有 ϕ 的存在，才
能够统制附加子句中的 PRO，得出正确的诠释。注意：句中的
by 词组内的名词不能约束 PRO，因为虽然代号相同，但 PRO
不受其统制。唯一能约束 PRO 的是暗含的施动者 ϕ。

　　综合一下被动句与中动句的结论，我们发现其实这两个结构
在句法分析的观点下几乎是完全相同的。原来的节外论元（施动
者）以隐词 ϕ 的形式出现在动词身旁，并吸收动词的格，造成节
内论元（受动者）的名词组移位，变成表层结构的主语。被动句
与中动句当然也有相异的地方，我们这里建议的分析方式也并非
全无缺失。

　　近年来，许多研究中动与被动的文章颇有不同的看法，笔者
无意武断地认为本节的分析已成定论，读者应该把注意力集中在
理解讨论的整个过程。

第四节　影响效应与名词组移位

在句法研究上，常常会发现某一个奇特的现象，不能由已知的理论立刻作出解释，这些奇特的现象我们称之为效应（effect）。在疑问词移位一章中我们讨论了约束受阻强效应与弱效应，在这一节我们要谈**影响效应**（Affectedness Effect）。

影响效应是指某些句型结构要求必须是受到动词（语义上）直接影响的词组才能在该结构中出现。例如：张三揍李四、李四受影响了；张三等李四，李四不受影响；张三开车，车受影响了；张三怕坐飞机，飞机不受影响。

汉语中影响效应见于把字句、被字句与刚才讨论过的起来（中动）句。

（72）a.　这种车开起来很容易。（中动句）

　　　b.　*这种车喜欢起来很容易。

（73）a.　张三把这辆车卖了。（把字句）

　　　b.　*张三把这辆车怕了。

（74）a.　这出戏被张三演坏了。（被动句）

　　　b.　*这出戏被张三欣赏了。

以上三组例句中的（b）句不合法，但与论旨理论、格理论、移位理论都无关。由于这辆车不受动词"喜欢"影响、不受动词"怕"影响，这出戏不受动词"欣赏"影响，所以不能出现在一些结构中，这是标准的影响效应。

英语的影响效应见于中动句及名词组的被动（nominal passive）。

（75）a.　This door opens easily.　（主动句：X opens this door）

　　　字面：这扇门开起来很容易。（指容易打开）

b. This car drives easily. （主动句：X drives this car）

字面：这辆车开起来很容易。

c. * Flying fears easily. （主动句：X fears flying）

字面：飞行害怕起来很容易。

d. * Cliffs this big avoid easily. （主动句：X avoids cliffs this big）

字面：这么大的悬崖闪避起来很容易。（指容易闪躲开）

(76) a. Rome's destruction（来自 the destruction of Rome）

罗马之毁灭。

b. * The play's performsnce（来自 the performance of the play）

这出戏的演出。

c. * The play's enjoyment（来自 enjoyment of the play）

字面：这出戏的欣赏。

d. * Mary's avoidance by John（来自 John's avoidance of Mary）

字面：玛丽之被约翰躲避。

(75) 是中动句，与汉语一样呈现影响效应。(76) 是名词组的被动。例如 Rome's destruction（罗马之毁灭）来自 the destruction of Rome。名词 Rome 本来是该名词组词首 destruction 的补语，提升到了该词组的指示语位置，这个过程与被动句补语移入主语位置完全相同；因为发生在名词组内，我们称之为名词组的被动。有趣的是一般的英语被动句丝毫不见影响效应：

(77) a. The play was enjoyed by everyone.

这出戏为大家所欣赏。

b. Mary was avoided by John.

玛丽受约翰躲避。

日语里也有三种结构呈现影响效应：难易句（tough con-struction），欲望句（desiderative construction）与把及物动词变成不及物的结果句（resultative intransitivization construction）。

(78) a. Taroo-ga tomodati-no si-o Kanasin-da.（一般句）

太朗因朋友的死感到悲伤。

b. * Taroo-ni tomodati-no si-ga kanasimi-yaşu-i.（难易句）

太朗容易因朋友的死感到悲伤。

(79) a. Boku-wa Hanako-o ais-si-ta.（一般句）

我爱花子。

b. * Boku-wa Hanako-ga aisi-ta-i.（欲望句）

我想爱花子。

(80) a. Ziroo-ga basu-o mat-ta.（一般句）

次朗等车。

b. * Basu-ga mat-ta aru.（结果句）

有人等着车。

以上的日语句型（难易句、欲望句、结果句）也都显示了影响效应，它们的共通特点是句中的节内论元（朋友的死、花子、车）都经由名词组移位移入主语的位置。值得注意的是日语被动句与英语一样，没有影响效应。

假如我们用名词组移位的方式来分析汉语中的把字句与被动句，那么名词组移位与影响效应的关系就相当明确了：影响效应只见于发生名词组移位的结构中，但并非所有涉及名词组移位的结构都呈现影响效应（例如英日语的被动句）。换句话说，名词组移位似乎是影响效应的必要条件，而非充分条件。

为什么英语的被动句与名词的被动在影响效应上有如此显著的差别？为什么中动句都有影响效应呢？（日语的难易句与中动句极类似）我们可以从时貌（aspect）这方面来考虑。中动句的时貌已经发生了变化，从事件性的动词（有动作）变成了非事件性的（静态）动词，英、日语的被动句有时态，但英语名词的被动却无时态，汉语里把字句与被字句均无时态，而日语的难易句、欲望句与结果句也都对动词造成了时貌上的变化。这些共同点是纯属巧合还是说明了影响效应的某些特性，我们不在这里专门讨论，但希望读者能做更深入的思考与探索。

第五节　无受格动词

本节讨论名词组移位的另一个例子，这一次的主角是无受格动词（unaccusative verb）。看看下列两组例句：

（81）a. 三个客人来了。

　　　b. 三个学生走了。

　　　c. 三个伤兵死了。

（82）a. 三个客人离开了。

　　　b. 三个学生毕业了。

　　　c. 三个伤兵退伍了。

（81）和（82）的动词都只有一个主语，没有宾语，乍看之下我们会把两组动词归为一类不及物动词，并认为（81）、（82）的表层结构与底层结构是一样的。现在我们再看下例：

（83）a. 来了三个客人。

　　　b. 走了三个学生。

　　　c. 死了三个伤兵。

（84）a. ?? 离开了三个客人。

　　　b. ?? 毕业了三个学生。

　　c.?? 退伍了三个伤兵。

　　（83）与（84）显出了明确的差别：（83）的句子十分自然而（84）听着别扭。为什么当动词是来、走、死的时候主语可以出现在动词后面，换了离开、毕业、退伍就不行？英语里也有同样的情况。

　　（85）a. Three men arrived. 三个人到了。

　　　　　b. Three guests came. 三个客人来了。

　　（86）a. Three men worked. 三个人工作。

　　　　　b. Three guests yawned. 三个客人打呵欠。

同样的，把主语放到动词后面就显出两组动词的差别了。

　　（87）a.　　There arrived three men. 到了三个人。

　　　　　b.　　There came three guests. 来了三个客人。

　　（88）a.　* There worked three men. 工作了三个人。

　　　　　b.　* There yawned three gueses. 打呵欠了三个客人。

　　（87）与（88）两组句子的句首是英语的另一个虚主语（我们已介绍过 it），称为虚主语 there（pleonastic/expletive there）。虚主语 there 出现完全是为了满足扩充的填词原则，我们暂且不管它，先把注意力放在（87）句 three men 与 three guests 出现在句中的位置。（87a）与（85a）基本上是同义的。如果我们在第六章对虚主语 it 的分析是正确的，那么 three men 应该在底层结构中出现在补语位置。（85a）是补语 three men 移入主语位置的表层结构；而（87a）则是 three men 留在原位，造成虚主语 there 填入的情形。这与本章第二节介绍的 It was believed that……句子相似，（85a）的底层结构与表层结构应该分别为（89a）与（89b）：

　　（89）a. 〔IP 〔VP arrived three men〕〕到了三个人。

　　　　　b. 〔IP three men$_i$ 〔VP arrived t$_i$〕〕三个人到了。

　　（89）的分析是根据被动句名词组移位的方式作的假设，可以说是"想当然耳式"的分析。这在句法理论研究上是站不住脚的，所以我们要建立一些测试来证明 three men 的确是动词 arrive 的补语。英语里缺乏有力的证据，但是意大利语的无受格动词能提供非常具说服力的证据，我们来看一下：

(90) a. Giacomo ha insultato due studenti.

　　　 "Giacomo has insulted two students."

　　 b. Giacomo ne$_i$ ha insultati due t$_i$.

　　　 "Giacomo of-them has insulted two."

　　　 贾柯摩侮辱了两个学生。

(91) a.　Due studenti hanno inultato Giacomo.

　　　 "Two students have insulted Giacomo."

　　 b. * Due t$_i$ ne$_i$ hanno insultato$_i$ Giacomo.

　　　 "Two of-them have insulted Giacomo."

　　　 两个学生侮辱了贾柯摩。

(90) 显示若动词的补语是一个带数字（或数量）的量化词组（例如 due studenti 两个学生），名词组可以转成代名词 ne (ofthem) 出现在动词前，而数量词则留在补语原位。(91) 说明了若这个量化词组居于主语的位置，则不能用代名词 ne 来代替，因此（91b）是不合语法的。

意大利语的代名词 ne 可以担任测试一个量化词组是否居于补语位置的重要工作。假如一个量化词组居于补语位置，ne 就可以出现（取代量化词组中的名词）；假若量化词组原先就在主语位置，则不允许 ne 取代名词。请看下例：

(92) a.　Tre studenti telefonano. "Three students call."

　　　 三个学生打电话。

　　 b.　Telefonano tre studenti.（与（a）同义，主语在后）

　　 c. * Ne telefonano tre. 打了三个。（病句）

(93) a.　Tre studenti arrivano. "Three students arrive."

三个学生到了。

 b. Arrivano tre studenti.（与(a)同义，主语在后）

 c. Ne arrivano tre.　到了三个。

从（92b）的词序，我们可以看到意大利语还有一个特色，那就是主语可以出现在动词后。这点类似英语的"移出"现象，也就是说主语可以移出 IP 指示语的位置而往后附加在屈折词中节，（92b）的结构可以表示如下：

（94）

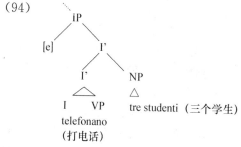

因此，意大利语里出现在动词后的名词组并不见得就居于补语的位置，唯一能辨别动词后名词组位置的就是 ne，动词后的名词组者能允许 ne 取代该名语者即为补语，反之则为（94）图中的主语移出结构。（92c）显示，当动词是打电话（telefonare）的时候，名词组不能由代名词 ne 来代替，因此我们知道（92b）的名词组 tre studenti 不在动词补语位置，而是加接在 I'中节上（如图（94））。（93b）的词序（到了三个学生）也是有个名词组出现在动词后，与（92b）词序相同。但是如（93c）显示，当动词是到（arrivare）的时候，代名词 ne 可以出现，取代 studenti（学生）。这表示了（93b）的结构与（94）不同，（93b）的 tre studenti（三个学生）的确出现在动词的补语位置，如（95）所示：

（95）

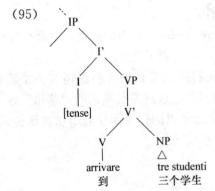

　　这项 ne 测试的结果证实了像 arrive（汉语的到、来、走，意大利语的 arrivare 等）这样的动词，跟一般的不及物动词很不一样。一般的不及物动词只有一个论元，这个论元直接出现在主语位置，毋须移位；arrive 这样的动词也只有一个论元，但这个论元出现在动词的补语位置，是该动词的节内论元。arrive 的论元从补语位置移到主语位置的过程正是这一章讨论的名词组移位。但是我们会问，在被动句与中动句中补语的移位是因为动词的格被隐词 φ 吸收了才发生的，像 arrive 这样的动词，本来就没有节外论元，为什么也造成补语的移位呢？我们现在就格的问题来讨论这种句型。

　　意大利语言学家布尔慈欧（Burzio）注意到人类语言有一个普遍现象，那就是没有节外论元的动词往往不能给予其补语受格；反之，不能给补语受格的动词也不能给主语论旨角色。像本章第一节讨论的提升动词 seem、be likely、appear 便是最佳的例子，当 seem 选择有时态的 that 子句作补语，它的主语将是虚主语 it，没有论旨角色；若 seem 选择不定词子句作补语，它无法给子句中主语受格（例外格）而迫使该主语提升到主要子句。请参考下例：

　　（96）a. It seems that John is tired.

　　　　　b. John seems to be tired.

　　若不考虑被动句与中动句里的隐词 φ，被动词与中动词的性质也遵守了布尔慈欧的观察：主语消失的同时，动词也不能再给其补语受格了。这个现象称为布尔慈欧定律（Burzio's generalization），简述如下：

(97) **布尔慈欧定律：无受格的动词必无外论元（论旨角色），无外论元的动词必无受格。**

这一节讨论的 arrive 之类的动词正是标准的无受格动词。这里我们说标准是与被动词和中动词相对，后者本来是有外论元也有受格的动词，因为被动与中动的形成才变成无受格动词的，这样的动词，称为衍生的无受格动词（derived unaccasative）；像汉语的来、走、到或英语的 come、arrive 这样的动词可以说是天生的无受格动词。

按照布尔慈欧定律与格理论，无受格动词的补语必须以名词组移位的方式移入主语的位置才行，但我们知道有些时候补语可以留在原位：

(98) a. Three men arrived. 三个人到了。

b. There arrived three men. 到了三个人。

(98a) 不成问题，three men 在补语位置得不到受格所以移动主语位置取得主格。(98b) 是个大问题，因为如果 arrive 不能给受格，three men 留在原位将无法通过格的检验。这个问题的答案牵涉甚广，我们在此只做大略的介绍。

一种说法是虚主语 there 和留在原位的 three men 可以形成某种联系，句法上称为链（chain，或译连锁），there 居于主语位置能得到主格，然后通过链的联系把格传给 three men。能支持这种说法的证据是动词的单复数形式取决于动词后的 three men（例如：There come three men），这表示 three men 与主语的位置有关联。

另一种说法是讲留在原位的 three men，虽然得不到受格，却可以在其补语的位置得到一种结构上的格（structural Case），称为部分格（Partitive Case）。这种说法源自意大利语的 ne，ne 这个代名词不是受格，在传统语法上称为部分格代名词。汉语的一些结构颇能说明部分格的诠释。

（99）a. 客人只走了三个。

　　　b. 我把张三的邮票卖掉了两张。

　　　c. 张三的邮票被我卖掉了两张。

（99）的语义很清楚，三个与两张只代表了客人与邮票的一部分而不是全部。支持部分格理论的证据包括了特定效应（Definiteness Effect），举例如下：

（100）a. ＊客人只走了他们。

　　　　b. ＊我把张三的邮票卖掉了那一张。

　　　　c. ＊张三的邮票被我卖掉了那一张。

在（100）的三个结构中，留在原位的量化词若成了特定的（definite，或定指的）"他们"或"那一张"，句子就变差了。我们会企图把（100）修改成客人只有他们走了，我把张三的那张邮票卖掉了，或张三的那张邮票被我卖掉了；总之，我们允许非特定的补语留在原位，却不喜欢把一个特定的补语留在这个得不到受格的位置。英语与意大利语无受格动词也呈现特定效应：

（101）a. ＊There came those men. 来了那些人。

　　　　b. ＊There arrived the three men . 到了那三个人。

（102）a. 　Gli tre studenti arrivano "Those three students arrive."

　　　　b. ＊Ne arrivano gli tre "ne arrive those three."

　　　　　　到了那三个。（病句）

是不是因为部分格只能授予非特定的（indefinite）量化词，如三个、两张，而不能授予特定的"那两张、他们"呢？若这个假设是正确的，我们就可以用部分格来解释为什么无受格动词的结构会展现特定效应了。

综合前几节的讨论，我们建立了一套移位的分析方式来解释被动句、中动句、无受格动词结构与提升结构的一些句法特性：这些句型都涉及名词组移位。除了名词组移位以外，我们毋须再多作假设，已有的论旨理论、格理论和约束理论三者结合即能规范并解释所有的现象。

第六节　深入思考训练

一、被动句与主动句有时语义相同，只有句中受强调的论元不同；有的时候主动与被动句语义却有很大的差别。请考虑下例：（不谙英语的读者可请人解释各句含义）

(1) a. Nobody could explain last night.

　　b. Last night couldn't be explained.

(2) a. They decided on the boat.

　　b. The boat was decided on.

(3) a. Every student read two books.

　　b. Two books were read by every student.

〔问题〕

1. 三组例句中的主动句（a）都有两个解释，被动句（b）却只有一种诠释。请说明每一句可能的含意。

2. （1）、（2）两句的主动句有两种诠释，请用句法结构解释这个歧义。

3. （3a）的歧义现象可能用不同的底层结构表示吗？如果不能，我们如何解释（3a）的歧义？

4. 解释被动句为什么不能有两种诠释？

二、请考虑下列各句：（摘自 Rdeford 1988）

(1)　　John appears to admire Mary.

　　　　　　约翰好像很倾慕玛丽。

(2)　　John got treated very badly.

　　　　　　约翰受到很失礼的对待。

(3)　　John seems likely to be arrested.

　　　　　　约翰好像有可能会遭到逮捕。

(4)　　Is there likely to be anyone sent to jail?

　　　　　　可能会有人被关起来吗?

(5)　　The ball seems to have rolled down the hill.

　　　　　　球好像滚下山坡去了。

(6)　＊John would be unlikely for to quit his job.

　　　　　　约翰不大可能会辞去他的工作。

(7)　＊John seems to many people to mistrust themselves.

　　　　　　对许多人来说约翰似乎不信任他们。

(8)　＊John seems will give up his job.

　　　　　　约翰似乎会放弃他的工作。

(9)　　John promises to be a good student.

　　　　　　(两义,请读者依提升与控制结构来理解)

〔问题〕

1. 画出 (1) — (5) 句的底层结构,并解释名词组的移位过程以及移位的理由。

2. 画出 (6) — (8) 句的底层结构,并解释这些句子为什么不合语法。

3. 说明 (9) 句的两种诠释并用句法结构之不同来解释这两种诠解。(提示:提升与控制结构)

　　三、考虑下列各句,斜体印刷的动词后面都接不定词子句,请从理论的角度解释哪些动词是控制动词,哪些是提升动词。(提示:论旨角色)(摘自 Redford 1988)

(1) John *decided* to answer the letter. 约翰决定回这封信。

(2) John *came* to know her quite well. 约翰变得相当了解她。

(3) Power *tends* to corrupt people. 权力容易使人腐化。

(4) They *managed* to open the door. 他们把门弄开了。

(5) They *failed* to achieve their objectives. 他们没有达到目标。

再考虑下列各句：

(6) How much heed is thought to seem likely to be paid to his advise?

一般认为他的建议可能会受到多大的注意呢？

(7) a. Which one do you consider 〔—is the best〕?

你认为哪一个是最好的？

b. Which one do you consider 〔—to be the best〕?

（同（7a））

c. Which one do you consider 〔—the best〕?

（同（7a））

画出（6）的底层结构并解释所有的移位过程。（7）中三句语义相近但结构不同，请分别画出三句的结构。

四、从理论（格理论、论旨理论、约束理论、移位理论）的角度来解释下列各句为什么不合语法。（以下均为字面翻译）（摘自 Haegemarn 1991）

(1) * John$_i$ seems that Mary likes t$_i$ 约翰似乎玛丽喜欢。

(2) * John$_i$ seems that he$_i$ is believed t$_i$ to be happy 约翰似乎他被认为很快乐。

(3) * I$_i$ believe 〔IP PRO$_i$ to be happy〕 我相信很快乐。

(4) * It is believed 〔IP John$_i$ to have been invited t$_i$〕 一般认为约翰受到邀请了。

（5）＊I_i never cry when 〔IP PRO_i watch a film〕我在看电影的时候回来不哭。

（6）＊I_i want 〔IP John to invite PRO_i〕我希望约翰邀请。

（7）＊John_i seems that 〔IP it appears 〔t_i to be happy〕〕约翰似乎显得高兴。

（8）＊There hit John 打了约翰。

（9）＊John_i invited t_i 约翰请了。

（10）＊Himself_i seems to Bill_i to be the best candidate 他自己似乎对比尔来说是最佳人选。

五、英语与汉语的中动句都呈现影响效应，但是在下列情况中，英、汉语的差别无法以影响效应解释：

（1）a. 毛笔用起来不方便。

　　　b. 语言课教起来特别花时间。

　　　c. 大年夜国际长途电话打起来不容易。

　　　d. 这么小的孩子带起来挺费事。

（2）a. ＊Chinese brushes don't use easily. （同（1a））

　　　b. ＊Language classes don't teach easily. （同（1b））

　　　c. ＊Long distance calls don't make easily on new Year's Eve. （同（1c））

　　　d. ＊Kids this small don't baby-sit easily. （同（1d））

例（1）各句翻译成英语的（2）时，立刻都成为病句。再考虑下面的对比：

（3）a. Plastic tires wear flat easily. （同（4a））

　　　b. This envelope steams open ealily. （与（4b）类似）

　　　c. These buidings burn down easily. （同（4c））

　　　d. Pennies don't wear thin easily. （同（4d））

　　　These animals don't shoot dead ee. asily. （同（4e））

（4）a. * 塑料轮胎磨平起来很容易。

　　 b. * 这种信封撕坏起来很容易。

　　 c. * 这些大楼烧毁起来很容易。

　　 d. * 硬币磨薄起来不容易。

　　 e. * 这些动物射死起来不容易。

这次是合语法的英语中动句翻译成汉语时成为病句。显然，中动句的形成除了影响效应之外还受别的因素支配，而且支配的条件英语与汉语不同。

〔问题〕

1. 比较（1）（2）两组例句建议支配（或限制）（2）句的因素。

2. 比较（3）（4）两组例句，建议支配汉语中动句的因素。

3. 前一题的答案是否能应用在把字句与被字句，解释理由。

六、我们在本章建议名词组在中动句、被动句与无受格动词结构中移位的理由是为了通过格的检验。请从格理论的角度来考虑下列法语资料：（注意：法语有一个类似意大利语部分格代名词 ne 的代名词，也就是（1c）与（2c）中出现于动词前的 en）

（1）a. Trois filles ont été tuées.

　　　　 three girls (have) been killed.　三个女孩被杀了。

　　 b. Il a été tué trois filles.

　　　　 tyere has been killed three girls.　被杀了三个女孩。

　　 c. Il en a été tué trois.

　　　　 there of-them has been killed three.　（女孩），被杀了三个。

（2）a. Trois hommes sont arrivés.　三个男人到了。

　　　　 three men are arrived.

　　 b. Il est arrivé trois hommes.　到了三个男人。

there is arrived three men.

    c. Il en est arrivé trois. （男人）到了三个。

        there of-them is arrived three.

（1）是被动句的几种不同的说法，（1b）的主语 Il 相当于英语的虚主语 it：（或相当于另一个虚主语 there）

（3）It is believed that the president will resign tomorrow.

    一般相信总统明天会辞职。

再考虑下列两组例句：

（4）a. ＊Il a été tué les trois filles. （与（1b）比较）

        there has been killed the three girls.

        被杀了那三个女孩。

    b. ＊Il en a été tué les trois. （与（1c）比较）

        there of-them has beew killed the three.

        （女孩）被杀了那三个。

（5）a. ＊Il est arrivés les trois hommes. （与（2b）比较）

        there is arrived the three men.

        到了那三个男人。

    b. ＊Il en est arrivé les trois. （与（2c）比较）

        there of-them is arrived the theer.

        （男人）到了那三个。

（4）和（5）显示当宾语为特定时（前有定冠词），宾语无法留在原位。换言之，名词组移位必须发生：

（6）a. Les trois filles ont été tuées. 那三个女孩被杀了。

        the tree girls have been killed.

    b. Les trois hommes sont arrivés. 那三个男人到了。

        the three men are arrived.

〔问题〕

1. 从格理论考虑，为什么（1b）与（2b）中的宾语能留在

原位，同时能通过格的检验？（记得在被动句及无受格动词结构中宾语得不到受格）

2.（4）与（5）显示了所谓的特定效应（Definiteness Effect），请试以格理论解释特定效应。

七、接上题，汉语的把字句与被字句也显示了法语被动句的特定效应：

（1）a.　张三把李四的邮票卖掉了三张。

　　　b. ＊张三把李四的邮票卖掉了那三张。

（2）a.　李四的邮票被张三卖掉了三张。

　　　b. ＊李四的邮票被张三卖掉了那三张。

（1b）与（2b）若改成下列说法，则情况大获改善：

（3）a. 张三把李四的那三张邮票卖掉了。

　　　b. 李四的那三张邮票被张三卖掉了。

〔问题〕

汉语没有相当于法语 ne 的部分格代名词，也没有明显的格系统，假想汉语的名词组都有抽象的格并需要通过格的检验。请解释把字句与被字句的特定效应。

八、冰岛语的中动句与汉语的起来句相似，在动词上出现了一个中动词素-st，请考虑下列冰岛语资料：（Kyle Johnson 提供资料）

（1）Eg tyni hestinn.

　　 I-NOM lost the-horse-ACC

　　 找丢了那匹马。

（2）Hesturinn tynast.

　　 the-horse-NOM lost-MIDDLE

　　 (The horse was lost)

那匹马丢了。

(3) Eg mata hestinn.

I-NOM feed the-horse-ACC

我喂那匹马。

(4) Hesturinn matast.

The-horse-NOM feed-MIDDLE

(The horse ate (＝The horse was fed))

那匹马喂了。

(5) Eg tel hestinn vera gamlan.

I-NOM believe the-horse-ACC to-be old-ACC

(I believe the horse to be old)

我认为那匹马很老。

(6) Hesturinn teljast vera gamall.

The-horse-NOM believe-MIDDLE to-be old-NOM

(The horse is believed to be old)

那匹马被认为很老了。

(7) pad var sest í mjúka stóla.

there was sat-MIDDLE in soft chairs.

（有人曾）坐在有软垫的椅子上。

(8) pad var gannast á tryllitætkjunum.

there was acted-like-daredevil-MIDDLE on hot-rods.

(There was daredevel behavior going on in the hot-rods)

（有人曾）在这辆改装加速车里表演敢死特技。

在句法特性上，-st 与"起来"相似，加上-st 的动词能使句中的施动者"消失"并造成宾语移位至主语的位置。

〔问题〕

1.（2）、（4）、（6）三句的汉语翻译都不能有起来：＊马丢起来了，*马喂起来了，*马相信起来了很老。请比较-st 与起来用法的不同。

2. (7)(8) 两句对本章所介绍的中动句分析造成什么困扰？
（提示：(7)(8) 两句的动词都是不及物动词）

第十章 词组移位的限制

第一节 限制的定义

我们在第八、九两章分别谈论了两个应用非常广泛的移位规则：疑问词组移位与名词组移位。这两种移位规则似乎都没有什么限制。疑问词（往上）移到 CP 的指示语位置，名词组则移到 IP 主语的位置，两种移位都在原位留下与移出的词组代号相同的痕迹。我们也显示了应用这两条规则能造出许多结构不同而且相当复杂的句子。疑问词移位能造出直接问句、间接问句与关系子句；名词组移位能造出提升句、被动句、中动句及无受格动词句等。

以上正是我们建立语法的一贯策略：尽量用一般性的规则来造出不同的句型结构，而不要为每一种句型结构都设计出一套特定的规则。请看下例：

（1）a. Mary likes John, but she can't stand Bill.
　　　玛丽喜欢约翰，但她受不了比尔。

　　 b. John, Mary likes, but Bill, she can't stand.
　　　约翰，玛丽喜欢，但比尔她受不了。

（2）a. Bill believes that Mary likes John.
　　　比尔相信玛丽喜欢约翰。

　　 b. John, Bill believes that Mary likes.
　　　约翰，比尔相信玛丽喜欢。

（1）与（2）中的（a）句当然没有问题，句中的论元都按词汇资料的规定出现在原位；（b）句也都合语法（虽然（b）只能在某种语用场合才能说），（b）句中动词原来的补语跑到句首了，这种句型涉及了移入主题（topicalization，一译主题化移位）这个过程，也就是补语 John 从补语原位移到句首并被理解成句子的主题。

我们如何处理（b）这样的句子呢？首先我们注意到在（b）句动词 like 的次类划分栏要求（例如 like 要有一个名词组作补语）没有得到满足，违反了填词原则。而且 John 虽然在语义上是动词的客体，却出现在句首的非论元位置。这个观察说明了（b）句可能涉及了某种移位的过程。按照惯例，我们在补语原位填入痕迹（以 t 表示）：

(1b) John$_i$, Mary likes t$_i$, but Bill$_j$, she can't stand t$_j$.

(2b) John$_i$, Bill believes that Mary likes t$_i$.

我们要决定留在原位的隐词是疑问词痕迹还是名词痕迹。回忆一下前两章的讨论，名词组移位是将名词移到一个论元位置，因此原位与落点这两个位置都是论元位置。疑问词移位则是将疑问词移到 CP 的指示语位置，一个非论元位置，因此疑问词组与其痕迹的关系是非论元位置与论元位置的关系。

（1b）与（2b）中 John 移入的位置既在主语之前就不可能是主语（亦即 IP 的指示语）这个论元位置了，剩下唯一的可能就是 John 移入 CP 的指示语位置，现在我们假设 John 的移位与疑问词移位的过程一样，简述如下：

（3）移入主题是疑问词移位的一种。

若（3）的假设是正确的，那么（1b）与（2b）句中的隐词自然就是疑问词痕迹了，或至少跟疑问词痕迹的性质一样。我们能不能测验（1b）与（2b）句中隐词是否为疑问词痕迹呢？可以的。那就是第八章第四节讨论的痕迹约束受阻效应。我们在这里只用约束受阻强效应来讨论痕迹的性质：

（4）**约束受阻强效应**：疑问词痕迹不得受论元约束。

论元约束指先行词居于论元位置，若先行词居于非论元位置则称非论元约束。请考虑下面疑问句：

(5) 〔CP who₁ does 〔IP he believe 〔CP that 〔IP Mary likes tᵢ〕〕〕〕

他认为玛丽喜欢谁。

疑问词 who 与其痕迹代号相同，但因疑问词位于非论元位置所以没关系，不违反（4）的规定。考虑一下主要子句的主语 he 能不能与痕迹代号相同？根据（4）的规定是不可以的：

(6) ＊〔CP whoᵢ does 〔IP he ᵢ believe 〔CP that 〔IP Mary likes tᵢ〕〕〕〕

是谁认为玛丽喜欢他？（谁与他指同一个人）

这个预测正符合了我们对这个问句的理解，它的意思是他认为玛丽喜欢谁，而不可能是谁认为玛丽喜欢他。（与谁指同一个人）

如果（3）的假设是正确的，移入主题应该呈现同样的约束受阻强效应，反之，若移入主题与疑问词移位无关则不应该会呈现这个效应。考虑下句。

(7) a. ＊〔CP John ᵢ〔IP heᵢ believes 〔CP that 〔IP Mary likes t ᵢ〕〕〕〕

　　b. 〔CP Johnᵢ 〔IP heⱼ believes 〔IP that 〔CP Mary likes tᵢ〕〕〕〕

约翰，他认为玛丽很喜欢。（约翰与他不能指同一个人）

当 John 移入主题时也留下痕迹。如（7a）所示，这个痕迹不得受主语 he 的约束，只有在（7b）he 与痕迹指称不同的时候句子才正确。换句话说（7）句只有一种诠释，呈现了约束受阻强效应。因此我们断定（3）的假设是正确的，因为主题移入所留下的痕迹与疑问词移位留下的痕迹性质相同。

在这里我们看到规则定得越普遍越好，一个疑问词移位的规则可以适用于许多不同的句型，包括了方才讨论的"移入主题"句型。语法模式中有些一般性规则由于过于笼统而无意中造出许多病句，所以我们要在定规则的同时也要检查所有的病句，看看它们是否应该受到某个条件的限制。当然，这个限制也应该是越一般越好，一个能处理几种不同结构中病句的限制自然要比只能处理一种结构的限制来得有用。换句话说，如果我们能用一种限制来解释三种结构的病句，我们绝不用三条不同的限制来分别处理这三种结构。有时候不同的限制之间往往有着重大关联，但不太容易一眼就看出来，我们在这一章的讨论过程中应当能体会到这一点。

何谓限制（Constraint，或限制条件）？简言之，一项叙述规定了某个语法结构中必须（或不得）有某种性质者即谓之限制。第八章的疑问词痕迹定理即是一种限制，它规定了疑问词与其痕迹之间要有约束关系，若是某一个涉及疑问词移位的句子不遵守这个规定便成为病句。

按照这个定义，我们实际上已经接触了不少限制了。填词原则可说是一种限制，因为它规定词汇里的次类特征必须在造句填词时忠实反映在句子结构中，不按照这项限制来填词的句子即成病句。论旨关系准则也可说是限制，它规定每一个论元必有论旨角色，每一个论旨角色必须授予一个论元，因此它也规定了句子结构的某种性质。格的检验更是一种限制，它规定了名词组要有格才能发音，像隐主语 PRO 就不能念出声。我们在此不必一一细数。实际上本书所讨论过的各项原则定理都可以视为限制，因为它们都分别规定了句子结构必须（或不得）具有某种性质。

第二节　复合名词移位限制

我们可以试试应用疑问词移位这条非常"一般"的规则来造

出许多问句，然后检查一下这些问句中是否包含病句，这些病句又应该用什么样的限制来规范？请看下面这个底层结构：

(8) 〔CP〔IP John believes〔NP the rumor〔CP that〔IP Mary likes who〕〕〕〕〕

字面：约翰相信玛丽喜欢谁的传闻。

用结构树表示，我们可以很清楚地看到动词 believe 的补语是名词组 the rumor，而该名词组又包含了一个关系子句 CP。（细节省略）

(8)

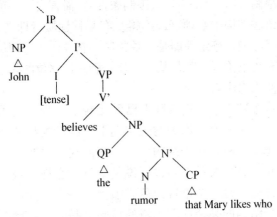

含有关系子句这样的名词组叫做复合名词组（complex NP），麻烦的是例（8）中复合名词组内的关系子句里有一个疑问词 who。按照疑问词移位的做法，我们可以把 who 往上移到句首 CP 的指示语位置并在原位留下痕迹，形成下列表层结构：

(9)〔CP who$_i$ does〔IP John believe〔NP the rumor〔CP that Mary likes t$_i$〕〕〕〕？（同（8））

(9) 句念成* who does John believe the rumor that Mary

likes？是个让人听来莫名其妙的病句。我们已知的原则能不能担任"限制"的角色，防止（9）句的存在？仔细考虑一下，我们会发现疑问词痕迹定理、格理论、约束理论、论旨关系准则，以及填词原则都对（9）束手无策，（9）句并没有违反其中任何一项原则。

我们再考虑下句：

(10) John saw the man who likes Mary.

约翰看到了那个喜欢玛丽的男人。

（10）句的补语也是一个复合名词组，the man 有一关系子句 who likes Mary 修饰。假设现在我们不知道这个男人喜欢的是 Mary，我们要问 John 看见的那个人喜欢谁。底层结构应该包含两个疑问词 who：

(11) 〔CP〔IP John saw〔NP the man〔CP〔IP who likes who〕〕〕〕〕

字面：约翰看见了那个喜欢谁的男人？

现在我们按关系子句的形成规定，先把位于主语位置的疑问词 who 移到补语子句 CP 的指示语位置。

(12) 〔CP〔IP John saw〔NP the man〔CP who$_i$〔IP t$_i$ likes who〕〕〕〕〕

现在关系子句已经形成了，我们再把位于宾语位置的 who 移到整个句子最前面来形成直接问句：

(13) 〔CP who$_j$ did〔IP John see〔NP the man〔CP who$_i$〔IP t$_i$ likes t$_j$〕〕〕〕〕？

（13）念成＊Who did John see the man who likes？这个句子比（9）句还要糟糕。问题是（13）也没有违反任何一项原则或定理。显然，我们的语法里有一个严重的漏洞，不能防止（9）与（13）这种句子的产生。现在拿（13）与下句比较一下：

(14) 〔CP〔IP John believes〔CP that〔IP Mary likes who〕〕〕

约翰相信玛丽喜欢谁。

（14）是个含有疑问词的底层结构，经过疑问词移位后，可得出下面这个表层结构：

(15) 〔CP who_i does 〔IP John believe 〔CP that 〔IP Mary like t_i〕〕〕〕?

（15）句念成 who does John believe that Mary likes，是个完全合乎语法的句子。

为什么（9）与（13）成为病句而（15）合语法呢？我们可以在结构上比一比。（15）句中的疑问词是从动词的补语子句 CP 中移出来的。（9）与（13）中的疑问词则是从名词的补语子句（关系子句）CP 中移出来的。这个对比可以由下列结构明白显示出来：

(16) a. ＊ wh_i … 〔NP … 〔CP … t_i …〕…

　　 b. 　可 wh_i … 〔CP … t_i …〕…

（16a）是个复合名词的结构，疑问词不能从复合名词的关系子句中移出来；（16b）是一般动词的补语子句，疑问词可以从中移出来。（16a）本身就可以视为一个限制，我们称之为复合名词移位限制（Complex Noun Phrase Constraint，或简称 CNPC）。叙述如下：

(17) **复合名词移位限制**：复合名词组内任何成分均不得移出。

现在，我们举两个与（9）和（13）不同的结构（但也包含了复合名词组）来测试一下（17）的普遍性。考虑下例：

(18) It seems that the demand for John to resign is gaining popular support. 似乎要求约翰辞职的呼声越来越受群众支持。

（18）的结构如下：（表层结构）

(18)

（It 与 for 在底层结构中不存在）

提升动词 seem 选择 that 子句为补语，该子句的主语是个以 demand 为首的名词组，修饰 demand 的是不定词子句 for John to resign。注意，在底层结构中，虚主语 it 和不定词子句的子句连词 for 都还没填入：（请参考（18）的树状结构）

(19) 〔CP 〔IP seems 〔CP that 〔IP 〔NP the demand 〔CP 〔IP John to resign〕〕〕 is gaining popular support〕〕〕〕

（同（18））

(19) 有两个问题，其一是主要子句没有主语，违反了扩充的填词原则，其二是复合名词组内的 John 没有格，违反了格理论。（18）的做法是分别填入虚主语 it 和子句连词 for 同时解决这两个问题，所以（18）的结构是合语法的。但是我们也可以利用名词组提升这样的规则，把 John 移到主要子句主语的位置，一并解决格的问题与句子缺少主语的问题。John 移入主语位置形成（20）这样的结构：

(20) 〔CP John$_i$ 〔IP seems 〔CP that 〔IP 〔NP the demand 〔CP 〔IP t$_i$ to resign〕〕〕 is gaining popular support〕〕〕〕

（20）念成 John seems that the demand to resign is gaining popular support，是个坏到不能再坏的句子，但是，John 的移位过程（并留下痕迹）却遵守了所有的原则与定理。唯一可能出错的地方是把 John 移出了复合名词组，违反了（17）的限制。

复合名词移位限制还能适用于另一种情况。请考虑下面例句：

(21) a. 〔CP that 〔IP John is an idiot〕〕 is obvious 约翰是个白痴是很明显的。

　　b. It is obvious 〔CP that 〔IP John is an idiot〕〕

（21）是我们早先讨论过的移出（或移入）结构，（21a）中的主语是 that 子句，这个子句原先是形容词 obvious 的补语，它可以移入主语位置形成（21a），也可以留在原位让虚主语 it 填入形成（21b），以上是移入说。移出的说法则是（21a）是底层结构，that 子句可以往后移附加到 I' 中节上，然后虚主语 it 填入主语空位，形成（21b）。

我们现在就试试 that 子句能不能移出复合名词组。先看下面这个例子：

(22) The claim that that John is an idiot is obvious made me mad. 说约翰是个白痴非常明显的这种说法让我生气。

（22）句的树状结构如下：（部分细节省略）

（22）

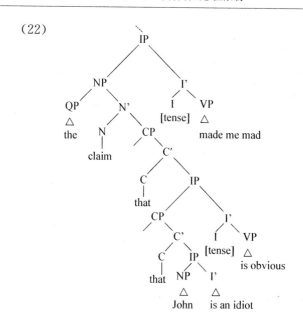

（22）的基本结构是 The claim made me mad（这种说法让我生气），主语是 the claim，但这个主语又有一个补语 CP，而子句里的主语又是另一个 CP〔that John is an idiot〕，实际上修饰 the claim 的补语子句就是（21a）。（21a）能允许移出，我们如法炮制把（22）中的同一个部分〔CP that John is idiot〕也移出，附加到主要子句上，形成（23）：

（23） *〔NP the claim〔CP that〔IP〔it is obvious〕〕〕made me mad〔that John is an idiot〕（同（22））

注意在（23）的结构中，整个移出的主语子句〔that John is an idiot〕因为附加到主要子句的 I' 所以出现在句尾。这个句子也因为违反了复合名词组移位限制，成为病句。

如果〔that John is an idiot〕移出主语位置，但仍留在复合名词之内，结果应该是好的。请看（24）：

(24) The claim that it is obvious that John is an idiot ma-
deme mad.

(24) 是个完全合语法的句子。换句话说，移位可以在复合
名词组内进行，只要不移出复合名词组就行。

像复合名词组这样的句法单位，能够阻隔移位的进行，有个
特别的名称叫做移位圈（island，或可译为禁区、岛），意思是词
组可以在圈内任意移动，但绝不许移到圈外，像（17）这样的限
制是属于移位圈限制的一种。

第三节　疑问词移位圈

上一节专门讨论了复合名词移位圈，我们现在看看另一种结
构。下面是一个包含了两个疑问词的句子的底层结构：

(25)〔CP〔IP Bill wonders〔CP〔IP who ordered what at
the restaurant〕〕〕〕

比尔想知道在饭馆里谁点了什么菜。

记得我们提过 wonder 这个动词对补语子句的属性是有特殊
选择的，在第八章第五节中我们说过 wonder 的补语子句必须是
〔+Q〕，也就是说补语 CP 中必须含有一个疑问词，不然子句连
词 C 必须是 whether 或 if。现在句中已有疑问词可用，所以我们
用不着子句连词，先把补语子句中的主语 who 移到 CP 下面，使
CP 带〔+Q〕属性，满足 wonder 的属性选择：

(26)〔CP〔IP Bill wonders〔CP who$_i$〔IP t$_i$ ordered what
atthe restaurant〕〕〕〕

现在句里还有一个疑问词，就是动词 ordered 的宾词 what，
我们再应用疑问词移位的规则把 what 移到句首 CP 之下，形
成（27）：

(27)〔CP what$_j$ does〔IP Bill wonder〔CP who$_i$〔IP

t_i ordered t_j at the restaurant〕〕〕〕?

（27）念成＊what does Bill wonder who ordered at the restaurant?是个极坏的句子。注意，像（27）这样的句子语义上并无问题，例如汉语中相对的句子"张三想知道在饭馆里谁点了什么菜"是个好句子。（27）之不合语法完全是个句法的问题。但我们应用所有的句法规则或原理来检查，甚至包括上一节的复合名词移位限制，都找不出（27）的毛病出在哪里。很显然，我们又发现了语法里的一个漏洞。

首先我们要了解（27）的毛病并不出在动词 wonder 身上，下列例句含有不同的动词 know、ask 和 say：

（28）a. 〔CP 〔IP Bill knows 〔CP 〔IP who ordered what at the restaurant〕〕〕〕

　　　b. 〔CP 〔IP Bill asked 〔CP 〔IP who ordered what at the restaurant〕〕〕〕

　　　c. 〔CP 〔IP Bill said 〔CP 〔IP who ordered what at the restaurant〕〕〕〕

　　　比尔知道（问，说）在饭馆里谁点了什么菜。

（28）句的底层结构若采用刚才的疑问词移位方式把 who 移入补语 CP、what 移入主要子句，结果是一样的：

（29）a. ＊what does Bill know who ordered at the restaurant?

　　　b. ＊what did Bill ask who ordered at the restaurant?

　　　c. ＊what did Bill say who ordered at the restaurant?

（29）三句与（27）一样糟糕。拿（27）、（29）与我们熟悉的（30）来比较一下：

（30）a. 〔CP 〔IP John believes 〔CP that 〔IP Mary likes who〕〕〕〕（底层结构）

　　　b. 〔CP who does 〔IP John believe 〔CP that 〔IP Mary

likes t〕〕〕 （a 句的表层结构）约翰认为玛丽喜欢谁?

(30b) 念成 who does John believe that Mary likes? 完全不成问题。(27)、(29) 的例子是疑问词 what 从补语子句中移出至句首，结果不合语法；(30) 的例子也是疑问词从补语子句移出至句首，结果却极佳。我们发现 (27)、(29) 与 (30) 的补语子句最大的不同就是 (30) 的补语子句 CP 的指示语位置是空的，(27) 与 (29) 却在该处已出现一个疑问词。我们可以用下列结构表示两种句型之不同:

(31) a. *〔CP wh$_i$〔IP…〔CP wh$_j$〔IP t$_i$…t$_j$…〕…〕…〕…

（痕迹的次序无关）

b. 〔CP wh$_i$〔IP…〔CP(that)〔IP…t$_i$…〕…〕…〕…

(31a) 表示若补语子句 CP 中已经有了一个疑问词，则该补语子句视同移位圈，没有别的疑问词能再移出。(31b) 与 (31a) 形成对比，若补语子句的 CP 中没有疑问词（但可以有子句连词 that）则不影响疑问词移出。 (31a) 中的补语子句称为疑问词移位圈 (whisland)。(31a) 可以写成一条限制，称为疑问词移位圈限制 (whisland constraint，简称 WHIC，或译疑问词禁区限制)。

(32) **疑问词移位圈限制**: 任何成分不得移出 CP 中含有疑问词的子句。

(32) 这条限制可以有效防止 (27)、(29) 这样的句子。

我们现在碰到的情况正是本章开头所说，为情况甲设定限制甲，为情况乙设定限制乙。假若我们能在复合名词只移位限制和疑问词移位圈限制两者间找出共通点，写出一个更普遍的限制，也许更能帮助我们了解普遍语法的运作，下一节我们将以此为目标作番尝试。

第四节　界限节与界限理论

前两节的结论是我们的语法有些漏洞，会允许一些移位造出极坏的句子。在两种移位结构中我们建议用不同的条件来限制，其一称作复合名词移位限制，其二称作疑问词移位圈限制。将两个限制的内容摆在一起，我们注意到其间似乎有共通点：

（33）a. 复合名词移位限制

＊… 〔CP wh$_i$〔IP … 〔NP … 〔CP … t$_i$ … 〕… 〕… 〕… 〕…

b. 疑问词移位圈限制

＊… 〔CP wh$_i$〔IP wh$_j$〔IP … t$_i$ … t$_j$ … 〕… 〕… 〕…

（痕迹次序无关）

这个共通点就是在句首 CP 内的疑问词与它的痕迹距离很远，中间夹了许多词组（CP、IP、NP 等），我们要问是不是疑问词移位的时候一下子跨过太多节使得句子不合法？记得在讨论疑问词移位的时候，我们只说要把疑问词移入 CP，并没有说移到哪一个 CP，也没有规定疑问词移位的距离。考虑下例：

（34）Who does John believe that Mary likes?

约翰认为玛丽喜欢谁？

（34）是个好句，who 从补语子句的宾语位置移到句首。我们现在按照疑问词移位的规定将 who 移入 CP，这个移位有两种途经：一种是一步就把 who 移到句首；还有一种是把 who 先移到补语子句 that 前面的指示语位置（也是 CP），然后再把 who 移到句首。第二种步步为营的移位方式称为循序式移位（Cyclic movement），取其循序渐进之意。（35）表示这两种移位方式：

（细节省略）

（35）

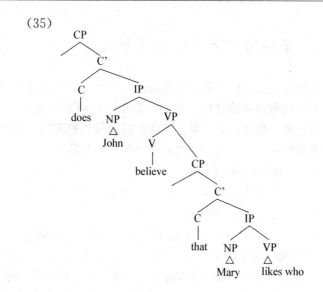

　　实线表示循序式移位的两个步骤，虚线表示直接移位。我们目前所有的原则都不限定哪一种移位方式是正确的，哪一种是错误的。（34）与违反疑问词移位圈限制的病句（如（36））在结构上完全相同。

　　（36）　＊Who does John wonder why Mary likes?

　　　　字面：约翰想知道玛丽为什么喜欢谁?

　　（36）的结构也是动词 wonder 选择子句作补语，唯一的不同是（36）的补语子句指示语位置被疑问词 why 占据了。现在我们要将另一个疑问词 who 移到句首，移位的途径只有一种，那就是直接移位；循序式移位不可能，因为另一个疑问词 why 已经占了补语子句 CP 的指示语位置。（36）的移位过程可以下图表示：（why 的痕迹省略）

（37）

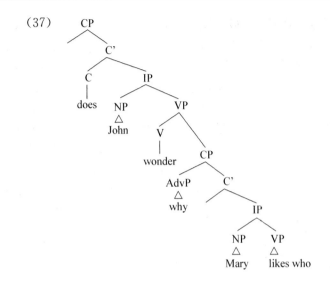

（35）与（37）的对比建议了一个相当明显的可能：疑问词移位的距离不宜太长，若是长距离移位则必须采循序式。这个观察跟我们方才比较复合名词移位限制与疑问词移位圈限制所得的印象不谋而合。现在我们来看复合名词移位的过程。我们考虑（38）句，它的移位过程以（39）表示：（见下页，无关细节省略）

（38）＊Who does John resent the claim that Mary likes?

字面：约翰厌恶玛丽喜欢谁的说法。

注意在（37）中我们已经学到了一步登天式的移位行不通，所以在（39）的移位过程中我们特别先把 who 移到名词 claim 的补语子句 CP，然后再移到句首的 CP。可是尽管如此，（38）句还是不合语法。

（37）与（39）这样的移位被认为"太长"，太长的意思可以理解成移位时一步跨越过太多节。问题是哪些节对移位会造成障碍呢？我们可以算算：（37）一次跨过了两个 IP，只跨过了一个

（补语子句）CP 因为它最后移入主要子句 CP，不算"跨过"（主要子句）CP（我们只看与子句概念相近的节，所以不考虑 VP）。这个 IP 相当可疑，有人建议 IP 这个节对移位造成影响，跨过一个还不要紧，同时跨过两个就"太长"了。我们再看（39），疑问词只跨过了一个 IP 但同时也跨过了一个 NP，是（37）中所没有的；因为复合名词移位限制所处理的结构都包含 NP，所以这个 NP 也很可疑。（39）的移位并不包含两个 NP，但是一个 NP 加上一个 IP 也可能使这种移位"太长"。从移位的距离来考虑，（37）和（39）可以用下列一条限制来规范，这条限制称为移位距离限制（Subjacency Condition，或译为领属条件，承接条件）。

（39）

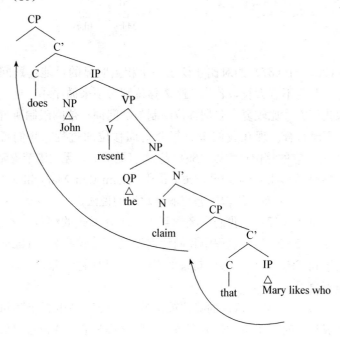

（40）**移位距离限制**：移位不得同时跨过两个界限节。所谓

界限节指 NP、IP。

注意在（40）中我们规定 IP 和 NP 这两个词组造成移位的界限，一次只能越过一个界限。这个规定有效地掌握了"移位距离不得过长"的概念，迫使我们采用循序式移位。现在，我们可以用（40）取代原先的复合名词移位限制与疑问词移位圈限制。应用界限节（bounding node）这个概念来规范移位距离的理论称为界限理论（Bounding Theory）。

我们要注意一点，界限理论中的界限节是硬性规定的，唯一的目的就是规范移位的距离。名词组 NP 与屈折词组 IP 被选定为界限节完全是依据英语的现象得出的结论。在别的语言里哪些词组算作界限节（请参考本章深入思考训练节二题）？若是与英语不同，那我们到底是根据什么原则来决定界限节呢？80 年代初期，黄正德注意到疑问词移出附加语子句（可以是 CP 或 PP）时，即使不违反移位距离限制也造成病句，肯恩（Kayne）注意到疑问词移出主语（可以是 NP 或 CP）也发生同样令人费解的情况。这些观察说明了"界限节"这个概念是相对的，而非绝对的；同样的 NP（或其他节）在某一结构中是界限节，但在另一结构中可以不是界限节。很显然，上述的界限理论并没有掌握到这个事实，乔姆斯基于 1986 年提出障碍节（barrier）的新概念，重新定义结构树中哪些节对移位造成障碍；新理论能够解释补语与附加语的不同以及主语与宾语的不同，可以说是管约论的另一步重大进展。新理论重新定义了许多句法上的基本关系，我们在此无法详述，读者在读完本书后，可以研习乔氏的《障碍节》（Barriers）一书。

界限理论中的移位距离限制规范了疑问词移位必须循序渐进，并一举取代了复合名词移位限制与疑问词移位圈限制的功能。我们现在考虑名词组移位的情形：名词组移位有时可以用移位距离限制来规范，有时则无法获得解释，请看下面两个例句：

(41) a. * John_i seems that the demand t_i to resign is gaining popular support.

字面：约翰似乎要求辞职的呼声，越来越受群众支持。（参考（18））

b. * John_i seems that it is likely t_i to resign.

字面：约翰似乎很可能会辞职。

（41a）是本章第二节讨论过的病句（20），移位距离限制可以解释得通，因为 John 在移到〔CP that〔IP〔NP the demand…〕〕〕中 that 前面的指示语位置时，会跨过两个界限节（NP 与 IP）。移位过程如下：

（42）

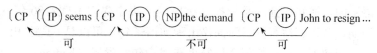

如（42）所示，John 虽然以循序方式移位，但在第二步无论如何都会跨过两个界限节（IP 与 NP），违反移位距离限制，因而成为病句。（41b）是个大问题，我们看看（41b）的移位过程：

（43）

〔CP〔IP seems〔CP that IP it is likely〔CP〔IP John to resign…

（43）的移位过程显示所有 CP 的指示语位置都是空的，John 可以循序移入每一个 CP，最后移入主要子句的主语位置，其中每一步至多只跨过一个界限节（IP），并不违反移位距离限制，然而该句不合语法。这表示（43）的移位过程必定违反了别的原则。我们现在拿下例跟（41b）比较：

（44）John seems to be likely to resign.

约翰似乎很可能会辞职。

（44）句的移位过程可以与（43）所示完全相同，但是由于第二个子句 to be likely 的主语位置是空的，John 也可以利用该主语位置作循序式移位。两种移位方式如下：

（45）

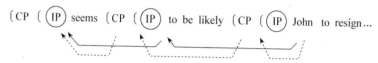

（45）中虚线的移位与（43）全同，是由一个 CP 到另一个 CP 的循序式移位，最后一步才移入主要子句 IP。实线的移位方式是只利用主语位置，不进入 CP 的指示语位置。我们知道（41b）和（44）两句都遵守了移位距离限制，但结果却是一好一坏。我们还要特别注意，这两句都是名词组提升，移位的终点是论元位置，与疑问词移位的终点是非论元位置情况不同。若（45）句采用虚线的走法，结果应该与（43）相同，形成病句（虽然病因不详）。（45）能跟（43）区别的地方是它还能采实线所示的途径移位。实线移位的特色是它只利用了论元位置移位，最后终点也是论元位置。根据这个观察（也就是论元位置与非论元位置的不同性质），我们可以假设当一个词组移位至非论元位置以后便不能再移回论元位置，这种情形称作不当移位（improper movement）。我们必须再加上一条不当移位限制来防止（41b）这样的病句。

（46）**不当移位限制**：进入非论元位置的成分，不得再移回论元位置。

由于移位距离限制无法排除（43）的移位过程，我们需要不当移位限制（46）的辅助。我们再回头看看（43），（43）的第二个子句已经有虚主语 it，所以 John 既不能利用该位置移位，而原来移入 CP 的方式又属不当移位，所以只好一步移到句首，同时跨越了两个 IP，违反了移位距离限制：

　　（47）这样的结构叫做跨句提升（super-raising，一译连续提升）。移位距离限制可以解释跨句提升为何不合语法（因为一次移位跨过两个 IP），但是不能防止像（43）那样的循序式移位，所以我们必须加入一条不当移位限制，让（41b）不论采用（43）或（47）的移位方式都难逃法网。

（47）

〔CP 〔IP seems 〔CP that TP it is likely 〔CP 〔IP John to resign…

第五节　痕迹原则

　　英语里有一个现象称作主语与宾词的不对称现象（subject-object asymmetry）。请看下列例句：

　　（48）a.　　?? What$_i$ do you wonder when John bought t$_i$?
　　　　　　　字面：你想知道约翰什么时候买了什么？（问宾语"什么"）

　　　　　b. ** Who$_i$ do you wonder when t$_i$ bought these books?
　　　　　　　字面：你想知道谁什么时候买了这些书？（问主语"谁"）

　　（49）a.　　?? What$_i$ do you wonder who will read t$_i$?
　　　　　　　字面：你想知道谁要念什么？（问宾语"什么"）

　　　　　b. ** Who do you wonder what t$_i$ will read?
　　　　　　　字面：你想知道谁要念什么？（问主语"谁"）

　　（48）和（49）都是标准的疑问词移位圈的结构，按照移位距离限制，所有的句子都应该是病句，事实也的确如此。有趣的是（48a）、（49a）虽然不合语法，但听起来却比（48b）、（49b）顺耳得多，也就是说（48b）、（49b）不但不合语法而且情况还极为严重。（a）句与（b）句的对比就是所谓的主宾语不对称现象，因为（a）句的结构是宾语跨过移位圈移到句首，（b）句是主语跨过移位圈移到句首。显然这种不对称现象无法由界限理论解释。

主宾语不对称现象还见于另一种情况：

（50）a.　Who do you think that John will invite?

　　　b.　Who do you think John will invite?

　　　　你认为约翰会邀请谁？（问宾语）

（51）a.＊Who do you think that will invite Bill?

　　　b.　Who do you think will invite Bill?

　　　　你认为谁会邀请比尔？（问主语）

在（50）中补语子句的宾语 who 移到句首，子句连词 that 可出现也可不出现；在（51）中当移到句首的疑问词 who 是主语时，子句连词 that 却一定不可以出现。如（51a）所示，当 who 从主语位置移出时，若 that 出现则形成病句，that 不出现则句子又变为完全合法。请注意（50）与（51）的结构均不违反移位距离限制，或不当移位限制。

（48）、（49）中（a）、（b）句中的对比与（50）、（51）的对比显示了主宾语不对称现象与界限理论（尤其是移位距离限制）并无关系。（51a）与（51b）的对比显然是最重要的关键，我们来仔细看看（51）的结构：

（51）a.＊who_i do 〔IP you think 〔CP t'_i that 〔IP t_i will invite Bill〕〕〕?

　　　b.　Who_i do 〔IP you think 〔CP t'_i 〔IP t_i will invite Bill〕〕〕?

在上列结构中每一句都有两个痕迹，留在主语原位的痕迹 t_i 不成问题，位于子句CP指示语位置的 t_i 表示疑问词采循序式移位所留下的另一个痕迹。（51a）与（51b）唯一的不同就是（51a）中留在原位的痕迹 t'_i 前面多了个子句连词 that，也就是说痕迹前面若有 that 则句子不合法，这个现象有它自己的名称叫做子句连词与痕迹不并立效应，我们可以简称之为**连痕效应**（that-trace effect）。连痕效应指痕迹与 that 不能紧接着同时出现。

连痕效应与移位无关，但与痕迹所在的位置有关。我们再看看（50）的结构：

（50）a. Who$_i$ do 〔IP you think 〔CP t'$_i$ that 〔IP John will invite t$_i$〕〕〕?

　　　b. Who$_i$ do 〔IP you think 〔CP t'$_i$ 〔IP John will invite t$_i$〕〕〕?

（50）中留在原位的痕迹受到动词 invite 的管辖，与 that 出现与否没有关系。（51）中主语位置的痕迹 t$_i$ 似乎与 CP 中的痕迹 t'$_i$ 有关系，若是两者之间夹了个 that，这种关系就被打断了。当然这种说法完全是一种假设但为了解释连痕效应，我们必须建立一套新的原则以补现有语法之不足。

假定一个留在原位的痕迹必须受到管辖，那（50）句宾语移出时留存原位的痕迹就没问题了，因为它受到动词 invite 的管辖。（51）句主语的痕迹也受管辖，管辖者是屈折词 I，但是（51a, b）两句痕迹与屈折词的关系是一样的，所以屈折词的管辖不能区分（51a）与（51b），帮不上忙。显然，我们需要把动词管辖宾语的情况与屈折词 I 管辖其指示语（就是主语）的情况区别开来。动词能够给宾语论旨角色，而身为功能词的屈折词不能，因为主语的论旨角色是整个动词组合给的，如果从这方面来考虑，两者便形成不同的管辖了。我们称能够给予被管辖者论旨角色的情形为**论旨管辖**（theta-govern），动词能论旨管辖其补语，屈折词不能论旨管辖其指示词。

位于主语位置的痕迹既不能受屈折词的论旨管辖，便须寻求另外的管辖，我们很自然地把箭头指向位于补语子句 CP 中的另一个痕迹 t'i，为了称呼方便起见，我们称 t'i 为中间痕迹（intermediate trace），留在原位的为原位痕迹（trace in-situ）。由于中间痕迹统制原位痕迹且两者代号相同，正符合约束的定义，所以中间痕迹可以视为原位痕迹的先行词。两个痕迹之间的关系称为**先行词管辖**（antecedent-govern，antecedent-government）。我们要特别注意先行词管辖是一个专为解决痕迹问题造出来的概念，不是一般的管辖，因为中间痕迹这个先行词既非词首又不与原位痕迹相互统制，本来是谈不上管辖的。我们可以把先行词管辖视为痕迹理论（Trace Theory）里的一个特殊定义，与格理论、论旨理论中的管辖没有关系。

先行词管辖这个概念能让我们在中间痕迹与原位痕迹之间建立一种特殊关系。有了先行词管辖这种关系，要解释连痕效应就简单多了。我们可以说 that 的存在把两个痕迹之间的先行词管辖关系打断了。请看（51）的相关结构：

（52）

在（52）图中我们可以看出来子句连词 C 也居于管辖原位痕迹的位置，因为按定义若 C 管辖 IP 则亦管辖 IP 的指示语 t_i。这里我们可以假想若原位痕迹有两个合格的管辖者而它只能接受其中之一的管辖，它无疑会选择离它较近的那个。换句话说，若想要甲节管辖乙节，两者之间必不存在另一也能管辖乙节的丙节，这个限制称为**极近限制**（Minimality），极近限制保证一个节最多只能受一个节管辖。

现在我们可以尝试解释连痕效应了，当（52）结构没有 that 的时候，原位痕迹受中间痕迹的先行词管辖，所以句子成立；若 that 出现在句中，则根据极近限制，取代了中间痕迹而成为原位痕迹新的管辖者。问题是痕迹受子句连词 that 的管辖有何不妥？我们可以假设痕迹需要受到像动词那样的论旨管辖，或受到像中间痕迹那样的先行词管辖，才算受到**适当的管辖**（proper government）。现在 C 虽然管辖原位痕迹，但因为它不能给痕迹论旨角色（C 是功能词），又因为它不是痕迹的先行词（C 没有代号），所以它既不能论旨管辖痕迹也不能先行词管辖痕迹；如此一来痕迹得不到适当的管辖，句子就不合语法了。

以上这一套解释连痕效应以及主宾语不对称现象的理论称为痕迹原则（Empty Category Principle，或简称 ECP），ECP 亦可直译作隐词原则（另译空语类原则、空范畴原则或空号原则），但因它只规定痕迹能否在结构中"适当的"存在，并未谈及其他类型的隐词（例如隐主语 PRO 与可隐代词 pro）所以笔者以为径称之为痕迹原则较妥。原则叙述如下：

（53）**痕迹原则：**
　　　　痕迹必须受适当的管辖。所谓适当的管辖可以是先行
　　　　词管辖或论旨管辖。

我们已经看到了痕迹原则如何解释（50）与（51）；（48）与（49）的主宾语不对称现象则尚须一番说明。理由应该相当明显，（a）句是宾语从疑问词移位圈移出时只违反了移位距离限制，并不违反痕迹定理（原位痕迹受动词适切的管辖），所以结果虽坏却还是比主语移出的情况好些，因为后者（也就（b）句）将主语直接移至句首，跨过两个界限节 IP，同时留在主语原位的痕迹受不到先行词管辖（子句 CP 中的疑问词与之代号不同），所以不但违反了移位距离限制也违反了痕迹原则。

第六节　汉语的疑问句

英语及许多其他印欧语言都需要在表层结构把疑问词移到主要或附属子句的 CP 中，最主要的原因是为了诠释句义。譬如下例：

(54) a. John knows who likes Mary.

约翰知道谁喜欢玛丽。

b. Who does John think likes Mary?

约翰认为谁喜欢玛丽？

(54a) 一般称作间接问句，其实是个叙述：我现在告诉你 "John 知道谁喜欢 Mary"，我没问你那个人是谁所以你也别回答。(54b) 的诠释不同，一般称作直接问句，我现在问你 "John 认为喜欢 Mary 的那个人是谁"？你若知道那个人的名字请告诉我。这两种诠释是从一个相似的底层结构得来的，由于疑问词移位远近不同而得到两种不同的诠释，(54) 句的结构如下：

(55) a. 〔CP 〔IP John knows 〔CP who$_i$ 〔IP t$_i$ likes Mary〕〕〕〕

b. 〔CP who$_i$ does 〔IP John think 〔CP t'$_i$ 〔IP t$_i$ likes Mary〕〕〕〕

在逻辑述语中，疑问词在 CP 中担任运符 (operater，或运作词) 的功能，痕迹为其变数 (variable)，受运符的约束。(55a) 中的 who 只在 know 的补语子句中运作，因此 (55a) 的诠释是窄域的 (narrow scope)，也就是间接问句；(55b) 中的 who 在全句的句首运作，得到的是广域的诠释 (wide scope)，也就是直接问句。

汉语里没有可见的疑问词移位：

(56) a.　你喜欢谁？

b. * 谁你喜欢？

如 (56) 所示，疑问词在表层结构中仍留在原位。那么汉语如何表示（54）句窄域与广域的两种诠释呢？既然疑问词不移位我们只能造出一个表层结构：

（57）你知道谁喜欢玛丽。

（57）句实际上也有两种诠释，一个是叙述：（我晓得）你知道谁喜欢玛丽，但是你不说，所以我也不问。这种诠释等于（54a）窄域的诠释。第二种诠释是直接问句，你知道谁喜欢玛丽？请你回答我。这是广域的诠释，等于（54b）。

为什么汉语的疑问词不必移位就能得到窄域与广域的诠释呢？按照逻辑形式的写法（57）句可以勉强改写成：

（58）a. 你知道〔那个喜欢玛丽的人是谁〕。

　　　b. 〔谁ᵢ 是那个你知道他ᵢ 喜欢玛丽的人〕？

（58）句显示虽然疑问词在汉语的表层结构不需要移位，但在诠释句义的时候，它的位置跟（54）英语表层结构中 who 的（两个）位置相同：一在补语子句，得到窄域的诠释；一在主要子句，得到广域的诠释。我们是否应该假设汉语的疑问词在表层结构以后用隐形的方式移位来取得正确的诠释？从理论的角度来考虑，这不失为一个很好的处理方式，因为（57）的两种诠释可以由此获得与英语（54）相同的分析。如果我们不假设汉语疑问词也移位，那（57）的两种诠释就要另谋其他原则来规范，这种做法不是不可以，但这样一来（57）与（54）的共通点便被忽略了。

我们知道隐词存在，但还没接触过隐形的移位。隐形的移位指的是从表层结构到逻辑形式过程中发生的移位。最明显的例子便是英语里的量化词提升（Quantifier Raising，或简称 QR），量化词包括了 every（每个），some（某个）等。请考虑下例：

（59）a. John likes everyone.

　　　b. ∀ x, x＝human(L　j, x)

　　　（念成：对每一个 x，x 是人，约翰喜欢 x）

（59a）的逻辑形式写成（59b），在（59b）可以看出量化词

everyone 虽是句中的宾语，在逻辑形式中却移到句首（即 ∀ x），句义是对每一个人 x 而言，John 喜欢 x。Everyone 移位到句首是在表层结构以后才发生的，所以在（59a）看不出来，我们听到的语音形式仍是 everyone 出现在句尾。我们再举一个稍微复杂一点的例子：

（60）Everyone likes someone.（两义）

（60）句有两个截然不同的诠释，其一是指每一个人都有他自己喜欢的人，各人喜欢各人的；其二是指有那么某一个人每个人都喜欢他，大家喜欢的是同一个人。这两种意义可以很清楚地用逻辑形式表示：

（61）a. 〔IP everyone$_i$〔IP someone$_j$〔IP t$_i$ likes t$_j$〕〕〕

　　　b. 〔IP someone$_j$〔IP everyone$_i$〔IP t$_i$ likes t$_j$〕〕〕

在这里我们假设量化词提升是附加于 IP 之上。重要的是哪一个量化词出现在前便得到广域的诠释，居次者则得到窄域的诠释。（61a）的意思是每个人喜欢各人的，（61b）的意思是有某个人大家都喜欢。（60）虽然在表层结构只有一种词序，在逻辑形式上却有双义，这完全是由隐形的移位造成的。汉语的例句（57）之允许两种诠释与（60）的情形极为相似。

我们现在要测试一下汉语的疑问词是否在逻辑层次移位。在第八章我们说明了不同的动词选择不同属性的子句连词 C。例如 know 选择〔±Q〕，ask 选择〔+Q〕，believe 选择〔-Q〕，若子句连词属性为〔+Q〕则该 CP 必须含有疑问词。请看下列各句：

（62）a.　John asked who bought the books.

　　　　约翰问谁买了这些书。

　　　b. * Who did John ask bought the books?

　　　　（同（a），直接问句）

　　　c. * John believed who bought the books.

　　　　约翰相信谁买了这些书。

  d. Who did John believe bought the books?

   （同（c），直接问句）

  e. John knows who bought the books.

   约翰知道谁买了这些书。

  f. Who did John know bought the books?

   （同（e），直接问句）

（62）显示动词选择的子句连词属性必须得到满足。（62b）不能有直接问句的诠释是，是因为疑问词 who 必须留在〔＋Q〕的 CP里。同理，（62c）不能是间接问句因为 believe 选择〔－Q〕的 CP，所以疑问词必须移到主要子句形成直接问句。（62e）跟（62f）都可以是因为动词 know 选择〔＋Q〕或〔－Q〕的子句连词，CP 为〔＋Q〕时，疑问词移入补语子句 CP，形成间接问句；CP 为〔－Q〕时，疑问词必须移到主要子句，形成直接问句。

  若汉语的疑问词也移位，我们期待不同的动词也会受填词原则规范形成不同（直接或间接）的问句。以下是一些动词属性选择：

（63）a. 认为、说：〔－Q〕

   b. 问、想知道：〔＋Q〕

   c. 知道：〔±Q〕

  根据（63）的分类，我们预期若补语子句中含有疑问词则会造成下列结果：（63a）的动词"认为"和"说"选择〔－Q〕，所以不允许补语 CP 含有疑问词，疑问词必须移到句首形成直接问句；（63b）的动词"问"和"想知道"选择〔＋Q〕，所以必须强迫疑问词留在补语 CP 中，不得再往上移，形成间接问句；（63c）的动词"知道"选择〔±Q〕，所以补语子句的 CP 可以留住疑问词也可不留，分别形成间接问句与直接问句两种诠释。（63c）的情况其实我们在（57）就看过了，结果的确如我们预期的，直接问句与间接问句两种诠释都存在。

  我们再看看（63a）造出的句子：（句子不加标点以免影响

判断）

(64) a. 张三认为玛丽会嫁给谁。

　　　b. 张三说玛丽会嫁给谁。

由于汉语的疑问词在表层结构不动，我们有时会对判断句子是直接问句或间接问句感到迟疑。但是一般来说，试试看给该句一些评语（或回答）通常能帮助我们区分该句的类型。听到"张三认为（或说）玛丽会嫁给谁"，我们的回答可以是（65），却不可能是（66）：

(65) a.　嫁给李四。（直接回答问题）

　　　b.　我怎么知道（他怎么想）！（解释不知道答案）

　　　c.　我没听他说过。不知道。（解释不知道答案）

(66) a. *他早该这么认为了。（评论一项叙述）

　　　b. *这小子终于把秘密说出来了。（评论）

从（65）、（66）的对比，我们知道（64）的两句只能诠释为直接问句，与英语的（62d）一样。由于补语子句 C 的属性是〔−Q〕，间接问句（即叙述）的诠释不可能。

现在再考虑（63b）这类选择〔+Q〕CP 的动词造出的句子：

(67) a. 张三问玛丽会嫁给谁。

　　　b. 张三想知道玛丽会嫁给谁。

听见（67）这样的句子，我们不会给（65）中的答案，比较自然的反应是给一些评论：

(68) a. 关他什么事。（评论张三过问玛丽婚事这项叙述）

　　　b. 他问个这个干嘛！（评论叙述）

　　　c. 想知道的人多着呢！（仍是评论）

拿（68c）这个答案为例，说话的人显然将（67b）当作一项叙述（间接问句），而不是直接问句。同样的答案用在（64b）"张三说玛丽会嫁给谁"，说"说的人多着呢"就显得答非所问了。以上结果支持了我们对汉语疑问词在逻辑层次移位的假设。

本章讨论了几种移位受到限制的结构，例如复合名词组，关系子句等。现在我们可以测试一下汉语疑问词是否也受到这些移位限制。我们把讨论过的英语结构换成汉语，若汉语疑问词必须移位，则应该会在同样结构中显示移位受到限制的效应。我们先试试合法的句子：

(69) a. Who did John say that Bill thinks that Peter likes?
　　　（与（b）同）

　　 b. 张三说李四认为王五喜欢谁？

英语的疑问词能循序移到句首形成直接问句，同样结构的汉语句也能理解为直接问句。现在我们再看看关系子句内疑问词的情形：

(70) a. * Who do you like the book that Mary wrote for?
　　　（与（b）同）

　　 b. * 你喜欢那本玛丽写给谁的书？

(70b) 中的疑问词"谁"当作某个人解释时，(70b) 可以解释成你喜欢那本玛丽写给某个人的书吗？是个是非问句。"谁"不能形成直接问句。回答 (70b)，不能说"李四"。这表示复合名词组的结构影响了汉语疑问词的移位。再看看下例：

(71) a.　 你不相信玛丽为钱嫁给张三的这个谣言。

　　 b. * 你不相信玛丽为什么嫁给张三的这个谣言？

(71a) 是个复合名词组的结构，句中叙述了玛丽嫁给张三是为了钱，在 (71b) 中我们用疑问词"为什么"取代了"为钱"希望造成问句，问玛丽为什么嫁给张三，即使我知道你并不相信那个谣言。但 (71b) 完全不可能有这种诠释。

汉语的疑问词必须在逻辑形式这个层次移位，并受一些移位限制的规范的想法是汉语语言学家黄正德在 70 年代末提出的。如果汉语疑问词不移位，我们会想只要把句中某一成分换成疑问词，我们就可以形成问句了。这一节的讨论证实了这种想法是不正确的。

第七节　深入思考训练

一、利用痕迹原则与界限理论解释为什么（1）句比（2）句糟糕。

（1）　** *Which book did you wonder when would be on sale?

字面：你想知道哪本书在什么时候有得卖？（问哪本书）

（2）　?? Who did Peter tell you where he had met?

字面：彼得告诉你他在什么地方碰到了谁？（问谁）

二、我们提过界限理论之所以规定屈折词组 IP 与名词组 NP 为界限节完全是基于英语资料。请考虑下列意大利语例句（1）—（4）（摘自 Rizzi 1982）及西班牙语例句（5）—（7）（摘自 Jaeggli 1981）：（英语的逐字对照较能反映原文的表层结构）

（1）　Non so proprio chi possa avere indovinato

not know really who could have guessed

a chi affiderò questo incarico

to whom I'll entrust this task.

'1 really don't know who might have guessed to whom 1 will entrust this task.

我真的不知道谁会猜到我将把这件工作交给谁。

（2）　* Questo incarico, che non so proprio chi possa avere

this task, which not know really who could have

indovinato a chi affiderò, mi sta creando un sacco

guessed to whom l'll entrust, me is giving a lot

di grattacapi.

of trouble

'This task, which I really don't know who might have guessed to whom l'll entrust, is giving me a lot of trorble.

字面：〔我还真不知道谁会猜到我将把它交给谁〕的这件工作让我伤透脑筋。（中括号部分为关系子句）

（3）　ll mio primo libro, che credo che tu sappia a chi

my first book, which I believe that you know to whom

ho dedicato, mi e sempre stato molto caro.

I have dedicated, to me is always been very precious

"My first book, which I know that you know to whom I have dedicated has always been very dear to me".

我的第一本书一直为我所钟爱，〔我相信你知道我把我这本书献给了谁〕（原文中括号部分为关系子句）

（4）　* ll mio primo libro, che so a chi credi che

mv first book, which l know to whom you think that

abbia dedicato mi e stato sempre molto caro.

I have dedicated, to me is been always very dear.

我的第一本书一直为我所钟爱，〔我知道你相信我把这本书献给了谁〕

（5）　* el unico encargo que no sabias a quien iban a dar

theonly task which you didn't know to whom they would give.

字面：那件唯一〔你不知道他们将会委派给谁〕的工作。

（6）　* A quién no sabias qué le regalaron?

to whom didn' you know what they had given.

字面：你不知道他们已经把什么给了谁？（问谁）

(7) *tu hemano, a quién me pregunto que historias le
habran contado

your brother, to whom 1 wonder what stories they
have told.

你的哥哥〔我想知道他们告诉了他们什么故事〕
（原文中括号部分为关系子句）

〔问题〕

1. 假定界限理论所规定的移位距离限制是人类语言共同遵守
   的原则（亦即普遍语法），但每个语言有其自己特定的界限
   节。请考虑意大利语的资料决定意大利语的界限节是哪些。

2. 考虑 (5) —— (7)，决定西班牙语的界限节的定义与英语
   相同还是与意大利语相同。

三、记得连痕效应指的是主语移出留下的痕迹不得与子句连
词并立。补救的办法是将 that 省略。在关系子句中我们却注意
到相反的情况：（摘自 Ouhalla 1994）

(1) a. The car that t hit the boy has been found.

b. *The car t hit the boy has been found
   撞了那个男孩的车被找到了。

(2) a. *The car (that) you sold that hit the boy has been
   found.

b. The car (that) you said hit the boy has been
   found.
   〔你说那辆撞了那个男孩〕的车被找到了。（中括号
   部分为关系子句）

〔问题〕

解释关系子句为什么不呈现连痕效应。

（提示：关系子句（1a）中的 that 可以用 which 取代）

　　四、下面两组例句都违反了复合名词组移位限制，但是（1）句不合语法的程度显然要比（2）句轻，（2）句极坏。（摘自 Ouhalla 1994）

（1）a.　　?? Which car did you hear the rumor that John fixed?

　　　　　字面：你听说约翰修好哪辆车的谣言？

　　　b.　　?? Which problem do you suspect the claim that John solved?

　　　　　字面：你不大相信约翰解决了哪个问题的说法？

（2）a. ＊＊ How did you hear the rumor that John fixed the car?

　　　　　字面：你听说约翰怎么修好那辆车的谣言？

　　　b. ＊＊ How do you resent the claim that John solved the problem?

　　　　　字面：你厌恶约翰怎么解决了那个问题的说法？

　　注意（2）句的疑问词 how 修饰复合名词组中的动词 fix 和 solve（怎么修，怎么解决）。若 how 修饰主要子句的动词则句子完全合法，这里不考虑这种解释。

〔问题〕

　　1. 说明（1）（2）句为什么违反复合名词组移位限制。

　　2. 从界限理论来看，（1）（2）句不合语法的程度应该相同，但事实并不如此。请分析两句中移出的词组有什么不同？

　　3. 痕迹原则能区分（1）（2）不合语法的程度差异吗？请解释，为什么能或不能。

　　五、我们提过移入主题这个过程与疑问词组移位完全相同，若果真如此，主题移入时应该受到移位距离限制与痕迹原则的规范，请考虑下列各句，解释这些句子是否支持我们对主题移位的分析。(摘自 Ouhalla 1994)

(1)　This problem, I can solve. 这个问题我能解决。

(2)　?? This problem, I wonder whether I can solve.
字面：这个问题我想知道我是否能解决。

(3)　?? This problem, I kno someone who can solve.
字面：这个问题我认识某个能解决的人。

(4)　* This problem, I think that is difficult(to solve).
这个问题，我认为很难解决。

六、下列英语句子有两种诠释，与时间前后次序有关。(Kyle Johnson 提供资料)

(1) Mary left before Mikey said that Susan had left. （双义）

(1) 句里有三个时间：Mary 离开的时间，Mikey 说话的时间，还有 Susan 离开的时间。第一个意思是 Mary 在 Mikey 宣布这件事之前就走了。介词 before 比较的是 Mary 离开的时间与 Mikey 说话的时间。第二个意思是 Mary 在 Susan 离开之前走的，而 Susan 离开的时间是根据 Mikey 说的，before 比较的是 Mary 与 Susan 分别离开的时间。以下的时间表可以说明这两种解释。

(2) a. Mary 下午一点走，Mikey 下午三点说 Susan 下午二点走的。

b. Mary 下午一点走，Mikey 下午三点说 Susan 中午十二点走的。

然而，下面两句却都只能有一种解释：

(3) a. Mary left before Mikey believed the rumor that Susan

had left.

玛丽离开的时间是在麦克相信苏珊已经走了的这个
谣言之前。

b. Mary left before Mikey wondered whether Susan
   had left.

玛丽离开的时间是在麦克想知道苏珊是否已经走了
之前。

注意（3）句是复合名词子句结构与疑问词移位圈结构。若
把动词所指的时间也当作句法的单位，我们该如何解释（1）句
的歧义以及（2）（3）句没有歧义的现象。

第十一章 词首移位

第一节 英语的动词提升：V→I

我们在前三章中详细讨论了疑问词组移位和名词组移位的过程及其所受的限制。我们这一章要介绍另一种移位，与词组移位不同的是这种移位只移走词组里面某个成分而不移动其他部分。由于这种更小单位的移位涉及移位词组之首，我们称之为词首移位（head movement），以别于一般的词组移位（XP movement）。

我们曾提过英语里的助动词及语气助动词，但还没有正式分析过它们的句法性质，只说语气助动词因为不反映时态所以应该出现在屈折词的位置：

(1)

稍后我们在讨论疑问句时候碰到了新的助动词 do，但我们也没有正式分析 do 的性质，只把它放在 CP 词首的位置：

(2)

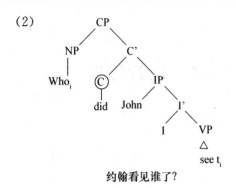

约翰看见谁了？

在（1）与（2）中助动词出现在 I 或 C 的位置是我们硬性规定的。在这一节我们要解释为什么（1）、（2）的结构是正确的。在本章后几节我们还要应用英语动词词首移位的结论来解释日耳曼、塞尔特及罗曼语系的一些句法现象。

首先我们复习一下英语的动词组造句规则和一些助动词词汇里的资料。（记载于次类划分栏内）

(3) a. 造句规则：V'→Aux VP

　　 b. 助动词资料：

$$\begin{cases} \text{have, } +V, +Aux, \; 〔\underline{\quad}过去分词（主动）〕 \\ \text{be（进行式）} +V, +Aux, \; 〔\underline{\quad}现在分词〕 \\ \text{be（被动句），} +V, +Aux, \; 〔\underline{\quad}过去分词（被动）〕 \end{cases}$$

（3a）的造句规则表示助动词选择动词组为补语，（3b）的次类划分栏规定 have 选择主动态的过去分词，进行式 be 选择现在分词，被动态 be 选择被动态的过去分词。下例就是根据（3）中规则造出来的句子：（Aux 也是动词的一种，所以 Aux Phrase 我们仍用 VP 简称，AuxV 表示该动词组之首为助动词）

（4）

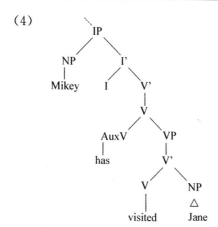

注意（4）的结构满足了（1）的规定。由于（3a）是循环规则，我们可以选择更多的 VP，只要依照（3b）的资料作选择，我们用不着再另外规定助动词出现的次序。（5）也合语法：

（5）

V
|
visiting

NP
△
Jane

我们在第二章的深入思考训练一节里问过下面这个问题，现在可以深入讨论一下。为什么助动词本身是动词组的词首并选择

VP 为补语呢？为什么不说助动词居于动词组内但不是词首，譬如（6）的结构？（注意（6）的结构完全符合中节理论）

　（6）

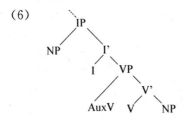

英语里有一种简化句子的步骤叫做动词组删除（VP deletion），这个步骤可以帮助我们决定到底是（4）还是（6）的结构正确。下例是动词组删除的情况：

　（7）Mary is eating chocolate, and Bill is too.　玛丽正在吃巧克力，比尔也是。

（7）句的意思是 "Mary is eating chocolale, and Bill is eating chocolate too." 我们知道被删除的动词组必须是一个句法单位（constituent），不能是词组内的某个部分。（7）句中第二个子句的 eating chocolate 被当作一个单位删除了，而助动词 is 留在句中。按照（6）的假设，助动词 is 必须出现在 VP 的指示语位置，成为与 eating chocolate 不可分离的一部分，动词删除必将 is 也同时删除。（7）之合乎语法证明（6）的结构必不正确。

再看看（4）句 Mikey has visited Jane 可能有下列的结构：

　（8）

　　　　　　　IP
　　　　　NP　　　I'
　　　　Mikey　　I　　VP
　　　　　　　AuxV　　V'
　　　　　　　has　　V　　NP
　　　　　　　　visited　Jane

在（8）中，助动词 has 居于动词组指示语位置，与副词"just"，出现的地方一样。（8）的结构在理论上很难接受，因为只有词首才能作次类特征选择，has 选择其补语为过去分词词组，这是词首与补语的关系，不可能是指示语与词首的关系。再者，动词组的指示语位置只有一个，若 has 占住指示语位置，副词 just 就不可能出现了，实际上助动词与副词是可以同时出现的：

（9）Mikey has just visited Jane. 麦克刚去看过玛丽。

我们现在可以判断只有（4）的结构才表明助动词的正确位置。但是（4）与（1）仍有一大段距离：（1）表示助动词 Aux 位于屈折词首 I，但（4）表示助动词是屈折词的补语 VP 之词首。要回答这个问题，我们仍需借助于动词组删除来测试。请考虑下例：

（10）a. Mary is being criticized, and Sue is too. 玛丽正被批
　　　　评，苏也是。

　　　b. Jane has been paid, and Bill has also. 已经付过珍
　　　　了，比尔也是。

　　　c. Susan has been eating chocolate, and John has been
　　　　too. 苏珊一直在吃巧克力，约翰也是。

（10）中三句说明了一个极重要的共通点，那就是第二个子句在作动词删除的时候，总是把动词群中的第一个助动词留下来。若省略第一个助动词，则句子变成不合语法：

（11）a. * Mary is being criticized, and Sue too. (同（10a））

　　　b. * Jane has been paid, and Bill also. (同（10b））

　　　c. * Susan has been eating chocolate, and John too. (同
　　　　（10c））

这个共通点值得仔细推敲，因为动词组删除这条规则允许我们删掉任何一个动词组，何以第一个助动词所处的动词组成为例外呢？我们建议这是因为助动词已经从动词组中移位到屈折词组了，所以省略任何动词组都无法影响到已经提升到屈折词位置的

助动词。这个移位步骤叫做动词提升（Verb Raising）。叙述如下（雏形）：

（12）**动词提升**：将动词群中最高的动词移入屈折词。

提升是移位的一种常例，所以动词移位与动词提升指的是同一件事。注意动词提升必须发生在动词组删除之前，因为若动词组删除发生在前，则助动词还没上路就被删除了，形成像（11）这些句子。实际上，若考虑到句子的含义，（10）中的 Sue is too、Bill has also、John has been too 只能理解成为苏也正被批评（10a）、比尔也付过了（10b）、约翰也一直在吃巧克力（10c）。因为这些句子仍有其完整的逻辑形式（也可说得到完整的诠释），所以动词组删除很可能是语音形式的一个规则。

除了动词组删除的证据之外，英语的否定词 not 所出现的位置也能用来支持助动词移入屈折词的假设。在许多印欧语（尤其是日耳曼语系）中，句子的否定词（如英语的 not）常出现在屈折词 I 和动词组之间，我们现在稍微修改一下词组造句规则，给否定词腾个地方：

（13）I'→I not VP

否定词的问题很复杂，它出现的位置一半与语义有关，一半与句法有关，而且不容易证明（这也正是在本书前十章中没有讨论一个否定句的原因）。我们只要了解否定词出现在 I 与 VP 之间，可以帮助我们判断 I 与 VP 的相关位置就行了。假设（13）是正确的，下面的例句可以帮助我们看清第一个助动词（在结构树中最高者）已经移入 I 了：

（14）a. Sandy has not written. 珊蒂还没写。

b. * Sandy not has written.

c. Marty is not writing. 玛蒂没在写。

d. * Marty not is writing.

e. Mary was not paid. 还没付钱给玛丽。

　　f. * Mary not was paid.

注意否定词 not 出现的位置是固定的，下例说明 not 不可能出现
在动词群中间：

　　（15）a. * Sandy has been not writing.

　　　　　b. * Mary was being not paid.

　　　　　c. * Mary has been being not paid.

（15）可以支持（13）的假设，not 的确固定出现于 I 与 VP 中间。

　　动词组删除与否定词的位置提供了两项有力的证据，支持动
词提升这种分析。我们在第四节讨论日耳曼动词居次现象时会提
供更多证据。

第二节　　虚助词 do 的填入

　　在上一节我们曾提出问题：为什么助动词 Aux 在（1）与（4）
结构中出现的位置不同？后来我们以动词提升来说明（1）其实是
（4）的表层结构，助动词是由 V 的位置移入 I 的。我们在本节要
探讨 V 到 I 移位所受到的限制及英语助动词 do 的位置。

　　注意：动词组删除这条规则还有个限制我们刚才没提。那就
是这条规则不适用于主要动词（main verb）。动词组删除不能留
下主要动词。譬如下例：

　　（16）　* Mary bought a book, and Marty bought too. 玛丽买
　　　　　了一本书，玛蒂也买了。

　　如果动词提升能让主要动词移入屈折词，（16）这样的句子
应该合法，因为主要动词在（16）的结构中是第一个（也是唯一
的）动词，所以按（12）动词提升的规定移入屈折词，然后再用
动词组删除将剩下的 a book 删掉。但（16）不合语法。

　　否定词也说明了主要动词不能提升至屈折词：

　　（17）　* Susan left not town. 苏珊没出城。

若主要动词也能提升，（17）不应成为病句。主要动词不能提升是英语语法里极为特殊的现象，我们知道这个事实即可，本书不对其原因再多作探讨。

英语的语气助词与一般的助动词又很不同，以下是一些常见的语气助词。

（18）a.　语气助词：can, must, will, should, might, could, would, may, 等。

　　　　b.　语气助词，＋modal，〔_____不定词〕

（18b）是语气助词的词汇资料，其补语必为不定词。语气助词没有现在分词，过去分词，或不定词的形式，所以不会出现在助动词 have 或 be 之后，也可以说 have 或 be 不可能选择语气助词。下面是语气助词的例句：

（19）a.　Mary must not have been paid. 玛丽一定还没有拿到钱。

　　　　b.　Susan should be sleeping better. 苏珊应该睡得好一些。

　　　　c.　·Jane should eat more regularly, and Mary should too. 珍应该习惯多吃一些，玛丽也应该。

　　　　d.　* Mary not must have been paid. （同（19a））

语气助词永远是动词群的第一个而且必须出现在否定词的前面，从前一节经验中我们可以推断语气助词必然出现在屈折词词首 I 的位置。

但是语气助词与一般助动词有几点不同。第一，其他的助动词在出现于动词群中第一位的时候会显现与主语人称、单复数一致的语尾变化，语气助词则完全缺乏这种变化。

（20）a.　I, you, he, she, it may/can/must go to the store.

　　　　b.　I am going to the store.

　　　　You are going to the store.

she/he/it is going to the store.

(20a) 显示语气助词 may、can、must 不因主语的人称而改变语尾变化，但（20b）的助动词 be 则显现人称与单复数变化。我们如何解释这两种助词的不同呢？语气助词显然与屈折词里包含的一致（写成 AGR）词素成一个互补的局面，也就是有 AGR，则无语气助词，反之亦然。处理这种情况的标准做法是假设屈折词组的词首 I 可以是语气助词或是包含一致与时态两个词素的屈折词。这个假设可以写成 I→语气助词或〔AGR，Tense〕。

轻易地解释了语气助词为什么永远不依主语人称单复数作语尾变化，如此便可也解释语气助词在句中的位置为什么与一般助动词 be、have 一样。两者的不同是助动词是从动词组移入屈折词的，而语气助词则一开始就在那里。注意在 be 与 have 移入屈折词的时候，时态与一致两词素会在 be 与 have 的语尾变化上。

以上的分析还可以解释另一个现象：语气助词永远不能出现在不定词子句。下面是一些不定词子句的例子：

(21) a. I believe 〔IP Mary to be intelligent〕我相信玛丽很聪明。

　　 b. I desire 〔CP for 〔IP Mary to win the race〕〕我希望玛丽赢得这场比赛。

　　 c. I tried 〔CP 〔IP PRO to win the race〕〕我试图赢得这场比赛。

注意在不定词子句中，动词 win 或助动词 be 均不能与主语的单复数一致，这可能与不定词记号 to 的出现有关，我们可以修改以上的分析，让 to 也出现在屈折词 I 的位置。

(22) I→ { 语气助词
　　　　 〔AGR，Tense〕
　　　　 to }

(22) 表示 to 与语气助词或时态与一致词素呈互补出现的情

况，它有效地解释了两个现象：第一，不定词子句出现在 to 之后的动词不与主语一致。第二，语气助词永远不出现于不定词子句。下面这些例句不合语法正因为 to 与语气助词同时出现：

(23) a. * I believe Mary to can be intelligent. 我相信玛丽能很聪明。

b. * I desire for Mary to must win the race. 我希望玛丽必须赢得这场比赛。

c. * I tried to should win the race. 我试图应该赢得这场比赛。

我们还可以用动词组删除和否定词 not 的位置两项测试来证明 to 的确位于屈折词。

(24) a. John desires for Marly to win the race, and for Susan to as well. 约翰希望玛丽赢得这场比赛，也希望苏珊赢。

b. Mary wants to win the race, and Susan wants to as well. 玛丽想要赢得这场比赛，苏珊也想赢。

c. John desires for Mary to not win the race. 约翰希望玛丽不赢得这场比赛。

d. Mary wants to not win the race. 字面：玛丽想不赢这场比赛。

在 (24a) 与 (24b) 中，动词组删除后留下了 to；(24c) 与 (24d) 显示 not 可以出现在 to 之后。所以我们知道 to 的确切位置是在不定词子句中的屈折词。

在这里我们要注意两个问题：第一，有时候否定词 not 可以出现在 to 之前，例如：

(25) a. Jonh desires for Mary not to win the race. （同 (24c)）

b. Mary wants not to win the race. （同 (24d)）

按照（22）的规定，（25）应该不合语法。第二个问题是动词组删除不一定能把 to 之后的动词组删掉：

（26）＊Mary believes Bill to be intelligent, and John believes
　　　Susan to as well.　玛丽相信比尔很聪明，约翰相信
　　　苏珊也是。

（25）与（26）对（22）的假设造成严重的挑战，我们在本书无法深入回应这项挑战，只能向读者强调（22）的正确性。

语气助词与助动词 be、have 的不同也能由（22）区分出来：一般动词可以出现于不定词子句：

（27）a. I believe Mary to be paid poorly.　我相信玛丽的薪
　　　　水不高。

　　　b. I desire for Mary to have written the script.　我希
　　　　望玛丽已经把稿子写完了。

　　　c. I want to have been jogging by next week.　我希望
　　　　持续跑步到下个星期。

（27）与（23）形成强烈的对比。（27）中的助词能留在动词组内，因为 to 居于屈折词位置防止了动词提升。

英语里有一种虚拟式（subjunctive），与不定词子句一样只出现在补语子句中，而且动词不与主语的单复数一致。通常虚拟式只出现在动词 demand（命令）、require（要求）、want（要）、suggest（建议）等之补语子句内，请看下例：

（28）a. I demand 〔CP that 〔IP John read more often〕〕
　　　　我要求约翰多看书。

　　　b. she requires 〔CP that 〔IP Mary be paid regularly〕〕
　　　　她要求按时给玛丽发薪。

在（28）句中，补语子句的主语 John 和 Mary 都属第三人称单数，但其后的动词 read 与 be 以不定式出现。虚拟式在法语、西班牙语、冰岛语等其他印欧语言中使用频繁，但与英语最大的不

同点是这些语言的虚拟式能反映时态（现在、过去）和主动词的
一致。所以本节将作的分析只适用于英语，不适用于上述其他语
言（差别其实甚小，读者可以在念完本章后自行尝试作调整）。

　　我们利用前面的分析经验作出一个假设：（28）句的动词似
乎都未能提升到屈折词。是不是屈折词中含有一个像不定词记号
to 一样的功能词来反映虚拟态，只是我们听不见呢？我们可以
称这个听不见的词为虚拟词素（subjunctive morpheme，记作
SUBJ），（22）可以再次修改成（29）：

$$（29）\ I \rightarrow \begin{cases} 语气助词 \\ to \\ [AGR, Tense] \\ SUBJ \end{cases}$$

这个假设很容易与我们的语法配合：像 demand 这类动词，
可以规定补语子句必须是虚拟式子句。然后虚拟式的子句连词则
选择以虚拟词素 SUBJ 为词首的 IP，造出像（28）的句子。

　　观察一下（30）句中否定词 not 在虚拟式子句中的位置：

（30）a.　I demand [CP that [IP John not read more of-
　　　　　ten]]
　　　　　我要求约翰不要再看多书。

　　　b.　She requires [CP that [IP Mary not be paid
　　　　　reguiarly]] 她要求不要按时给玛丽发工资。

　　　c.　* I demand [CP that [IP John read not more often]]
　　　　　（同（30a））

　　　d.　* She requires [CP that [IP Mary be not paid reg-
　　　　　ularly]]（同（30b））

　　（30）中只有前两句合法因为 not 出现在留置于动词组原位
的动词之前。我们可以用下列结构表达（30a）的补语子句：

(30a) … 〔CP that〔IP John SUBJ not〔VP read … 〕〕〕
　　　　　　　　　　｜　　　　　　　　　｜
　　　　　〔虚拟式子句〕　　　〔虚拟词素〕

(30c, d) 自然不合语法，因为动词不当地提升到否定词 not 的前面，占据了虚拟词素的位置。

动词提升的假设能有效地解释英语里的助动词现象，但动词为什么要移至屈折词？我们讨论过疑问词的移位是为了取得正确的逻辑形式的诠释，名词组移位则往往是因为名词组为了通过格的检验不得不移。是什么原因让动词也不得不移呢？下面两句显示了动词提升是条必要的规则：

(31)　a. ＊John not has eaten the apples. 约翰还没吃那些苹果。

　　　b. ＊Mary has left town, and Susan too. 玛丽已经出城了，苏珊也是。

若助动词能留在动词组内，则 (31a) 中 not 将出现在动词组之前，(31b) 中动词组删除会把助动词 has 也一起删掉，但实际上 (31) 中两句均为病句。

一般的解释是屈折词 I 里面包含了两个词素：时态与（主动词）一致。这两个词素都不能单独以字的姿态出现在句中，它们必须附着在其他能单独存在的字（或词素）上才能出现。这样的词素叫做非独立词素（bound morpheme），有别于能独立存在的独立词素（free morpheme）。

例如 books 中，book 为独立词素；表复数的词素-s 为非独立词素；friendly 中 friend 为独立词素，-ly 为表情状的副词语尾，是非独立词素。一致词素与时态词素位于屈折词 I，又不能独立存在，所以迫使离它最近的动词提升到屈折词位置。这也是为什么在动词群中总是由第一个动词反映时态与动词一致的原因。若动词不提升则句子因词素上的理由成为病句。

　　以上的分析能够圆满解释助动词为什么移入屈折词位置，我们再看看一般动词的情形：

　　（32）　John sleeps. 约翰睡觉。

　　我们知道一般动词不能移入屈折词位置（由否定词位置及动词组删除两项测试得知）。那么（32）中 sleep 如何取得主动词一致词素-s 呢？注意当句中有否定词的时候，一致词素-s 不能出现在动词上：

　　（33）　* John not sleeps. 约翰不睡觉。

　　（32）与（33）产生了两个棘手的问题：第一，一般动词既不能提升，一致词素如何能出现在动词上；第二，否定词如何防止一致词素出现在动词上。（32）的底层结构可以由下图表示：

　　（34）

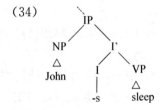

　　若（34）的动词组含有助动词，该助动词可以移入 I；现在唯一的解释是 sleep 既然为了某种不可解的原因必须留在原位，而一致词素-s 又不能独立存在，-s 只好往下移入动词的位置。这个往下移位的举动在自然语言中可以说是绝无仅有的，主要原因是因为移位留下的痕迹将不能受到先行词的约束，违反了痕迹原则。在这里我们不作更复杂的分析，暂时接受这个称作词素下跃（Affix Hopping 或词缀跳跃）的假设。

　　第二个问题可以看成词素下跃这个步骤因为否定词的存在而受到阻挡：（NegP 表示否定词组，Negation phrase）

（35）

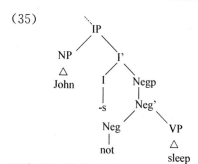

　　否定词组的存在并不防止助动词移入屈折词，为什么却防止词素下跃，这是一个让许多句法学家感到困惑的问题，目前为止我们只注意到英语里有这个现象，还没有令人完全满意的答案。

　　英语必定要有挽救（35）这个结构的方法，否则英语中所有不含助动词的句子都无法形成否定句了。回忆一下英语为了满足扩充的填词原则曾采用了填入虚主语 it 的挽救方法。这里英语采用了类似的方式，称为**虚助词填入**（Do support，或直译为 Do 支援）。这个虚助词 do 与虚主语 it 相同，不含任何语义成分，唯一的功能就是当词素下跃受阻时，do 填入屈折词，好让一致与时态两个非独立词素能找到主人。采用虚助词 do 填入，（35）这个结构能够被挽救成如下的合法句子：

　　（36）John does not sleep. 约翰不睡觉。

（36）中的虚助词 do 填入屈折词与一致词素-s 结合成 does。同理，当屈折词中含有时态〔过去式〕的时候，填入的 do 会与过去式词素结合成 did。

　　虚助词 do 不只在否定句中存在，它在动词组删除的情况下也会出现：

　　（37）John bought a book, and Mary did too. 约翰买了一本书，玛丽也买了。

（37）句末 Mary did 显然是由 Mary bought a book 经过动词组删除后得来的，我们看看原来的底层结构：

（38）

```
              IP
          ╱        ╲
        NP          I'
         │        ╱    ╲
       Mary      I      VP
                 │      │
                AGR     V'
                      ╱    ╲
                     V      NP
                     │     ╱  ╲
                  bought Det   N'
                          │    │
                          a    N
                               │
                             book
```

按照我们对 AGR 下跃及虚助词的分析，（38）句中的 AGR 应该能往下移到动词 buy 的位置结合成过去式动词 bought，整个过程用不着虚助词。然后我们再将动词组 bought a book 删除，形成（39）：

（39）＊John bought a book, and Mary too. （同（37））

但是（39）句不合语法。

这牵涉到语法层次的问题。显然动词提升与词素下跃发生的层次不一样。我们曾说动词提升必发生于动词组删除之前，因为移入屈折词的助动词永远不会被删掉，现在（37）的情况正好相反，若词素 AGR 先往下移位到动词，则必受到动词组删除影响，形成（39）这样的病句。事实显示词素下跃必发生在动词组删除之后，当时 AGR 还在屈折词中，动词组删除以后 AGR 不能再下跃（下头没人接着），所以只好再请虚助词 do 填入，形成合法的（37）。

总结本节，我们比较了助动词与一般动词的不同。虽然我们不知道一般动词在英语中为什么不能移位至屈折词（几乎所有的印欧语言都允许这种提升）。但我们至少了解了虚助词存在的理由及其功能，同时我们也注意到词首移位可以发生在句法中不同的层次。

第三节 屈折词提升：I→C

上一节分析了虚助词 do 出现于屈折词位置的目的在于挽救非独立词素 AGR。本节要讨论（2）的结构：（重复如下）

（2）〔CP who$_i$ did 〔IP John see t$_i$〕〕？约翰看见谁了？

我们还是从助动词着手。请考虑下列例句：

（40）a. Has Mary left? 玛丽离开了吗？

b. Is Marty sleeping regularly? 玛蒂是不是都按时睡觉？

c. Is Marty being paid enough? 玛蒂得的工资够吗？

在以上的三个是非问句中助词位于主语前面，这显然又是一种移位。传统语法中称这种情形为主语与助动词对调（Subject-Aux inversion），实际上并不是两者都动，只有助动词往上移位。主语往下移的可能不大，因为其痕迹将无法受到适当的约束。助动词移位的过程与终点必须讨论一下，我们先看看从属子句的情形：

（41）a. ＊I wonder has John bought the book. 我想知道约翰是否已经买了书。

b. ＊I inquired will Mary be paid. 我问玛丽会不会领到工资。

（41）说明在主要子句形成是非问句的时候，助动词可以前移；但在补语子句中助动词没有办法移到主语前。间接的是非问句必须要有疑问子句连词 whether 或 if 在场：

（42）a. I wonder whether John has bought the book. （同（41a））

b. I inquired whether Mary will be paid. （同（41b））

（42）显示补语子句中的助动词必须留在主语后面。由语义上来看，（42a）中的"whether John has bought the book"（是否约翰已经买了书）与主要子句的直接问句"Has John bought the book"是一样的，这一点汉语里看得很清楚：

（43）a.〔他能不能来〕?（他是否能来?）

　　　b. 我想知道〔他能不能来〕。（我想知道他是否能来）

所以间接问句中助动词词序的问题与语义无关只与句法有关。助动词何以在两种子句中行为不同? 原因可能与下列现象有关：主要子句CP的词首位置C是空的，而补语子句CP的词首位置永远有一个子句连词that占据其间，如下例所示：

（44）a.　I regret-that Mary will leave. 我很遗憾玛丽将要离开。

　　　b. * I regret Mary will leave.

在这里我们要下个注脚。所谓"永远"有个子句连词并不表示我们每次都听得到that，在下列句子里that往往被省略：

（45）a. I think that Mary will leave. 我认为玛丽将要离开。

　　　b. I think Mary will leave.

（45b）是个完全合法的句子，我们在这里无法证明（45b）中that以隐形方式存在，只能指出英语的补语子句虽然有时看不见that，但它们的句法特性显示了C的位置跟有that一样。另外一点就是英语子句连词that能省略（或隐形）的情况在人类语言中极为罕见，许多印欧语言绝不允许子句连词被省略。

相对来说，主要子句则永远不能有子句连词that：

（46）a. * That Mary has bought the book. 玛丽已经买了书。

　　　b. * Whether John has bought the book. 是否约翰已经买了书。

为什么主要子句与补语子句对子句连词的要求不同（而且如此严格），我们不清楚，但这个现象可以写成下列条件：

（47）子句连词条件：

①主要子句不得有子句连词。

②补语子句必得有子句连词。

（47）可以解释助动词提升的现象。因为主要子句中没有子句连词，所以该位置空着等待由居于屈折词位置的助动词、语气助词、虚助词 do 等移入，形成是非问句。下图表示屈折词移位到子句连词词首位置。

（48）

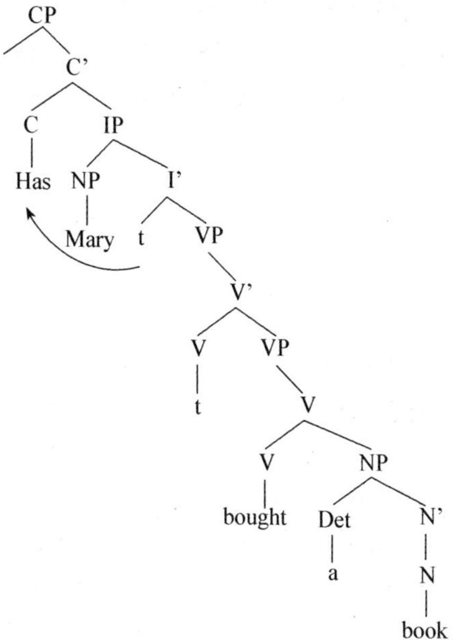

（48）这个移位步骤可以简写成 I→C 移位，或称屈折词提升（I Raising），移位的单位与终点都是词首而非词组，所以是词首移位的一种。早先讨论的动词提升可以简写成 V→I 移位，也是词首移位的一种。

是非问句的形成可以简述为 I→C 移位，若 CP 的指示语位置另有疑问词移入则该句变成疑问词疑问句。这回答了本章开头提出的问题：为什么疑问词移位到 CP 指示语位置的时候，会在 C 位置得到助动词 do？同时，I→C 也解释了为什么补语子句是非问句的词序与主要子句不同。原因是补语子句的 C 已经被带有〔＋Q〕属性的子句连词占据，所以 I→C 不可能发生，但带有〔＋Q〕属性的子句连词（whether 或 if）能帮助我们将该子句正确地诠释为问句。

我们花了许多篇幅讨论了英语中 V→I 以及 I→C 的两种词首移位，在下面几节中我们要看看这种分析方式如何能够解释日耳曼语系动词居次现象、塞尔特（Celtic）语系 VSO 现象及罗曼语系弱代词（clitic）移位现象。

第四节　日耳曼语系动词居次现象

在介绍中节理论的时候，我们曾问过一个问题：若以主语 S、动词 V、宾语 O 三者的排列顺序来区分语言的类别，逻辑上应该共有六种，分别为 SOV，SVO，VSO，VOS，OSV，OVS。中节理论定义主语为 IP 的指示语，宾语为动词的补语，因此 VO 必须相连（次序无关），换言之，中节理论预测人类语言中不可能会有 VSO 或 OSV 的次序。塞尔特语系最常见的词序却正是 VSO，对中节理论提出有力的质疑。在能够回答这个问题之前，我们必须先解决另一个相关的词序问题，那就是日耳曼语系的动词居次现象。

本节将专门讨论德语。德语的主要子句一般是 SVO，但有时也可以是 OVS，这是中节理论没有办法解释的怪现象，但不论是 S 在前或 O 在前，动词永远出现在第二个位置，这种词序称作**动词居次**（Verb second），或简称 V2。我们看看词首移位的分析如何替中节理论解围。

德语主要子句与补语子句的词序不同。请考虑下例：

(49) a. Hans kaufte das Buch.

Hans bought the book

汉斯买了这本书。

b. Ich sagte daβ Hans das Buch kaufte.

I said that Hans the book bought

我说汉斯买了这本书。

(49a) 显示主要子句的词序是 SVO（汉斯-买-书），（49b）显示补语子句的词序是 SOV（汉斯-书-买）。若加入助动词，情况又稍微复杂一点：除了第一个助动词出现在主语后面，其他的动词都出现在宾语的后面：

(50) a. Hans hat das Buch gekauft.

Hans has the book bought

(Hans has bought the book)

汉斯已经买了这本书了。

b. Hans muβ das Buch gekauft haben.

Hans must the book bought have

(Hans must have bought the book)

汉斯一定已经买了这本书了。

(50) 反映的只是主要子句的助动词词序。补语子句的词序很不相同，在补语子句中所有的助动词及动词都出现在宾语之后（也就是子句末尾）。

(51) a. Ich sagte daβ Hans das Buch gekauft hat.

I said that Hans the book bought has

(I said that Hans has bought the book)

我说汉斯已经买了这本书了。

b. Ich sagte daβ Hans das Buch gekauft haben muβ.

I said that Hans the book bought have must

（I said that Hans must have bought the book）

我说汉斯一定已经买了这本书了。

以上这些词序都受严格限制，丝毫不得错乱。如下列两组例句所示：

(52) a. Hans kaufte das Buch. （同（49a））

　　　b. Hans hat das Buch gekauft. （同（50a））

　　　c. * Hans hat gekauft das Buch.

　　　d. Hans muβ das Buch gekauft haben. （同（50b））

　　　e. * Hans muβ das Buch haben gekauft.

　　　f. * Hans muβ haben das Buch gekauft.

　　　g. * Hans muβ haben gekauft das Buch.

　　　汉斯一定已经买了这本书了。

(53) a. Ich sagte daβ Hans das Buch kaufte. （同（49b））

　　　b. Ich sagte daβ Hans das Buch gekauft hat. （同（51a））

　　　c. * Ich sagte daβ Hans kaufte das Buch.

　　　d. * Ich sagte daβ Hans hat das Buch gekauft.

　　　e. * Ich sagte daβ Hans hat gekauft das Buch.

　　　我说汉斯（已经）买了这本书。

如果只考虑主要子句的 SVO 词序，我们可以假设德语主要子句的结构如下（见下页）：（假设（54）为底层结构）

由德语助动词排列的顺序来看，它是个词首在后，补语在前的语言，（54）掌握了这个事实。第一个助动词 haben（相当于不定词形式的 have）从动词位置提升到 I，这是标准的 V→I。haben 移入 I 以后与时态、一致（AGR）结合变成 hat "has"。（54）经过动词提升变成了合语法的表层结构（50a）"Hans hat das Buch gekauft"。

（54）

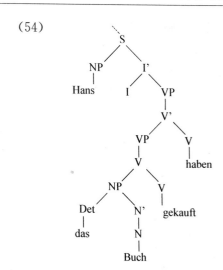

　　以上的分析能够片面处理（50）这样的句子，却不能够解释（51）中补语子句的 SOV 词序，注意（51）中位于子句末尾的助动词也反映时态与主动词一致词素。另外一个问题来自下列这样的句子：

　　（55）a. Das Buch hat Hans gekauft.

　　　　　The book has Hans bought

　　　　　（Hans has bought in the book）

　　　　　那本书汉斯已经买了。

　　　　b. In den Garten ist Hans gegangen.

　　　　　In-the garden has Hans gone

　　　　　（Hans has gone in the garden）

　　　　　汉斯已经走进花园里去了。

　　在（55）句中，动词仍然在第二个位置，但是主语却出现在动词之后，在句首的成了宾语 Das Buch（那本书）或介词组 In den Garten（进花园里）。（55）的说法完全合语法，在含义上偏向于强调宾语或介词组，具有主题的诠释。（55）显示了本节开头所提的动词居次特性。实际上，在第一个位置的单位不限于主语或宾语，像表示地方或时间的介词组也可以出现在句首，有时甚至把德语变成 VSO 语言。但不论是 SVO、OVS 或 VSO，V2 词序必须严格遵守，否则即成病句：

（56）　＊Ins Garten das Buch hat Hans gekauft.　汉斯在花园里买了那本书。

　　在中节理论创立以前，几位杰出的德语句法学家穷毕生精力企图破解这个谜团，却都不得要领。直到二十多年前由中节理论架构来分析 V2，语言学家才得以拨云见日，了解 V2 的真相。我们现在就来看看中节理论（加上词首移位）如何分析 V2。

　　我们的解释分为两个层次：一是解释 V2 现象，二是解释为什么 V2 只存在于主要子句，不能存在于补语子句。首先，我们先罗列德语中所有相关的造句规则，这些规则都符合中节理论。注意，德语除了 CP 以外，几乎所有词组都是词首在后（head-final）：

（57）　a. CP ——➤ spce C'

　　　　　b. C' ——➤ C IP

　　　　　c. IP ——➤ NP I'

　　　　　d. I' ——➤ VP I

　　　　　e. VP ——➤ spec V'

　　　　　f. V' ——➤ NP V

　　一般来说德语 VP 的指示语位置常是空的，但这不影响我们的分析。注意（57d）的规则说明屈折词首在其补语 VP 之后，这一点与英语不同，也与（54）的结构不同。依照（57）的规则，德语的主要子句应该有如下的结构：（无关细节省略，此处 VP 代表 VP 与 V' 二个节）

（58）

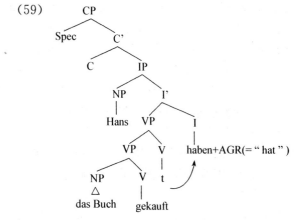

屈折词 I 在句末，助动词 haben 移位至 I 与 AGR 结合，形成 hat，这个 V→I 的步骤与英语全同。（无关细节省略，VP 代表 VP 与 V'）

（59）

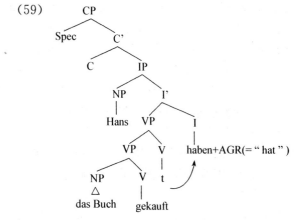

补语子句的情形也一样，动词提升（V→I）的结果造成下列补语子句的结构：（无关细节省略，VP 代表 VP 与 V'）

（60）Ich sagte〔CP…

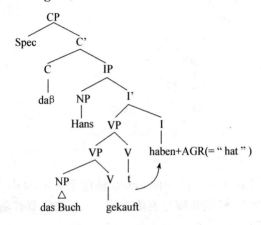

　　（60）的结构即是（51a）的表层结构。反映时态与一致的助动词留在补语子句句末，换句话说德语的补语子句的词序完全能由（57）的造句规则与一条简单的 V→I 规则解释。显然，问题出在主要子句，（59）中动词提升以后出现在句末，还是得不到正确的 SVO 词序，（59）显示的是 SOV 词序。回忆一下我们在分析英语是非问句的时候注意到 I→C 规则只能在主要子句发生，这是因为补语子句的子句连词占据 C 的位置，不允许 I 继续往上移。英语里助动词在间接问句中的位置（＝I）比在直接问句的位置（＝C）低，这个情形跟德语的助动词在两种子句出现位置不同极为相似。我们注意在（60）中子句连词 daβ（＝that）位于 C 的位置，动词 haben 在移入 I 之后，若想再往上移也不可能，但是在（59）中，主要子句的 C 位置是空的，若 V→I 发生后，I 还想再移入 C，完全不成问题，这个步骤与英语是非问句的形成一模一样。应用 I→C 会使（59）变成（61）：（无关细节省略）

　　（61）Ich sagte〔CP…

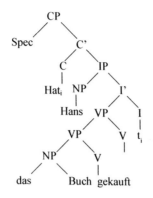

　　当然（61）还不是正确的结果，因为现在的词序成了 VSO，不是预期的 SVO。但是（61）本身却是德语是非问句的正确形式，完全和英语相同。I→C 这条规则使主要子句的助动词从句尾跃升到句首，部分解释了主要子句与补语子句助动词位置的不同。但（61）中的 hat "has" 却是句子的第一个单位，不是第二个。记得我们提过德语是 V2 语言，任何一个词组（主语、宾语、介词组等）出现在动词前都可以，（61）的结构明显地建议我们用 CP 的指示语位置，移入主语或宾语都无所谓，只要让动词居次便可以了。移入主语 Hans 我们便得到（50a），移入宾语 das Buch（那本书）便得到（55a），两句都合语法。结构分别如下：（见下页，无关细节省略）

　　以上的分析只用到了两项我们已经很熟悉的移位：V→I→C 以及主题填入。与英语最大的不同是德语的 I→C 在所有的主要子句都发生；为了避免与是非问句混淆，另外一个词组便必须移入 CP 的指示语位置（即主题移入），这两个步骤轻易地解开了 V2 谜团，同时也解释了 V2 现象为什么只存在于主要子句，永远不可能在补语子句发生。

　　总结本节的讨论，我们应该了解两个事实：第一，研究句法

（50a）

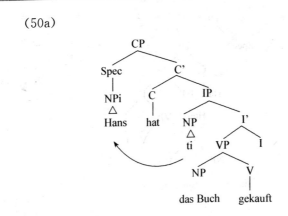

（55a）

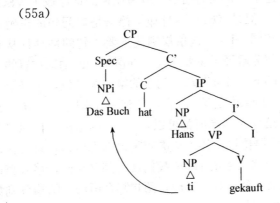

的理论工具极为重要，德语 V2 的现象在二十年前还一直是一个谜，但在中节理论的剖析下却变得非常容易。第二，研究单一语言现象的时候，我们还是应该考虑分析方式是否具普遍性，能否应用在其他语言里。一个正确的分析应该反映人类语言的通性，经得起别的语言的测试（当然，我们仍须容许不同的语言类型）。我们要在下一节继续阐明这两点。

第五节　塞尔特语系的 VSO 词序

　　我们在上一节开头时提过 VSO 这种词序在中节理论里不应该存在，另一个"不应该"存在的词序是 OSV。实际调查的结果显示，OSV 语言就我们目前所知的确不存在，但是 VSO 语言却并不罕见，塞尔特语系的威尔斯语、爱尔兰语以及闪族语系的古典阿拉伯语及其现代旁支等，均呈现 VSO 的词序。

　　当然，VSO 对于中节理论的正确性（或者普遍性）是项挑战，因为两者在逻辑上是对立的。我们可以放弃中节理论另创新理论来处理 VSO 语言，或者我们可以说 VSO 并不是这些语言底层结构的词序，它们本来的词序极可能符合中节理论，但由于移位才造成 VSO 的表象。当然，在中节理论刚刚征服日耳曼 V2 现象的此刻，我们不会考虑放弃整个理论。但要说 VSO 语言其实不是 VSO，也须应有令人信服的证据才行。

　　本节讨论的中心是塞尔特语系的威尔斯语，我们的目标是证明 VSO 语言的底层结构并非 VSO，唯有如此，我们才有理由相信中节理论的普遍性。格林伯格氏研究的普遍现象中提过，VSO 语言都允许另一种词序 SVO，我们论证的方向便是证明在这些语言里 SVO 是底层结构。（注意：SVO 符合中节理论）

　　以下例句表示威尔斯语里最常见的词序：

（62）a. Gwelodd sion ddraig.

　　　　　saw-3spast Sean dragon. （3Spast 指第三人称单数过去式）

　　　　　约翰看到了龙。

　　　b. Gwnaeth siôn weld draig.

　　　　　did-3spast Sean see the dragon.

　　　　　约翰的确看到了龙。

（62a）是 VSO（看-约翰-龙），（62b）稍微有点不同，第一个助动词出现在句首，第二个一般动词在主语与宾语之间，也就是：助动词-约翰-看-龙。（62b）的助动词 Gwnaeth "did" 不大常用，另一个较常用的是 Y mae 相当于英语里选择进行式的助动词 be，我们把注意力放在 Y mae 上：

（63）a. Y mae Siôn yn gweld draig
PTCL is-3singPRES Sean PROG see dragon
(John is seeing the dragon) 约翰正在看着龙。

b. Y mae Siôn wedi gweld draig
PTCL is-3sing Sean PRES PERF see dragon
(John has seen the dragon) 约翰已经看到龙了。

（63）显示当助动词存在的时候，词序变成 Aux SVO，英语与德语的分析经验告诉我们这很可能是助动词提升的（I→C）的结果，（62a）的结构很可能是（64）：（无关细节省略）

（64）

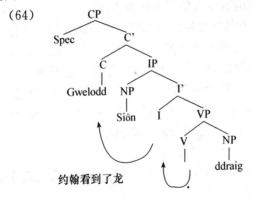

约翰看到了龙

动词 Gwelodd "saw" 由 V 提升到 I 再提升到 C。同样的句子在德语或英语会诠释成是非问句，在威尔斯语（64）却是个陈述句。也就是说威尔斯语不要求另一个词组移入主题位置来防止句子被理解成问句。当句中含有助动词时，结构如下：（无关细

节省略）

（65）

```
                CP
              /    \
          Spec      C'
                  /    \
                 C      IP
                 |     /  \
              Y mae   NP    I'
                      |    /  \
                    Sion  I    VP
                             /    \
                            V      VP
                                  /  \
                                 V    NP
                                 |    |
约翰正在看着龙            yn gweld  ddraig
```

假如（65）是威尔斯语正确的结构，我们可以设计一连串的测试来支持（65）的分析。第一，我们期待名词组可以移入 CP 的指示语位置（等于主题移入）；由于位置只有一个，我们预测助动词前绝不能出现一个以上的词组（与英语的 John, I don't trust 相对）。第二个测试是拿补语子句的词序与主要子句作对比，若（65）正确，我们会期待助动词在补语子句中必须出现在主语后面，因为子句连词 C 会防止 I→C 移位。

以上都是根据理论所作的推测。这个设计测试的步骤非常重要，当我们建议一种分析方式来处理某现象时，我们必须想想这个分析按照理论会作出哪些推论，然后我们再实际求证，看看这些推论是否正确。若按理论所作出的预测与事实竟然不合，那就表示我们的分析有问题，只能处理片面的材料。现在（65）的结构能够解释（62）与（63）的语料，我们还需要进一步看看这个分析能不能通过上述的两项测试。

我们说过威尔斯语不要求动词居次，但是 CP 的指示语位置应该允许词组移入造成动词居次。请考虑下例：

（66）a.　Rhoddodd Y dyn y ffon i'r ci
　　　　　　gave-3singPAST the man the stick to-the dog
　　　　　　（The man gave the stick to the dog）
　　　　　　这个男人把拐杖递给了那只狗。

　　　　b.　Y ffon a roddodd y dyn i'r ci
　　　　　　The stick PTCL gave-3singPAST the man to-the
　　　　　　dog
　　　　　　（It's the stick that the man gave to the dog）
　　　　　　这个男人递给那只狗的是拐杖。

　　　　c.　I'r ci y rhoddodd y dyn y ffon
　　　　　　to-the dog PTCL gave-3singPAST the man the stick
　　　　　　（It'S to the dog that the man gave the stick）
　　　　　　这个男人是向那只狗递的拐杖。

　　　　d.　＊I'r ci y ffon y rhoddodd y dyn
　　　　　　to-the dog the stick PTCL gave-3singPAST the
　　　　　　man
　　　　　　（＊It's to the dog the stick that the man gave）
　　　　　　字面：这个男人是向那只狗和拐杖递给的。

（66a）是双宾结构的基本句，动词居首，主语次之，后面再接一个直接宾语与一个间接宾语。（66b）与（66c）显示移动任何一个宾语到 CP 指示语的位置都不成问题。（66d）显示当两个宾语同时出现在动词之前则句子成为病句。这正是我们期待的动词居次的效应。（65）结构所作的第一项预测的确与事实相符。

　　若句中有助动词，我们还可以进一步作如下的测验：由于只有助动词提升到 C，留在原位的动词和宾语仍属于同一单位，我们期待整个动词组也能移入 CP。请看下例：

（67）Gweld y ci y mae'r dyn
　　　See the dog PTCL is-3singPRES-the man

(It's see the dog that the man has)

那个男人看到了狗。（主题在"看到狗"）

在（67），整个动词组 Gweld y ci "see the dog" 可以移至助动词之前，再度支持了（65）的结构。

第二项推测是威尔斯语在补语子句中不得有 VSO 词序，而且根据（65）词序必须是子句连词加上 SVO。请看下例：

(68) Dymunai Wyn i Ifor ddarllen y Ilyfr

Wanted Wyn for Ifor read the book

(Wyn wanted for Ifor to read the book)

韦恩希望伊佛尔念这本书。

（68）的主要子句仍是 VS，但补语子句中的词序却变成 SVO，一切都如我们早先作的预测。子句连词 i "for" 防止了动词上移至 C，所以动词只好留在屈折词组内，形成了与主要子句不同的词序。

至此，我们得出结论：VSO 语言并不对中节理论构成威胁。相反地，VSO 的一些性质能够很轻易地由中节理论解释，所以实际上 VSO 语言的资料能支持中节理论。

第六节　罗曼语系的弱代词移位

前几节的讨论着力于动词词首移位（V→I 以及 I→C），本节要介绍另一种类型的词首移位：罗曼语系的弱代词移位（clitic movement）。在所有的罗曼语中，弱代词与一般名词组出现的位置都不相同，以法语为例：

(69) a.　Marie connaît mon frère.

Mary knows my brother

b.　* Marie mon frère connaît.

玛丽认识我哥哥。

（70）a. Marie connaît le.

　　　　Mary knows him

　　　b. arie le connaît.

　　　　玛丽认识他。

名词组宾语 mon frère（我哥哥）出现在动词后，但弱代词
le（他）则必须出现在动词前。而且这两种词序的规定是非常严
格的。

当句中动词不只一个时，弱代词出现在动词群的最前边：

（71）a.　Jean a vu les professeurs.（a 句中 les 为定冠词）

　　　　　'Jean has seen the professors

　　　　　约翰见到了那些教授。

　　　b.　* Jean a vu les.（b、e、d 三句中 les 为弱代词（他
　　　　　们））

　　　　　'Jean has seen them.

　　　c.　* Jean a les a vus.

　　　d.　Jean les a vus.

　　　　　约翰见到了他们。

（71a）中的宾语 NP les professeurs（那些教授）换成弱代词
les（他们）的时候，必出现在助动词 a（＝has）的前面。过去分
词 vu（＝seen）接上了一个表复数的一致词素"-s"形成 vus。我
们在本节只讨论弱代词的位置，可以不必理会过去分词 vus。

注意虽然弱代词 les（他们）代表了动词的内论元（有受事
者或客体的角色），但出现的位置却不在动词的管辖范围内。我
们根据过去几章有限的经验可以判断出这种情形极可能是移位。

移位的第一个特性就是移出宾语原位的弱代词必须留下痕
迹，因此动词后不得再出现名词组，否则会违反论旨关系准则。
这项预测的确符合事实：

(72)　* Jean les a vus les professeurs.

　　　'Jean them has seen the professors.

　　在这里我们要附带提一下西班牙语在某些场合下允许（甚至要求）弱代词与名词组在句中同时出现，这种情况称为弱代词与名词并存（Clitic Doubling），资料大致如下：

(73) a.　Miguelito(le)regaló un caramelo a Mafalda.（弱代词 le"to him"可出现）

　　　　"Miguelito gave Mafalda a(piece of)candy"

　　　　小米给小马一块糖。

　　b.　Le duele la cabeza a Mafalda.（le 必须出现）

　　　　her-Dat hurts the head to Mafalda.（Dat 表间接受格）

　　　　"Mafalda has a headache"

　　　　小马头疼。

　　c.　Le entregué la carta a él.（le 必须出现）

　　　　"I delivered the letter to him"

　　　　我把信交给了他。

　　d.　* La vimos la casa de Mafalda.（弱代词 la"it"不得出现）

　　　　"it-Acc we saw the house of Mafalda"

　　　　我们看到了小马的房子。

　　e.　Lo vimos a él.（弱代词 lo"him"必须出现）

　　　　"him we saw him"

　　　　我们看到了他。

　　f.　Lo vimos Guille.（在某些西班牙语方言中可出现）

　　　　"him we saw Grille"我们看到了纪耶。

　　西班牙语的弱代词与名词并存现象对移位分析造成问题，我们在本书将无法深入探讨这个问题，只能说西班牙语的现象可以单独用别的方式分析。弱代词一般来说必须与名词组成互补分布。

　　首先我们要看看弱代词移位的终点在哪里。记得我们在讨论英语动词提升的时候说过大部分印欧语言允许一般主要动词移入屈折词（V→I）。这一点可以在法语得到印证，下例是法语的否定句，由否定词 pas（相当于 not）出现的位置我们可以得知一般动词也像助动词一样可以移入 I：（ne 的位置可不必理会）

（74）a. Je ne suis pas content. （NE 为否定范围的记号）

　　　　　 I NE am not happy.

　　　　　 我不高兴。

　　　 b. Je n'ai pas mangé la soupe.

　　　　　 I NE have not eaten the soup.

　　　　　 我没喝汤。

　　　 c. Je ne mange pas la soupe.

　　　　　 I NE eat not the soup.

　　　　　 我不喝汤。

　　在（74a）与（74b）两句，助动词 suis（am）和 ai（have）都经由 V→I 移到否定词 pas 的前面，与英语相同。（74c）中，一般动词 manger "eat" 也移到否定词 pas 的前面，也就是屈折词 I 的位置，这一点与英语不同。

　　若用弱代词 la "it" 取代（74c）中的宾语 la soupe（汤），我们得到（75）这样的词序：

（75）Je ne la mange pas.

　　　 I NE it eat not.

　　　 （I don't eat it）

　　　 我不喝它。

　　按照我们对英语与德语 V→I 的分析，主语 Je（我）出现在 I 的指示语位置，那么弱代词的终点在哪里呢？我们的建议是弱代词也移入屈折词位置并与早先移入的动词或助动词结为一体。

弱代词也是词首，因此它移位的过程是词首移位。最后与另一个词首结为一体的步骤称为**词首移入**（Incorporation）。下图显示了弱代词词首移入的过程及结果：

（76）

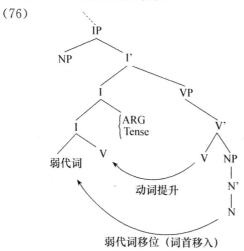

弱代词移位（词首移入）

注意 V 移入 I 也可算是词首移入，在有时态的子句中出现的动词其实是 V 移入 I 以后结合成的新单位 V＋I。弱代词移入 I 以后也与屈折词（现在是 V＋I）结为另一个新单位（＝clitic＋V＋I）。事实显示弱代词与屈折词在句中的确是一个不可分割的单位。请看下例：

（77）a. ＊Jean〔tous les〕conna it.（les 移入 I 后，不得再受量化词 tous（都）修饰）

"Jean all them dnow"

约翰认识他们全部。

　　b.　Qui a-t-il vu?　＊Le.（弱代词必须依存于 I，不得单独存在）

"Who has-he seen? Him"

他看见谁了？他。

　c.　＊Jean le et la connait.（连接词 et（and）只连接词组不得出现于词首 I 之内）

　　　"Jean him and her knows."

　　　约翰认识他和她。

　d.　＊Jean la souvent voit.（弱代词与屈折词之间不得插入副词）

　　　"Jean her often sees."

　　　约翰常看到她。

　e.　＊Jean voit$_i$-il la t$_i$？（动词再提升入 C 时，弱代词必须跟随）

　　　"Jean sees-he her"

　　　约翰看见她了吗？

（77）中的各项证据强烈支持（76）词首移入的分析。

　　词首移位是不是也像词组移位一样，应该受到某些限制呢？我们可以先考虑英语的疑问句：

（78）a.　Should John give a lecture tomorrow?

　　　　约翰明天应该讲课吗？

　　　b.　＊Give John should a lecture tomorrrow?

　　（78a）是 I→C 的结果没有问题。（78b）显示了动词 give 不得越过屈折词中的语气词 should 直接移入 C 来形成问句。据此我们可以大胆假设词首移位的时候必须循序往上移，不得越过其他词首：

（79）**词首移位限制**（Head Movement Constraint）：

　　　词首移位时不得越过其他词首。

（78b）之成为病句正是违反了（79）的规定。

　　若考虑罗曼语的弱代词移位，（79）的规定显然太严格了，因为弱代词往往要越过几个动词才能到达屈折词位置：

(80) Jean l'a mangée.（la soupe）

　　　"Jean it has eaten."（the soup）

　　约翰喝了汤。

　　在（80）中，弱代词 la 必须越过 mangée（"吃"的过去分词）才能移入屈折词与助动词 a 结成一体 l'a。补救的办法是说词首可以在某些情况下移入再单独移出继续往上，这样可以解决（80）的问题。

　　意大利语有一个现象，就是在控制结构中，补语不定词子句中的弱代词可以出现在主要子句的屈折词 I 之前。请看下例：

(81) a. Gianni vuole mostrarveli.

　　　　"Gianni wants to show-you-them"

　　　　约翰想要给你看这些东西（＝它们）

　　　b. Gianni ve li vuole mostrare.

　　　　（同（a），但弱代词出现在主要子句）

　　（81a）的弱代词 ve "you" 和 li "them"，可以附于不定词 mostrare（给看）之后（词序不在此讨论），也可以跑到主要动词 vuole（想要）之前。这种现象称作弱代词攀升（clitic climbing），弱代词攀升见于意大利语及西班牙语中的（许多）主语控制结构，在现代法语中则完全不可能。

　　我们现在要在弱代词攀升的资料中找到词首移位的确切途径。攀升的重要关键在于弱代词如何跨过不定词子句的 CP，假如弱代词必须先移入 CP 的指示语位置才能继续往上移（类似疑问词移位），那么我们会期待倘若该位置已有疑问词占据，则弱代词不能攀升到主要子句。这一点与疑问词移位圈限制相似。请看下例：

(82) a.　Gianni non ti saprà che dire.

　　　　　"Gianni not you will-know what to tell"

　　　　　强尼不会知道该对你说什么才好。　（弱代词 ti（你）攀升到主要子句）

b. ＊Gianni non li saprà se rare. "Gianni not them will-knnw if to do"

强尼不会知道是否应该做这些事。（弱代词 li（它们）不能攀升）

（82a）的补语 CP 的指示语位置有疑问词 che "what" 占据，但弱代词 ti "to you" 却照样攀升，不受疑问词 che 的影响。倒是（82b）的子句连词 se "if" 似乎妨碍了弱代词的攀升，弱代词 li 不能出现于（82b）的主要子句，这说明了词首移位的途径与疑问词组不同，不受疑问移位圈限制的规范。

当不定词子句是否定句时，否定词 non "not" 也可以防止弱代词攀升：（注意 non 为否定词组之词首）

（83）a.　Gianni vuole non vederli.

"Gianni wants to not see them"

强尼希望不要见到他们。

b. ＊Gianni li vuole non vedere.

（弱代词 li（他们）不得攀升）

以上的资料清楚地显示了词首的移位与词组的移位途径完全不同。我们可以得出如下结论：词首的移位必须经由词首到词首的途径，最后终点也是词首的位置。词组的移位必须经由词组到词组的途径，最后终点也是词组的位置。两种方式泾渭分明，到目前我们还没有发现反例。

总结本章，我们分析了两种词首移位，一个是动词词首移位以及屈折词词首移位（V→I→C），另一个是名词词首移位，就是弱代词移入屈折词的情况。这两条移位规则虽然简单却涵盖了许多印欧语系语言的词序问题，这说明了正确的句法理论与分析的确能够帮助我们了解语言的普遍真相。

第七节 深入思考训练

一、古英语与中世纪英语的词序和现代英语差别很大，在表面上看来可以是 SVO，VSO，或 SOV，但从中节理论的角度来看应该只有一种词序是底层结构。请考虑下列古英语例句：（摘自 O'Grady，Dobrovolsky 1987）

(1) SVO

He geseah pone mann.

"He saw the man" 他看见那个人。

(2) VSO

Pa sende se cyning pone disc.

then sent the king dish

"Then the king sent the dish" 然后国王让人把杯子送去。

(3) SOV

Heo him lærde.

she him advised

"She advised him" 她给他忠告。

(4) SOV

Pa he pone cyning sohte, he beotode.

when he the king visited, he boasted.

"When he visited the king, he boasted" 谒见国王的时候，他夸耀自己。

〔问题〕

1. 决定古英语的基本词序（底层结构），并解释为什么。（提示：必须考虑第（4）句）

2. 画出（1）与（2）的底层结构并说明所有的移位过程。

3. (3) 句的词序与（1）、（2）很不一样，请解释宾语 hine

"him" 如何出现在动词前。(注意(1)句不能有 SOV 词序)

4. 造出(3)句的是非问句(以结构树表示)。

5. 解释(4)的词序并画出结构树。

二、请从理论角度解释下列英语句子为何不合语法。

(1) ＊John love Mary. 约翰爱玛丽。

(2) ＊I might can help you. 我也许能帮你。

(3) ＊I don't know whether will he come. 我不知道他是否
会来。

(4) ＊I demand that the chairman to be not reinstated. 我
要求不要让那位主席复职。

(5) ＊I insist that we've a second chance. 我坚持我们要有
第二次机会。

(6) ＊Could they've finished the work? 他们可能已经把工
作完成了吗?

(7) ＊Had John his secretary type the letter. 约翰让他的
秘书把这封信打出来。

(8) ＊Be you keen on sport? 你热衷于体育运动吗?

三、在下列法语例句中,主要子句的主语是不定词子句,其
中包含了隐主语 PRO,但没有相当于英语的不定词记号 to 的功
能词:(摘自 Pollock 1989)

(1) 〔〔CP PRO Ne pas être heureux〕est unt condition
pour   not to-be happy   is a condition for
écrire des romans〕.
writing novels
不快乐是写小说的先决条件。

(2) 〔〔CP PRO n'être pas heurerx〕est une condition pour
écrire des romans〕. (同(1),否定词 pas 位置不同)

(3) 〔〔CP PRO Ne pas avoir eu d'enfance heureuse〕est une

not have had childhood happy is a

condition pour écrire des romans〕.

condition for writing novels

有一个不快乐的童年是写小说的先决条件。

(4) 〔〔CP PRO N'avoir pas eu d'enfance heureuse〕est une

condition pour écrire des romans〕.

（同（3），否定词 pas 位置不同）

注意助动词 être "be" 和 avoir "have" 与否定词 pas 的相关位置。再考虑下列例句：

(5)   〔〔CP PRO ne pas sembler heureux〕est une condi-

tion not seem happy is a condyon

POUR écrire des romans〕.

for writing novels.

看起来不快乐是写小说的先决条件。

(6)   *〔〔CP PRO Ne sembler pas heureux〕est une condi-

tion pour écrire des romans〕.

（同（5）否定词 pas 位置不同）

(7)   〔〔CP PRO Ne pas posséder de voiture en banlieue〕

rend not possess a car in suburb makes

lā vie difficile〕.

the life difficult. 住郊区而没车使生活很不方便。

(8)   *〔〔CP PRO Ne posséder pas de voiture an banlieue〕

rend

la vie difficile〕.（同（7），否定词 pas 位置不同）

〔问题〕

1. 把 pas 当作英语的否定词 not：请解释（1）与（2）为何词序不同，画出（2）的整个结构（包括移位过程）。

2. 考虑（5）—（8），解释助动词与一般动词在不定词子句中句法性质的差异。

3. 建议一个合理的位置给否定句记号 ne。

4. 比较一般动词在主要子句中与不定词子句中语法性质有何不同，并建议一个解释。

四、我们在讨论罗曼语的弱代词移位的时候曾建议词首移入会与原来的词首结为一体，成为句中的一个新单位，基于以上的词首移入假设，请考虑日语量词的情形。日语与汉语相似，在某些场合下名词前必须有量词：

（1） a.   San satsu-no hon. （CL 表量词，Gen 表所有格）

       three CL-Gen book.

       三本书。

    b. * San hon.

       three books.

       三书。

注意日语的量词必须带所有格-no，等于在汉语里说"三本的书"。根据格理论，名词能给予其指示语所有格，所以我们建议下列结构：假设（数词 san"三"，有自己的词组并选择名词组为补语）。

（2）

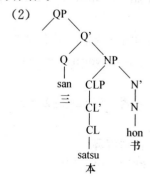

注意，根据（2）的结构，san satsu"三本"不成句法单位，san satsu-no hon"三本的书"才是一个单位。请考虑下列资料：

(3) 甲问乙买了三张（mai）还是三全张（shiito）邮票，乙的回答：

    a. B- * Mai-desu/ * Mai-no hou-desu

        CL/IT's CL（ * 张。是张）

    b. B-Shiito-desu/Shiito-no hou-desu

        sheet/It's sheet（全张。是全张）

日语里的张（写成枚）是汉语量词，全张（shiito）是外来语量词来自英语的 sheet，（3）显示两者句法性质不同。请再考虑下列资料：

(4) a. * taka-i satsu-no hon

       expensive CL-gen book 贵的一本书。

    b. * atarashi-i mai-no kitte

       new CL-gen stamp 新的一张邮票。

    c. taka-i setto-no hon

       expensive set-gen book 贵的一套书。

    d. atarashi-i gurupu-no kitte

       new group-gen stamps 新的一套邮票。（量词 gurupu（套）为外来语）

(5) a. hatchi＋satsu→has-satsu no hon

       eight-CL-gen（book）八本书。（必须发生语音变化）

    b. * hatchi-satsu-no hon

       eight-CL-gen book

    c. hachi＋setto→has-setto no hon

       eight set-gen book 八套书。

    d. hachi-setto-no hon

       eight set-gen book （可以不发生语音变化）

（4）句比较了汉语量词本（写成册）与张（枚）和外来语量
词套（setto 或 gurupu）在句法及语音上的差异。

〔问题〕

1. (3a) 表示日语的汉语量词不能单独存在，类似非独立词
   素，请问它与（2）结构中哪一个词常共同出现（提示：
   (3a) 中乙的答案可以是"三枚"，但不能是"枚-no kit-
   te"）是否有移位现象发生？

2. 比较日语里汉语量词与外来语量词的句法性质。

3. 比较汉语中量词的性质，设计一套至少包括五种结构
   （句法或语音）的测试分析来决定汉语的量词与日语相同
   与相异之处。

五、德语的 V2 现象可以由 V→I→C 来解，西班牙语的疑问
句也呈现同样的动词提升：

（1）a.　Qué querían esos dos?

　　　　What want those two

　　b. ＊Qué esos dos querían?

　　　　What those two want

　　　　那两个人想要什么？

（2）a.　Con quién vendrá Juan hoy?

　　　　With whom will-come John today

　　b. ＊Con quién Juan vendrá hoy?

　　　　With whom John will-come today

　　　　小黄今天会跟谁来？

当句中有助动词 haber "have" 与 ser "be" 的时候，问句的
词序却与德语完全不同：

（3）a.　Qué ha organizado la gente?

　　　　What have organized the people?

b. * Qué ha la gente organizado?

What have the people organized

这些人筹备了什么活动?

（4）a. Por quién fue organizada la reunión?

By whom was organized the reunion

b. * por quién fue la reunión organnizada?

By whom was the reunion organized

这些聚会是由谁筹备的?

注意在（3）、（4）中助动词与过去分词似乎不能分开。西班牙语和德语的另一个不同是补语子句的词序。

（5）a. No sabía qué querían esos dos.

（I）not know what wanted those two

b. * No sabía qué esos dos querían.

（I）not know what those two wanted

我不知道那两个人想要什么。

（6）a. Es impredecible con quién vendrá Juan hoy.

it-is unpredictable with whom will-come John today

b. * Es impredecible con quién Juan vendrá hoy.

it-is unpredictable with whom John will-come today

谁也不知道小黄今天会跟谁来。

〔问题〕

1. 画出（2）句的底层结构与移位过程。

2. 指出（3）、（4）的词序与德语有何不同。如何分析助动词与过去分词出现在一起的事实?

3. 画出（3）的底层结构并说明所有移位过程。

4. 比较西班牙语动词在补语子句的性质与德语有何不同?

第十二章 结　语

　　本书至此大致把管辖约束理论的语法模式介绍完毕。综合整理一下所有的原则与定理，我们可以得出一个所谓倒丁字的语法模式：

　　（1）

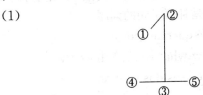

　　勾梢处标号为①者表示词汇与造句规则，顶点拐弯处标号为②者代表了填词后的句子，亦即底层结构，由②往下与一横相交处标号为③者，即代表了移位后的表层结构；由③往左即是语音形式，以④代表；由③往右即通往逻辑形式，以⑤代表。把（1）的倒丁字放大，加上主要的各项原则，我们就得到（2）：

　　（2）

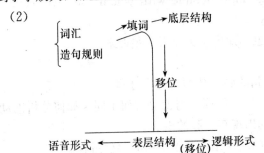

　　造句规则必须符合中节理论的词组结构，填词的时候要遵循填词原则及论旨关系准则。这一个步骤产生的结果，还只是底层

结构。底层结构仍要再接受格理论、约束理论的检验，甚或只是词素上的要求（例如非独立词素不能单独存在等），这个阶段发生了各种移位，但所有的移位也都受到移位理论的管制，例如移位距离限制，词首移位限制等。移位后的层次即是表层结构。表层结构也必须维持填词原则的要求，所有"听不见"的隐主语PRO、痕迹以及可隐代词 pro 等在表层结构仍应视为句中存在的实体。痕迹原则在这个层次约束了痕迹指称性质。从表层结构到语音形式要通过格的检验；注意痕迹本身虽然并不发音但句子的语音形式却有时能反映它的存在（wanna 连音现象）。从表层结构到逻辑形式也可能要通过格的检验（名词的可见条件），量化词提升以及汉语疑问词的移位也在这个阶段发生，这种"看不见"的移位自然也须受到移位理论的限制。记得论旨关系准则在表层结构与逻辑形式仍然有效，现在我们可以把这些原则也表现在倒丁字的语法模式里：

(3)

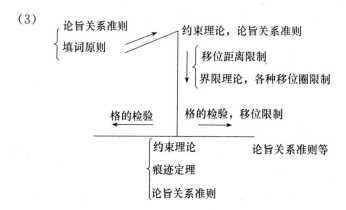

这个以管约论为理论基础的倒丁字语法模式是近十几年来大多数中外句法学者的研究工具。由于这个工具能够解释的语言现象范围比较广，已成为当前句法理论的主流。

　　笔者要在结束本书前特别强调两点：第一，管约论虽然能涵盖许多语言材料，但仍然有许多不周全的地方需要继续研究改进。第二，管约论的倒丁字语法模式并不是唯一的句法理论，我们着重的是学习分析与思考的能力，不强调管约论是唯一的研究工具。

　　关于第一点，我们在讲约束理论及介绍影响效应，约束受阻弱效应等处已经提过一些例子，此处不再赘述。关于第二点，笔者愿意粗略地提一下乔姆斯基于 1992 年提出的新理论。这个理论还在萌芽阶段，是不是能够成功地完全取代现有的管约论尚在未定之数，但许多语言学家已经开始尝试用这套理论来进行研究，而且颇有成果，所以我们不妨大致知道一下其中的内容。

　　新理论的立意在于除去管约论中繁琐的部分，建立一套至精至简的新语法模式，我们称之为**精简语法**（Minimalist Program，或译最简方案）。精简语法如何完全取代管约论是一个复杂的问题，其间牵涉许多技术性的讨论以及对管约论体系的全面重新评估，我们无法在此一一介绍。我们能做的是把精简语法用一个卜字模式形象化来代表，以与管约论的倒丁字相对：

　　（4）

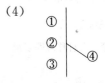

　　起始处标号为①者可以说是造句前的状态，包括词汇及一套造句规则，这套规则也可整体看成一个造句系统（computational system，或运算系统）。与倒丁字模式最大的不同就是（4）的卜字模式不再区分底层结构与表层结构，造句开始后直接通到标号为⑧的逻辑形式，在该处得到完整的语义诠释。由①到③的过程包括了填词及移位等步骤，受到中节理论的限制并遵循各个不同语言词素构成的要求。卜字第二笔与第一笔相接处标号为②者，是造句中途分岔到语音形式的起点，我们也可以把②想成说话者在填词完毕后（不管移位完成与否）想把句子说出来的那一瞬间时刻。从②到④代表了句子如何经过语音规则成为语音形式（也就是说话者实际说出来的句子）。我们可以把（4）放大详细表现成（5）：

（5）

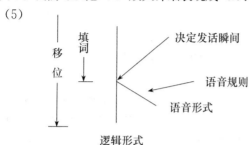

根据精简语法，底层结构的概念已不再存在，因此填词的时刻不限定在图（4）中的起点①，只要填词时不破坏中节理论架构即可，但是填词的过程最多只能持续到决定发话那一瞬间。说话者在造句中途随时可以"兑现"该句子当时的情况；不论移位完成与否，只要说话者决定发话，那一瞬间的句子中所有的词便须转入通往语音形式的道路（图（4）中②至④），经过种种语音规则，最后成为语音形式。决定发话那一瞬间是语音形式与逻辑形式的分岔点，也是决定一个句子语音形式的起点，我们可以径称之为"兑现"（Spell-out）。兑现一个句子时也包含了隐词，记得我们介绍过痕迹的存在能防止 wanna 连音，这便是在②通往④的途中发生的。

当然，一个句子若在语音兑现之后还能填入新词，我们便会遇到下列情况：口里说的是"张三来了"，但意思却是下列例句中任何一个：

（6）a. 张三来了（不一会儿又走了）。

　　b.（我以为）张三（今天大概不会）来了。

　　c.（你知道）张三来了（没有）？

（6）句括号部分是在句子兑现成语音形式后填入的，表示我们虽然听不见，但在逻辑形式上却能得到诠释。这是完全不可能的，基于这项原因，填词只能在句子兑现前（图（4）中①至②之间）进行。

在管约论体系中，汉语的疑问词移位发生于表层结构之后，英语的疑问词移位发生于表层结构之前。在精简语法体系中，两种语言的不同则不在于疑问词移位的时刻，而是在于"兑现"的时刻，汉语在疑问词移位之前便把句子兑现成语音形式了，所以我们嘴里说"张三讨厌谁"，但该句的逻辑形式却是"谁是那个张三讨厌的人？"（谁移到句首了）是什么原则强迫英语必须在疑问词移位后才能做语音兑现，而同样的原则却又必须能迫使汉语提早做兑现？乔氏认为这完全是两种语言对词素构成的要求不同所致，限于篇幅我们在本书中不再对此点做更进一步的讨论。

笔者在结尾这一章介绍了一个与管约论抗衡甚或可能取而代之的精简语法，除了在提醒读者语言学理论发展与变化日新月异这个事实之外，主要用意还是在鼓励读者培养独立的思考分析能力，而不必拘泥于记诵某一理论的所有细微末节。希望读者能经由本书粗浅的介绍，对句法学理论及研究方法有一个初步的认识，继而更上层楼，研习更深入的理论书籍，成为一名优秀的句法学者，对了解汉语句法结构乃至全人类语言作出贡献。

参 考 文 献

Abney, S. P. (1987) *The English Noun Phrase in its Sentential Aspect*, Doctoral dissertation, MIT, Cambridge, Massachusetts.

Akmajian, A. , and Steele, S. , and Wason. T. (1979) "The Category AUX in Universal Grammar," *Linguistic Inquiry* 10, 1—64.

Anderson, M. (1977) "Transformations in Noun Phrases. " ms. , University of Connecticut.

Anderson, M. (1979) *Noun Phrase Structure*, Doctoral dissertation, University of Connecticut.

Aoun, J. and Sportiche, D. (1983) "On the Formal Theory of Government. "*Linguistic Review* 2, 211—236.

Bach, E. (1974) *Syntactic Theory*. Holt Rinehart & Winston.

Baker, M. (1985) "The Mirror Principle and Morphosyntactic Explanation," *Linguistic Inquiry*, 16, 373—415.

Baker, M. (1988) Incorporation: *A Theory of Grammatical Function Changing*, University of Chicago Press, Chicago, Illinois.

Baker, Johnson, and Roberts (1989) " Passive Argument Raised, "*Linguistic Inquiry*, 20, 219—251.

Belletti, A. (1983) "Morphological Passive and Pro-Drop: The Impersonal Construction in Italian, "*Journal of Linguistic*

Research, 2:1—34.

Belletti, A, (1988) "The Case of Unaccusatives." *Linguistic Inquiry*. 19, 1—34.

Belletti, A. and L. and L. Rizzi (1981) "The Syntax of ne: Some Theoretical Implications," *The Linguistic Review*, 1, 117—154.

Borer, H. (1981) *Parametric Variations in Clitic Constructions*, Doctoral dissertation, MIT, Cambridge, Massachusetts.

Borer, H. (1984) *Parametric Syntax: Case Studies in Semitic and Romance Languages*, Foris, Dordrecht.

Borer, H. (1986) " I-Subject," *Linguistic Inquiry*, 17, 375—416.

Bouchard, D. (1982) *On the Content of Empty Categories*, Doctoral dissertation, MIT, Cambridge, Massachusetts.

Bouchard, D. (1983) "ECM is Exceptional Case Marking." in M. Barlow, D. P. Flickinger & M. T. Wescoat eds. , Proceedings of West Coast Conference on *Formal Linguistics II, Stanford University*, Stanford, California. P. 11—18.

Bouchard, D. (1984) *On the Content of Empty Categories*, Foris, Dordrecht.

Burzio, L. (1981) "Intransitive Verbs and Italian Auxiliaries,"Doctoral dissertation, MIT, Cambridge, Massachusetts.

Burzio, L. (1983) "Conditions on Representation and Romance Syntax,"*Linguistic Inquiry* 14, 193—221.

Burzio, L. (1986) *Italian Syntax: A Government-Binding Approach*, Reidel, Dordrecht.

Chao, Y. -R. (1986) *A Grammar of Spoken Chinese*, University of California Press, Berkeley, California.

Chomsky, N. (1965) *Aspects of the Theory of Syntax*. Cambridge: Cambridge University Press.

Chomsky, N (1973) "Conditions on Transformations, " in S. R. Anderson and P. Kiparsky(eds), *A Festschrift for Morris Halle*. New York: Holt, Rinehart &. Winston.

Chomsky, N. (1977) "On Wh-movement, "in Culicover, P. , T. Wasow and A. Akmajian (eds.) *Formal Syntax*. Academic Press, New York.

Chomsky, N. (1980a)*Rules and Representations*. New York: Columbia University Press.

Chomsky, N. (1980b) "On Binding, "*Linguistic Inquiry* 11, 1—46, Reprinted in F. Heny(ed.)*Binding and Filtering*. London: Croom Helm.

Chomsky, N. (1981)*Lectures on Government and Binding*, Foris, Dordrecht.

Chomsky, N. (1982)*Some Concepts and Consequences of the Theory of Government and Binding*, MIT Press, Cambridge, Massachusetts.

Chomsky, N. (1986a) *Knowledge of Language*, Praeger, New York.

Chomsky, N. (1986b) *Barriers*, MIT Press, Cambridge, Massachusetts.

Chomsky, N. (1989)"Some Notes on Economy of Derivation and Representation, "ms. , MIT.

Chomsky, N. (1990)"Case in English Existential Sentences, ms. , University of Connecticut, Storrs.

Chomsky, N. (1991)"Some Notes on Economy of Derivation and Representation, "in R. Freidin, ed. , *Principles and Parame-*

ters in Comparative Grammar, MIT Press, Cambridge, Massachusetts.

Chomsky, N. (1992) "A Minimalist Program for Linguistic Theory. "MIT Occasional Papers in Linguistics #1.

Comrie, A. (1987) *On So-Called Quantifier Floating in Japanese*, Doctoral dissertation, University of Southern California, Los Angeles, California.

Diesing, M. (1990) *The Syntactic Roots of Semantic Partition*, Doctoral dissertation, University of Massachusetts at Amherst.

Enc, M. (1991) "The Semantics of Specificity, "*Linguistic Inquiry* 22, 1—25.

Emonds, J. (1976) *A Transformational Approach to English Syntax: Root, Structure Preserving and Local Transformations*. New York: Academic Press.

Fagan, S. M. B. (1988) "The English Middle, "*Linguistics Inquiry*, 19: 181—203.

Fiengo, R. W. (1977) "On Trace theory. "*Linguistic Inquiry* 8, 35—61.

Fiengo, R. (1980) *Surface Structure*, Harvard University Press, Cambridge, Massachusetts.

Freidin, R. (1978) "Cyclicity and the Theory of Grammar. " *Linguistic Inquiry* 9, 519—549.

Fromkin, V. and R. Rodman (1988) *An Introduction to Language*, 1974, 4th edn, New York, etc. Holt, Rinehart & Winston.

Gibson, J. (1980) *Clause Union in Chamorro and in Universal Grammar*, Doctoral dissertation, University of California, San Diego.

Grimshaw, J. (1987) "The Argument Structure of Causatives, "ms. , Brandeis University.

Grimshaw, J. &-A. Mester (1988) "Light Verbs and θ-Marking, "Linguistic Inquiry, 19, 205—232.

Grimshaw, J. (1990) Argument Structure. Cambridge, Mass. : MIT Press.

Hale, K. and S. J. Keyser(1986) "Some Transitivity Alternations in English, "Lexicon Project Working Papers ♯ 7, Center for Cognitive Science, MIT, Cambridge, Massachusetts.

Higginbotham, J. (1985) "Definiteness and Predication, " ms. , MIT, Cambridge, Massachusetts.

Huang, C. -TJ. . (1982)Logical Relations in Chinese and the Theory of Grammar, MIT, Doctoral dissertation.

Huang, C. -TJ. . (1984) "On the Distribution and Reference of Empty Pronouns, "Linguistic Inquiry 15, 531—571.

Huang, C. -T J. . (1987) "Existential Sentences in Chinese and (In) definiteness. "in E. Reuland and A. ter Meulen (eds.), The Representation of (In) definiteness, MIT Press, Cambridge, Massachusetts.

Huang, C. -T. J. . (1988) "ma pao de kuai and Chinese Phrase Structure, "Language 64, 274—311.

Huang, C. -T. J. . (1989a) "Chinese pro Drop: A Generalized Control Theory. "in O. Jaeggli and K. Safir(eds.)The Null Subject Parameter, Kluwer Academic Publishers, Dordrecht.

Huang, C. -T. J. . (1989b) "Complex Predicates in Generalized Control, "paper read at MIT Workshop on Control.

Huang, C. -T. J. . (1991) "Complex Predicate in Control, " in J. Higginbotham and R. Larson, eds. , Control and Grammar, Kluwer,

Dordrecht.

Jacobsen, B. (1978) *Transformational-Generative Grammar (TG Grammar)*, second ed. North-Holland.

Jackendoff, R. S. (1972) *Semantic Interpretation in Generative Grammar*. Cambridge, Mass. : MIT Press.

Jackendoff, R. (1977) *X-bar Syntax: A stuay of Phrase Structure*. Cambridge, Mass. : MIT Press.

Jaekendoff, R. (1987) "The Status of Thematic Relations in Linguistic Theory." *Linguistic Inquiry* 18:369—412.

Jaeggli, O. (1982) *Topics in Romance Syntax*, Foris, Dordrecht.

Jaeggli, O. (1984) "On Clitic Constructions,"ms. , University of Southern California, Los Angeles, California.

Jaeggli, O. (1986) " Passive," *Linguistic Inquiry* 17, 587—622.

Jaeggli, O. and Safir, K. (eds.)(1989) *The Null Subject Parameter*. Dordrecht: Reidel.

Kayne, R. (1975) *French Syntax: the Transformational Cycle*, MIT Press.

Kayne, R. (1981) "Binding, Quantifiers, Clitics and Control," In F. Henry, ed. , *Binding and Filtering*, Croom Helm, London. Also in Kayne(1984).

Kayne, R. (1984) *Connectedness and Binary Branching*, Foris, Dordrecht.

Kayne, R. (1986) "Participles, Agreement, Auxiliaries, *Si/ Se* and PRO, "paper presented at the March Workshop on Comparative Grammar, Princeton University, Princeton, New Jersey.

Kayne, R. (1987) "Null Subjects and Clitic Climbing, "ms. ,

MIT, Cambridge, Massachusetts.

Kayne, R. (1989) "Null Subjects and Clitic Climbing," in O. Jaeggli and K. Safir, eds. *The Null Subject Parameter,* Kluwer, Dordrecht.

Kayne, R. (1991) "Romance Clitics. Verb Movement and PRO, "*Linguistic Inquiry,* 22, 4, 647−686.

Keyser, S. J. , and T. Roeper(1984) "On the Middle and Ergative Constructions in English, " *Linguistic Inquiry* 15, 381−416.

Kimenyi, A. (1980) *A Relational Grammar of Kinyarwanda,* University of California Press, Berkeley.

Kitagawa, Y. (1986) *Subject in Japanese and English.* Doctoral dissertation, University of Massachusetts, Amherst, Massachusetts.

Koopman, H. (1984) *The Syntax of Verbs.* Dordrecht: Foris.

Koopman, H. and D. Sportiche (1985) "Theta Theory and Extraction, "Abstract of a talk given at the 1985 GLOW colloquium in Brussels, *GLOW Newsletter*, February 1985, Foris Publications, Dordrecht.

Koopman, H. and D. Sportiche (1988) "Subjects, " ms. , UCLA, Los Angeles, California.

Koopman, H. &. D. Sportiche(1991) "The Position of Subjects, "in *Lingua* 85. 2/3.

Kuno, S. (1978) "Theoretical Perspectives on Japanese Linguistics. " J. Hinds and I. Howard, eds. , *Problems in Japanese Syntax and Semantics,* Tokyo: Kaitakusha.

Kuroda, S. -Y. (1986) "Whether You Agree or not: Rough Ideas about the Comparative Grammar of English and Japanese, " ms. , University of California, San Diego.

Lasnik, II. and Saito, M. (1984) "On the Nature of Proper Government, "*Linguistic Inquiry* 14, 235—289.

Lasnik, H. (1992) "Case and Expletives: Notes toward a Parametric Account, "*Linguistic Inquiry*, 23: 381—405.

Lasnik, H. (1993) "The Minimalist Theory of Syntax: Motivations and Prospects, "Paper presented at the 2nd Seoul International Conference on Generative Grammar, Seoul.

Larson, R. (1988) "On Double Object Constructions, "*Linguistic Inquiry* 19, 335—391.

Larson, R. (1990) "Double objects Revisited: Reply to Jackendoff, "*Linguistic Inquiry* 21, 589—632.

Lee, T. (1986) *Studies on Quantification in Chinese*, Doctoral dissertation, UCLA, Los Angeles, California.

Li, Y. -H. A. (1985) *Abstract Case in Chinese*, Doctoral dissertation, University of Southern California, Los Angeles, California.

Li, C. and S. Thompson (1981) *Mandarin Chinese: A Functional Reference Grammar,* University of California Press, Berkeley.

Mahajan, A. K. (1990) *The A/A-bar Distinction and Movement Theory*, Doctoral dissertation. MIT, Massachusetts.

Manzini, H. R. (1983) "On Control and Control Theory, " *Linguistic Inquiry* 14, 421—446.

Marantz, A. (1984) *On the Nature of Grammatical Relations,* MIT Press, Cambridge, Massachusetts.

Milsark, G. (1977) "Toward an Explanation of Certain Peculiarities of the Existential Construction in English, " *Linguistic*

Analysis 3,1—31.

Newmyer, F. (1980) *Linguistic Theory in America*. New York: Academic Press.

Newmyer, F. (1983)*Grammatical Theory: Its Limits and Its Possibilities*. Chicago: University of Chicago Press.

Muysken P. C. and van Riemsdijk, H. C. (1985) "Projecting Features and Feature Projections, "in P. Muysken and H. van Riemsdijk(eds.), *Features and Projections*. Dordrecht: Foris.

Ohta, K. &.K. Sung(1992)"Defining the Affectedness Condition, "*Proceedings of the 19 th Berkeley Linguistics Society*, 1993. P. 268—279.

Ohalla, J. (1994) *Introducing Transformational Grammar*, Edward Arnold, England.

Perlmutter, D. (1972) *Deep and Surface Structure Constraints in Syntax*, Holt, Rinehart and Winston, New York.

Pesetsky, D. (1982)*Paths and Categories*. Doctoral dissertation, MIT, Cambridge, Mass.

Pesetsky, D. (1991) "Zero Syntax, "ms. , MIT, Cambridge, Massachusetts.

Pollock, J. -Y. (1989) "Verb Movement, Universal Grammar, and the Structure of IP", *Linguistic Inquiry* 20, 365—424.

Redford, A. (1981) *Transformational Syntax*, Cambridge University Press.

Rizzi, L. (1982)"On Chain Formation, "ms. , Universitá della Calabria.

Rizzi, L. (1982)*Issues in Italian Syntax*, Dordrecht, Foris.

Rizzi, L. (1986) "Null Objects in Italian and the Theory of pro, "*Linguistic Inquiry* 17, 501—557.

Rizzi, L. and I. Roberts (1989) "Complex Inversion in French. "*Probus*, 1, 1—30.

Rizzi, L. (1990) *Relativized Minimality*, MIT Press, Cambridge, Massachusetts.

Robeuge, Y. (1990) *The Syntactic Recoverability of Null Arguments*, McGill-Queen's University Press, Montreal.

Roberts, I. (1985) *The Representation of Implicit and Dethematized Subjects*, Doctoral dissertation, University of Southern California, Los Angeles.

Ross, J. R. (1967) *Constraints on Variables in Syntax*. Doctoral dissertation, MIT, Cambridge, Mass.

Safir, K. (1985) *Syntactic Chains*, Cambridge University Press.

Safir, K. (1987) "What Explains the Definiteness Effect?" in E. Reuland and A. ter Meulen(eds.) *The Representation of (In) definiteness*, MIT Press, Cambridge, Massachusetts.

Saito, M. (1985) *Some Asymmetries in Japanese and Their Theoretical Implications*. Doctoral dissertation, MIT, Cambridge, Massachusetts.

Saito, M. (1989) "N'-deletion in Japanese: A Preliminary Study. "paper read at the Southern California Japanese/Korean Linguistics Conference, UCLA.

Seiter, W. (1979) "Instrumental Advancement in Niuean, " *Linguistic Inquiry*, 10 : 595—621.

Smith, N. V. and Wilson, D. (1979)*Modern Linguistics: The Results of Chomsky's Revolution*. Harmondsworth, Middlesex: Penguin.

Spencer, A. (1991) *Morphological Theory*. Oxford: Blackwell.

Sportiche, D. (1988) "Conditions on Silent Categories" (Provisional title), ms. , UCLA.

Sportiche, D. (1988) "The Theory of Floating Quantifiers and its Corollaries, "*Linguistic Inquiry* 19, 425 — 449.

Sportiche, D. (1990) "Movement, Agreement, and Case. " ms. , UCLA.

Sportiche, D. (1992a) "Clitic Constructions, "ms. , UCLA.

Sportiche, D. (1992b) "Clitics, Voice, Spec/Head Licensing, "paper presented at the 15 th GLOW colloquium. Lisbon.

Stowell, T. (1981) *The Origins of Phrase Structure,* Doctoral dissertation, MIT, Cambridge, Massachusetts.

Stowell, T. (1983) "Subjects Across Categories, " *The Linguistic Review*, 2, 285 — 312.

Stroik, T. (1992) "Middles and Movement, "*Linguistic Inquiry,* 23 : 127 — 137.

Sung, K. (1992) "Chinese Middle and the Affectedness Condition, "Paper presented at the First International Conference on Chinese Linguistics, Singapore.

Tang, C. -C. J. (1990) "A Note on the DP Analysis of the Chinese Noun Phrase, "*Linguistics* 28, 337 — 354.

Tang, C. -C. J. (1992) "*ta mai-le bi shizhi* and Chinese Phrase Structure, "paper presented at the First International Conference on Chinese Linguistics, ingapore.

Tong, T. -C. C. (1972) *A Case Grammar of Spoken Chinese,* Doctoral dissertation, University of Texas, Austin, Texas. Published by Haiguo Book, Taipei.

Taraldsen, T. (1992) "Agreement as Pronoun Incorporation,"Abstract of a talk given at the 15th GLOW colloquium in Lisbon, GLOW Newsletter 28, Foris Publications, Dordrecht.

Tenny, C. (1987) *Grammaticalizing Aspect and Affectedness*, Doctoral dissertation, MIT.

Travis, L. (1984) *Parameters and Effects of Word Order Variation*, Doctoral dissertation, MIT.

Valois, D(1991)The Internal Syntax of DP, Doctoral dissertation, UCLA, Los Angeles, California.

Wasow, T. (1979) Anaphora in Generatve Grammar. Ghent: E. Story-Scientia.

Williams, E. S. (1981) "Argument Structure and Morphology."Linguistic Review 1, 81—114.

Williams, E. (1984) "There-Insertion," Linguistic Inquiry 15, 131—153.

Zubizarreta, M. -L. (1985) "The Relation between Morphophonology and Morphosyntax: The Case of Romance Causatives,"Linguistic Inquiry 16, 247—289.

Zubizarreta, M. -L. (1987) Levels of Representation in the Lexicon and in the Syntax, Foris, Dordrecht.

汤廷池:《汉语词法句法续集》,台湾学生书局,1989 年。

徐烈炯:《生成语法理论》,上海外语教育出版社,1988 年。

附录一　英汉术语对照

A

A-bind 论元约束

A-bind 非论元约束

accusative Case 受格、宾位

adjective 形容词

adjoin, adjunction 加接

adjunct 附加语

adjunct clause 附加子句

adposition 介词

adverb 副词

Affectedness Effect 影响效应

affix 词缀

Affix-Hopping 词素下跃，词缀跳跃

agent 施动者，施事者

Agent-oriented 需施动者的

agree, agreement 一致，呼应

AGR, Agr, agreement morpheme 一致词素

ambiguity 双义，多义，歧义

anaphor, anaphora 后应词，照应词

animate 有生命的

antecedent 先行词，先行语

antecedent-govern 先行词管辖

arbitrary interpretation 任指的诠释

arbitrary PRO 任指的隐主语

argument 论元，主目语

argument position 论元位置

argument structure 论元结构

aspect 时貌，动貌

asterisk operator 变数星号，星号运符

auxiliary 助动词

B

bar-level 中节层次

barrier 障碍节

Benefactive 受惠者

Beneficiary 受惠者

binary-branching 双叉分枝

Binding 约束

Binding Category 约束范围，约束语域

Binding Conditions/Principles 约束理论三原则

Binding Domain 约束范围，约束语域

Binding Theory 约束理论

bound 受约束

bound morpheme 非独立词素

bound pronoun 受约束的代名词

bound variable 受约束的变数

bounding node 界限节，界限节点

Bounding Theory 界限理论，限界理论

brackeds 中括号

branch 枝

branching 分枝

branchyng node 分枝的节

Burzio's generalization 布尔慈欧定律

C

Case 格，格位

case absbrption 格的吸收

Case Filter 格的检验，格鉴别式，格位滤除

Case marker 格记号，格位标志

Case Theory 格理论，格位理论

categoral（C-）selection 词性选择，词类选择

category 词性，词类

c-command 统制，统御

Celtic 塞尔特语

chain 链，连锁

classifier 量词

clause 子句

clitic 弱代词

clitic climbing 弱代词攀升

elitic doubling 弱代词与名词并存

clitic movement 弱代词移位

coindexed 代号相同，指称相同

complement 补语

complement selection 补语选择

complementary distribution 互补情况，互补分布

Complementizer, COMP, C 子句连词，补语连词

Complementizer Phrase, CP 大句子，子句

complex NP constraint, CNPC 复合词移位限制

computational system 造句系统，运算系统

conjunction 连接词，连词

constituent 单位，成分
constraint 限制，限制条件
control 控制
control construction 控制结构
Control Theory 控制理论
controller 控制语
control verb 控制动词
coreference，coreferential 指称
　相同，指涉相同
CP（= S'）. Complementizer
　Phrase 大句子，子句
cross over effect 约束受阻效应
curly braces 大括号
cyclic movement 循序式移位

D

deep-structure，D-structure 底
　层结构，深层结构
definite 特定的，定指的
definiteness effect 特定效应
Deg，degree adverb 程度副词
deletion 删除
derivation 变化
derived noun/nominal 衍生的
　名词
derived unaccusative 衍生的无
　受格动词
desiderative construction 欲望
　句（日语）

determiner，Det，D 限定词
Determiner Phrase，DP 限定词
　组
direct question 直接问句
disjoint reference 指称相异，
　指涉相异
dominate 支配
Do-Support 虚助词填入，Do
　支援

E

echo guestion 回声问句
ECM，Exceptional Case Mark-
　ing 例外格
ECM structure 例外格结构
empty category 隐词，空格类，
　空号词类，空范畴
ECP，Empty Category Princi-
　ple 痕迹原则，空号原则，
　空语类原则
epithet 绰号
Equivalence Rule 替换规则
ergative verb 作格动词
eventive 事件的，事件性的
Experiencer 经验者，感受者
expletive it 虚主语 it
expletive there 虚主语 there
Extended Projection Principle
　扩充的填词原则，扩充的投

射原则

external argument 外论元，节外论元

Extraposition 移出

F

Feature 特征，属性

first language acquisition 母语习得

flat structure 平头的结构

free 不受约束，自由

free morpheme 独立词素

Full Interpretation 完整的诠释（原则）

functional category 功能词，功能范畴

future tense 未来式

G

GB, Government and Binding 管辖与约束，管约

generative grammar 生成语法，衍生语法

genitive 所有格，属格

genitive-marker 所有格记号，领位标志

gerund 动名词

gerundival clause 动名词子句

Goal 目标

govern, government 管辖

governing category 管辖范围，管辖范畴

government theory 管辖理论

GB Theory, Government-Binding Theory 管辖约束理论，管约论

grammar 语法

H

head 词首，中心语，主要语

Head movement 词首移位，主要语移位

HMC, Head Movement Constraint 词首移位限制，主要语移位限制

head-final 词首在后，主要语在后

head-initial 词首在前，主要语在前

head noun 名词词首，中心语名词

hierarchical structure 阶层的结构，阶层组织

I

idiom 惯用语

immediate-dominate 最近支配，立即支配

implicit Agent 暗含的施动者

improper movement 不当移位

in situ 原位

incorporation 词首移入

indefinite 非特定的，非定指的

index 代号

indexing rule 代号规则

indicative 直陈式

indirect question 间接问句

infinitival 不定式

infinitive 不定式

infinitival clause 不定词子句

I, Infl, inflection 屈折词，屈折词类

IP（＝S），inflection phrase 屈折词组

inflection raising 屈折词提升

intermediate trace 中间痕迹

internal argument 内论元，节内论元

Intraposition 移入

intuition 语感

island 移位圈，禁区

K

kleene star 变数星号

Kru 库鲁语族

L

landing site（移位）终点

language acquisition 语言习得

language data 语料

leaf 叶（即终端词汇）

lexical category 非功能词，词汇范畴

lexical entry 词汇里的项目，词项

lexical insertion 填词，词项插入

lexicae passive 词汇的被动

lexical redundancy rule 词汇的必然规则

lexical structure 词汇结构

lexicon 词汇

local antecedent 邻近的先行词

local binder 邻近的先行词

local government 邻近的管辖，局部管辖

Locative 处所，方位

LF, logical form 逻辑形式

Long Distance Binding 长距离约束

M

main clause 主要子句

manner adverb 情状副词

Matching condition 属性一致条件

matrix clause 主要子句

maximal projection 词组，最高延伸，最大投射

m-command m 统制

middle 中动句

middle qilai 中动句的"起来"

middle verb 中动动词

Minimal Distance Principle 最近距离原则

Minimalist Program 精简语法

Minimality 极近限制

modal 语气助词

mood 语气

morpheme 词素，语素

morphological system 词素系统

morphology 词素学

mother node 母节

movement 移位

Movenent Theory 移位理论

N

narrow scope 窄域

negation phrase 否定词组

node 节

nominal passie 名词的被动（分析）

nominative 主格

non-argument 非论元

non-argument position 非论元位置

non-eventive 非事件性的

non-terminal vocabulary 非终端词汇

noun 名词

NP，noun phrase 名词组

NP movement 名词组移位

NP-trace 名词组痕迹

null element 隐词，空词，空语类

null object 空宾语，零受词

null subject 空主语，零主词

null subject parameter 空主语类型

number 单复数

O

object 宾语，受词

object control 宾语控制

operator 运符，运作词

P

pair reading （疑问句）成对的诠释

parameter 参数，类型

parasitic gap 寄生空缺

participle 分词

partitive Case 部分格

passive construction 被动句，被动结构

past participle 过去分词

past tense 过去式

Patient 受动者

person 人称
phoneme 音素
PF，phonetic form 语音形式
phonology 音韵学，声韵学
phonotactic constraint 音素接触限制
phrase 词组
phrase marker，P-marker 词组记号，词组标志
phrase structure grammar 词组结构语法
Pied-piping 介词并移
pleonastic it 虚主语 it
pleonastic there 虚主语 there
Possessive 所有格，领位，领属词
Possessor 所有者，物主
Postposition 后置词，介词
prefix 前缀，前加成分
preposition 前置词，介词
PP，prepositionl phrase 介词组
preposition stranding 介词滞后，介词遗留
present participle 现在分词
present tense 现在式
Principle A 后应词原则，原则甲

Principle B 代名词原则，原则乙
Principle C 指称词原则，原则丙
principles and parameters approach 原则及参数语法
pro 可隐代词，小代号，零代词
PRO 隐主语，大代号
Pro-Drop 代词省略，代词删除
production rule 造句规则
progressine 进行式
Projectioh Principle 填词原则，投射原则
pronoun，pronominal 代名词，具代词性质的
proper binding 疑问词痕迹定理
proper government 适切管辖
properly govern 适切管辖
Property 被所有物
Proposition 命题

Q

quantificational NP 量化性名词组
quantifier 量化词
QP，quantifier phrase 量化词组

QR, quantifier raising 量化词
提升

R

R-expression, referential
expression 指称词，指称性
名词

Raising 提升

rationale clause 缘由子句

reciprocal pronoun 相互代词

recoverability 可还原性

recursive rule 循环规则

referent 指称对象

referential 指称性的

reflexive pronoun 反身代词

relative clause 关系子句

remote binder 长距离先行词

resultative intransitivization
construction 结果句（日语）

rewrite rule 改写规则

root 根（即开端符号）

root clause 主要子句

S

S-structure 表层结构，浅层结构

semantics 语义学

semantic（S-）selection 语意
的选择，语意的要求

sentence, S 句子

Shallow-structure 浅层结构

sister node 姊妹节

small clause 小句

Source 来源

SOV language 主-宾-动语言

spec, specifier 指示语，标志语

Spell-out 兑现，语音兑现

start symbol 开端符号

S'（=CP）大句子

Strong Crossover Effect 约束受
阻强效应

structural ambiguity 结构上的
歧义

structural tree 结构树

subcategoriztion 次类画分，子
语类化

subcategorization feature 次类
特征

subcategory 次类，子语类

sub-command 次统制

Subjacency Condition 移位距离
限制，承接条件，领属条件

Subject 主语，主词

Subject-Aux inversion 主语与
助动词对调

subject control 主词控制

subject-object asymmetsy 主宾
语不对称现象

subjunctive 虚拟式

subordinate clause 附属子句，从属子句

subjunctive morpheme 虚拟词素

successive movement 连续移位

super-raising 跨句提升，连续提升

Surface-structure 表层结构

SVO languahe 主-动-宾语言

syntactic level 句法层次

syntax 句法学

T

tense 时态

Tense morpheme 时态词素

tensed clause 有时态的子句

tenseless clause 无时态的子句

terminal symbol/vocabulary 终端符号/词汇

ternary-branching 三叉分枝

that-trace effect 连痕效应，子句连词与痕迹不并立效应

thcmatic relation 论旨关系

thematicrole，θ-role 论旨角色

Theme 受事者，客体，对象

theta-critirion，θ-criterion 论旨关系准则，θ准则

theta-govern，theta-government 论旨管辖

theta-position，θ-position 论旨位置，θ位置

Theta Theory，θ-theory 论旨理论

topic 主题

topicalezation 移入主题（位置），主题化移位

tough construction 难易结构

trace 痕迹，语迹

trace in-situ 原位痕迹

Trace Theory 痕迹理论

transformation 转换规则，变形规则

transformational grammar 转换语法，变形语法

transformational passive 移位的被动（分析）

transitivity 及物（性）

tree，tree structure 树，树状结构

U

unaccusative verb 无受格动词

universal 普遍现象

Universal Grammar，UG 普遍语法

V

variable 变数，变项

Vata 瓦他语

verb 动词

verb second，V2 动词居次

VP，verb phrase 动词组

verb raising 动词提升

VP，Deletion 动词组删除

Visibility Condition 可见条件

W

wanna contraction wanna 连音

Weak Crossover Effect 约束受
阻弱效应

WH island constraint，WHIC
疑问词移位圈限制，疑问词
禁区

wh-phrase 疑问词，疑问词组

wh—question 疑问句词向

wh-trace 疑问词痕迹，

WH-in-situ 原位疑问词

wide scpe 广域

word order 词序

word class grammar 单词句法

X

X-bar X 中节

X-bar syntax 中节句法

X-bar theory 中节理论，X 标
杠理论，$\overline{X}$ 理论

XP Movement 词组移位

Y

Yes-no question 是非问句

附录二　汉英术语对照

A

暗含的施动者 　　　　　　　　　　　　　　　implicit Agent

B

被动句 　　　　　　　　　　　　　　　passive construction

被所有物 　　　　　　　　　　　　　　　　　　Property

变化 　　　　　　　　　　　　　　　　　　　derivation

变数 　　　　　　　　　　　　　　　　　　　variable

变数星号 　　　　　　　asterisk operator, Kleene star

变项（见变数）

变型规则（见转换规则）

变型语法（见转换语法）

表层结构 　　　　　　　S-structure, surface-structure

标志语（见指示语）

宾语 　　　　　　　　　　　　　　　　　　　　object

宾语控制 　　　　　　　　　　　　　　　object control

宾位（见受格）

不当移位 　　　　　　　　　　　　improper movement

不定词 　　　　　　　　　　　　　　　　　infinitive

不定式 　　　　　　　infinitival form, infinitive

不定式子句 　　　　　　　　　　　infinitival clause

布尔慈欧定律 　　　　　　　　Burzio's Generalization

部分格 　　　　　　　　　　　　　　　partitive Case

不受约束	free, not bound
补语	complement
补语连词（见子句连词）	
补语选择	complement selection
C	
C 统制	c-command
参数，类型	parameter
长距离先行词	remote binder, long-distance binder
长距离约束	Long Distance Binding
程度副词	degree adverb, DEG, Deg
（疑问句）成对的诠释	pair reading
成分（见单位）	
承接条件（见移位距离限制）	
绰号	epithet
处所	Locative
词汇	lexicon
词汇范畴（见非功能词）	
词汇结构	lexical structure
词汇的必然规则	lexical redundancy rule
词汇的项目	lexical entry
词类（见词性）	
次类	subcategory
次类划分	subcategorization
词首	head, head of a phras
词首移入	incorporation
词首移位	head movement
词首移位限制	Head Movement Constraint
词首在后	head-final

词首在前	head-initial
词素	morpheme
词素学	morphology
词素下跃	Affix Hopping
词素系统	morphological system
次统制	sub-command
词项（见词汇的项目）	
词项插入（见填词）	
词性	category
词性选择	Categorial selection, C-selection
词序	word order
词缀	affix
词缀跳跃（见词素下跃）	
词组	phrase, XP, maximal projection
词组记号	phrase marker, P-marker
词组结构语法	phrase structure grammar
从属子句（见附属子句）	
D	
大代号（见隐主语）	
代词删除（见代词省略）	
代词省略	Pro-Drop
代号	index
代号规则	indexing rule
代号相同	coindexed, coreferential
代名词，代词	pronoun, pronominal
代名词原则	(Binding) Principle B
大句子	CP, complementizer phrase
大括号	curly braces

单词句法	word class grammar
单复数	number
单位	constituent
底层结构	D-structure, deep-structure
定指的	
支援（见虚助词填入）	
动词	verb
动词居次	Verb Second, V2
动词提升	Verb Raising. V→I
动词组	verb phrase. VP
动词组删除	VP deletion
动貌（见时貌）	
动名词	gerundive
动名词子句	gerundival clause
兑现	Spell-out
对象（见受事者）	
独立词素	free morpheme
多义	ambiguity
F	
反身代词	reflexive pronoun
非定指的（见非特定的）	
非独立词素	bound morpheme
非功能词	lexical category
非论元	non-argument
非论元位置	non-argument position, A'-position
非论元约束	A'-bind, A'-binding
非事件性的	non-eventive
非特定的	indefinite

非终端词汇	non-terminal vocabulary
分词	participle
分枝	branching
分枝的节	branching node
否定词组	NegP, negation phrase
副词	adverb
复合名词组移位限制	Complex NP Constraint, CNPC
附加语	adjunct
附加子句	adjunct clause
附属子句	subordinate clause

G

改写规则	rewrite rule
感受者（见经验者）	
格	Case
格鉴别式（见格的检验）	
格记号	Case marker
格理论	Case Theory
格的检验	Case Filter, Case Checking
格的吸收	Case absorption
根	root, start symbol
格位（见格）	
格位标志（见格记号）	
格位滤除（见格的检验）	
功能词	functional category
功能范畴（见功能词）	
广域	wide scope
惯用语	idiom
关系子句	relative clause

管辖	government, govern
管辖范围	governing category
管辖范畴（见管辖范围）	
管辖理论	Government Theory
管辖与约束理论	Government and Binding Theory, GB Theory
管辖与约束	GB, Government and Binding
管约（见管辖与约束）	
过去分词	past participle
过去式	past tense

H

痕迹	trace
痕迹理论	Trace Theory
痕迹原则	ECP, Empty Category Principle
后应词	anaphor, anaphora
后应词原则	(Binding) Principle A
后置词	postposition
互补分布（见互补情况）	
互补情况	complementary distribution
回声问句	echo question
呼应（见一致）	

J

加接	adioin, adjunction
间接问句	indirect question
节	node
阶属的结构	hierarchical structure
阶属组织（见阶属的结构）	
介词	adposition, preposition, postposition
介词组	PP, preposition phrase

介词并移   Pied-piping

介词滞后   preposition stranding

结构格位（见结构上的格）

（日语的）结果句   resultative intransitivization construction

结构上的格   structural Case

结构树   structural tree

姊妹节   sister node

节内论元（见内论元）

节外论元（见外论元）

界限节   bounding node

界限节点（见界限节）

界限理论   Bounding Theory

极近限制   Minimality

经验者   Experiencer

精简语法   Minimalist Program

禁区（见移位圈）

进行式   progressive

寄生空缺   parasitic gap

及物（性）   transitivity

句法层次   syntactic level

句法学   syntax

句子   sentence, S

K

开端符号   start symbol

可还原性   recoverability

可见条件   Visibility Condition

可隐代词   pro

客体（见受事者）

空宾语	null object
空号词数（见隐词）	
空号原则（见痕迹原则）	
空语数（见隐词）	
空语数原则（见痕迹原则）	
控制	control
控制动词	control verb
控制结构	control construction
控制理论	Control Theory
控制语	controller
空主语	null subject
空主语类型（语言）	null subject parameter
跨句提升	Super-raising
库鲁语族	Kru
扩充的填词原则	Extended Projection Principle
扩充的投射原则（见扩充的填词原则）	

L

来源	Source
链	chain
连词（见连接词）	
连痕效应	that-trace effect
量词	classifier
量化词	Q, quantifier
量化词提升	QR, Quantifier Raising
量化词组	QP, quantifier phrase
量化性名词组	quantificational NP
连接词	coniunction
连锁	

连续提升（跨句提升）	
连续移位	successlve movement
类型（见参数）	
立即支配（见最近支配）	
零代词（见可隐代词）	
领属条件（移位距离限制）	
邻近的先行词	local antecedent, local binder
邻近的管辖	local government
例外格	Exceptional Case Marking, ECM
例外格结构	ECM structure
论元	argument
论元结构	argument structure
论元位置	A-position, argument position
论旨管辖	thematic relation
论旨角色	thematic role, theta role, θ-role
论旨关系准则	θ-criterion
论旨管辖	theta-govern, θ-govern
论旨理论	Theta Theory, θ-Theory
论旨位置	theta position, θ-position
逻辑形式	Logical Form, LF

M

统制	m-command
名词	noun
名词词首	head noun
名词的被动	nominal passive
名词组	NP, noun phrase
名词组痕迹	NP-trace
名词组移位	NP movement

命题	proposition
目标	Goal
母节	mother, mother node
母语习得	first language acquisition
N	
难易结构	tough-construction
难易句（见难易结构）	
内论元	internal argument
P	
平头的结构	flat structrue
普遍语法	Universal Grammar, UG
普遍现象	(language)universal
Q	
浅层结构	shallow structure
前缀	prefix
前置词	preposition
情状副词	manner adverb
歧义	ambiguity
屈折词（素）	I, Infl, Inflection, Inflection morpheme
屈折词组	IP(＝S), Inflection Phrase
屈折词提升	Inflection raising, I to C movement, I→C
R	
人称	person
任指的诠释	arbitrary interpretation
任指的隐主语	arbitrary PRO
弱代词	clitic
弱代词攀升	clitic climbing
弱代词移位	clitic movement

弱代词与名词并立	clitic doubling
S	
塞尔特语	Celtic
三义分枝	ternary-branching
删除	delete, deletion
深层结构（见底层结构）	
生成语法	generative grammar
声韵学（见音韵学）	
施动者	Agent
是非问句	yes-no question
事件（性）的	eventive
时貌	aspect
适切的管辖	Proper government, properly govern
施事者（见施动者）	
时态	tense
时态词素	tense morpheme
受词（见宾语）	
受动者	Patient
受格	accusative Case
受惠者	Benefactive, Beneficiary
受事者	Theme
受约束	bound
受约束的变数	bound variable
受约束的代词	bound pronoun
树（状结构）	tree(structure), tree diagram
双叉分枝	binary-branching
双义（见歧义）	
属格（见所有格）	

属性	feature
所有格	genitive, possessive
所有格记号	genitive marker
所有者	Possessor
属性一致条件	matching Condition

T

特定的	definite
特定效应	Definiteness Effect
特征	feature
填词	lexical insertion
填词原则	Projection Principle
条件（见限制）	
提升	Raising
统御（见统制）	
投射原则（见填词原则）	

W

外论元	external argument
连音	wanna contraction
完整的诠释	Full Interpretation
瓦他语	Vata
未来式	future, future tense
无时态的子句	tenseless clause
无受格动词	unaccusative verb

X

X' 理论（见中节理论）	
X 标杠理论（见中节理论）	
XP 移位（见词组移位）	
限定词组	Determiner Phrase, DP

相互代词	reciprocal pronoun
先行词	antecedent
先行词管辖	antecedent-govern, antecedent-government
先行语（见先行词）	
现在分词	present participle
现在式	present tense
限制	constraint, condition
小代号（见可隐代词）	
小句	small clause
星号运符（见变数星号）	
形容词	adjective
循环规则	recursive rule
虚拟词素	subjunctive moupheme
虚拟式	subjunctive
循序式移位	cyclic movement, successive movement
需施动者的	Agent-Oriented
虚助词填入	Do-Support
虚主语 it	expletive it, pleonastic it
虚主语 there	expletive there, pleonastic there
Y	
衍生的名词	derived noun
衍生的无受格动词	derived unaccusative
衍生语法（见生成语法）	
叶	leaf(＝terminal symbol)
移出	Extraposition
隐词	Empty Category, null elements
影响效应	Affectedness Effect
音素	phoneme

音素接触限制	phonotactic constraint
音韵学	phonology
隐主语	PRO
移入	Intraposition
移入主语	topicalization, topicalize
移位	movement
移位距离限制	Subjacency Condition
移位理论	Movement Theory
移位的被动（分析方式）	transformational passive(analysis)
移位圈	island(for movement)
疑问词痕迹	WH-trace
疑问词痕迹定理	proper binding
疑问词禁区限制（见疑问词移位圈限制）	
疑问词移位	WH-movement
疑问词移位圈限制	WH-island constraint, WHIC
疑问词组	WH-phrase
一致	agree, AGR, agreement
一致词素	AGR, Agr, agreement morpheme
有生命的	animate
有时态的子句	tensed clause. finite clause
缘由子句	rationale clause
原位	in-situ
原位痕迹	trace in-situ
原位疑问词	WH in-situ
约束	Binding
约束范围	Binding Category, Binding Domain
约束理论	Binding Theory
约束理论三原则	Binding Principles

约束受阻效应	Crossover Effect
约束受阻强效应	Strong Crossover
约束受阻弱效应	Weak Crossover
约束语域（见约束范围）	
语法	grammar
语感	intuition
语料	(language)data
运符	operator
运算系统（见造句系统）	
原则丙（见指称词原则）	
原则甲（见后应词原则）	
原则乙（见代名词原则）	
原则与参数语法	principles and parameters approach
语迹（见痕迹）	
运作词（见运符）	
语气助词	modal
欲望句（日语）	desiderative construction
语言习得	language acquisition
语义选择	semantic selection, S-selection
语音形式	Phonetic Form, PF
语音的兑现（见兑现）	
语义学	semantics

Z

造句规则	production rule
造句系统	computational system
窄域	narrow scope
障碍节	barrier
照应词（见后应词）	

枝	branch
指称	refer
指称对象	referent
指称相同	coindexed, corefer, corerferential
指称相异	disjoint reference
指称词	referential-expression, R-expression
指称词原则	(Binding)Principle C
指称性的	reierential
直陈式	indicative
直接问句	direct question
支配	dominate, domination
指涉（见指称）	
指示语	specifier, spec, SPEC
（移位）终点	landing site
中动句	middle, middle construction
中动词	middle verb
中动句的"起来"	middle qilai
终端符号（或词汇）	terminal symbol/vocabulary
中括号	brackets
中间痕迹	intermediate trace
中节层次	bar-level
中节理论	X-'Theory, X-bar Theory
中节句法	X'-syntax, X-bar Syntax
中心语（见词首）	
转换规则	transformation
转换语法	transformational grammar
主宾动语言	SOV language
主宾语不对称现象	subject-object asymmetry

主词（见主语）   SVO language

主动宾语言   auxiliary

助动词   nominative

主格

主目语（见论元）

主题   topic

主题化移位（见移入主题）

主要语（见词首）

主要子句   matrix clause, root clause, main clause

主语   subject

主语控制   subject control

主语与助动词对调   Subject-Aux Inversion

子句   clause

子句连词   C, COMP, complementizer

子句连词与痕迹不并立效应（见连痕效应）

自由（见不受约束）

子语类（见次类）

子语类化（次类划分）

最大投射（见词组）

最高延伸（见词组）

最近距离原则   Minimal Distance Principle

最近支配   immediate-dominate

作格动词   ergative verb